U0453392

清代因案修例机制研究

On the Mechanism of Case-based Amendment of Regulation in Qing Dynasty

黄雄义 著

中国社会科学出版社

图书在版编目(CIP)数据

清代因案修例机制研究／黄雄义著．—北京：中国社会科学出版社，2023.9
（中国社会科学博士后文库）
ISBN 978-7-5227-2304-4

Ⅰ.①清… Ⅱ.①黄… Ⅲ.①司法制度—研究—中国—清代 Ⅳ.①D929.49

中国国家版本馆 CIP 数据核字（2023）第 139860 号

出 版 人	赵剑英
责任编辑	田　文
责任校对	姜晓如
责任印制	李寡寡

出　　版	中国社会科学出版社
社　　址	北京鼓楼西大街甲 158 号
邮　　编	100720
网　　址	http://www.csspw.cn
发 行 部	010-84083685
门 市 部	010-84029450
经　　销	新华书店及其他书店
印　　刷	北京君升印刷有限公司
装　　订	廊坊市广阳区广增装订厂
版　　次	2023 年 9 月第 1 版
印　　次	2023 年 9 月第 1 次印刷
开　　本	710×1000　1/16
印　　张	17.75
字　　数	300 千字
定　　价	98.00 元

凡购买中国社会科学出版社图书，如有质量问题请与本社营销中心联系调换
电话：010-84083683
版权所有　侵权必究

第十批《中国社会科学博士后文库》
编委会及编辑部成员名单

(一) 编委会

主　任：赵　芮
副主任：柯文俊　胡　滨　沈水生
秘书长：王　霄
成　员（按姓氏笔划排序）：

　　卜宪群　丁国旗　王立胜　王利民　史　丹
　　冯仲平　邢广程　刘　健　刘玉宏　孙壮志
　　李正华　李向阳　李雪松　李新烽　杨世伟
　　杨伯江　杨艳秋　何德旭　辛向阳　张　翼
　　张永生　张宇燕　张伯江　张政文　张冠梓
　　张晓晶　陈光金　陈星灿　金民卿　郑筱筠
　　赵天晓　赵剑英　胡正荣　都　阳　莫纪宏
　　柴　瑜　倪　峰　程　巍　樊建新　冀祥德
　　魏后凯

(二) 编辑部

主　任：李洪雷
副主任：赫　更　葛吉艳　王若阳
成　员（按姓氏笔划排序）：

　　杨　振　宋　娜　赵　悦　胡　奇　侯聪睿
　　姚冬梅　贾　佳　柴　颖　梅　玫　焦永明
　　黎　元

《中国社会科学博士后文库》
出版说明

为繁荣发展中国哲学社会科学博士后事业，2012年，中国社会科学院和全国博士后管理委员会共同设立《中国社会科学博士后文库》（以下简称《文库》），旨在集中推出选题立意高、成果质量好、真正反映当前我国哲学社会科学领域博士后研究最高水准的创新成果。

《文库》坚持创新导向，每年面向全国征集和评选代表哲学社会科学领域博士后最高学术水平的学术著作。凡入选《文库》成果，由中国社会科学院和全国博士后管理委员会全额资助出版；入选者同时获得全国博士后管理委员会颁发的"优秀博士后学术成果"证书。

作为高端学术平台，《文库》将坚持发挥优秀博士后科研成果和优秀博士后人才的引领示范作用，鼓励和支持广大博士后推出更多精品力作。

《中国社会科学博士后文库》编委会

前　言

　　荆人欲袭宋，使人先表澭水。澭水暴益，荆人弗知，循表而夜涉，溺死者千有余人，军惊而坏都舍。向其先表之时可导也，今水已变而益多矣，荆人尚犹循表而导之，此其所以败也。今世之主法先王之法也，有似于此。其时已与先王之法亏矣，而曰此先王之法也，而法之，以此为治，岂不悲哉？

　　故治国无法则乱，守法而弗变则悖，悖乱不可以持国。世易时移，变法宜矣。譬之若良医，病万变，药亦万变。病变而药不变，向之寿民，今为殇子矣。故凡举事必循法以动，变法者因时而化，若此论则无过务矣。夫不敢议法者，众庶也；以死守者，有司也；因时变法者，贤主也。

——摘自《吕氏春秋·览·慎大览》。

　　自古以来，法律的稳定性和适应性都是一组难以调和的矛盾。作为调整人们日常行为的普适性社会规范，法律由国家制定或认可并以国家强制力保障实施，这决定着它必须处于一种高度稳定的状态，否则其本应具备的权威将会在一次又一次的挑战中消失殆尽。与此同时，法律"根源于物质的生活关系"[1]，"是社会共同的、由一定物质生产方式所产生的利益和需要的表现"[2]。但它以之为基础和根源的"物质的生活关系"并非永恒，而是会伴随时间的推移变化万千。这从客观上又要求法律应当因"时"而变，通过自身的调整来不断适应时代的变化。如何妥善处理稳定性的"不变"与适应性的"变"之间的关系，是立法者不得不慎重考量的"斯芬克斯之谜"。

---

[1]《马克思恩格斯全集》第31卷，人民出版社1998年版，第412页。
[2]《马克思恩格斯全集》第6卷，人民出版社1961年版，第292页。

对于这一问题，历朝历代的统治者都曾做过各种尝试和探索。有雄心勃勃者，对自身的立法技术信心满满，试图筑造"悬诸日月不刊之书"①，制定一部可漠视时间变化而万世不易的完美法典。也有患得患失者，自以为紧紧扣住了社会时势变化之脉搏，频频颁布新法令以宣示至上权威。但从客观效果来看，无一不是以失败而告终。被开国君主们寄予厚望、明令不得变更的成文法典，大多于他们尚在位时就已被自己颁布的其他形式的法律（如律之外还有令、格、式、例等）所改变。及至后世，它们也只是在形式上被自己的后继者视为"祖宗之成宪"，在内容上则多有损益，否则根本无法适应社会管理的客观需要。而那些朝令夕改将法律视为儿戏的，结局也无外乎榱栋崩折。西晋时期，司马伦篡位后任用孙秀执掌朝政，"伦之诏令，秀辄改革，有所与夺，自书青纸为诏，或朝行夕改者数四，百官转易如流矣"②。频繁变更法律，只会导致百姓"不知所从"③、天下"迄无宁日"④，是为"纷更变易，纪纲不得布，法度不得立，臣下无所持辅"⑤。古人的丰富实践充分表明，法律的稳定性和适应性就是一个不可动摇的天平，过度偏向任何一端都会造成法治工程的举步维艰。解决问题的唯一有效路径，就是坚持稳定与适应相结合，在预设成法的同时深入贯彻因时制宜的立法思想，确保法律因事而化、因时而进、因势而新。

篇首摘录的《吕氏春秋》，其实就巧妙又生动地体现了因时变法的立法指导思想。创作这一名篇的先哲，先是通过荆人渡河失败的事例指出了时代变化的客观存在以及墨守成规的显著危害，然后又以良医治病为比喻，形象说明了"不同的法律对应不同的时势"就应当像"不同的药方对应不同的病症"一样。遵循这一思想，古人开展了很多因时变法的实践。比如，对前朝旧法进行修改，"隋承战争之后，宪章舛驳，上令朝臣厘改旧法"⑥；颁布新的形式的法律对原先的法律进行变通，唐代的格、明代的《问刑条例》以及清代附于律文之后的条例，都属于因时因事对律文的补充和变通。其中，实现因时变法的一种极为重要的方式，就是以充分体现时势变化的典型司法案例为契机和切入点来修改法律。本书所研究的清代

---

① 《扬雄答刘歆书》。
② 《晋书·赵王伦传》。
③ 《唐鉴·穆宗》。
④ 《明史·刘健传》。
⑤ 《元史·许衡传》。
⑥ 《隋书·苏威传》。

的"因案修例",即是运用这一方式所形成的代表性造法机制。负责审判案件的司法官员,以及其他能够接触到此类案件的相关官员,乃至皇帝本人,都可以借助案件来发现现行法律的漏洞,进而提出修法动议,实现法律的因时而变。事实也说明,总结司法实践经验所得来的法律条文,具有很强的针对性,既能有效完善帝国的法律体系,也更容易为司法官员和老百姓所认同和理解。

时过境迁,在当代的法治语境下,有人或许会认为,因案修法已不具备时代价值,它只适合出现在立法、执法、司法不分的古代社会。理由为何?因为他们觉得官员们之所以能在司法审判中提出具体的修法动议,主要是基于古代官员兼具立法、执法、司法等多项公权力,负责"帮同把大皇帝的绝对支配权力建树起来"①。立法者与司法者的身份在这一过程中实现了高度重叠和交叉,但也在很大程度上弥补了古代社会法律专业人员数量和质量双重不足的现实缺陷。而在当代社会,权力复合型职官已然不复存在,当代的权力划分标准以及各机关之间严格的界限又在无形之中形成了难以突破的体制壁垒,因案修法自然没有必要发展。在他们看来,法律既然赋予不同机关以不同权限,自是应各司其职。立法机关负责制定法律,司法机关负责适用法律,即便法律存在漏洞,法官也不能逾越权限去试图创制新规则,否则便属于司法对立法的僭越。这无异于将法官视为法律条文的机械适用者,既忽视了法官可以在法律允许的范围内自我思考和判断,也低估了法官在法治建设中所能发挥出的重要力量和作用。

其实古代因案修法的盛行,并不单纯是因为职官掌握的是一种集多项权力于一身的复合型权力,而是基于最大程度地发挥司法完善立法的特殊优势。比如,在清代,相较于地方总督、巡抚的复合权力而言,刑部司官的权力相对单一(主管天下刑名),但这并不影响他们结合具体案例动议修改条例。相反,终清一朝,由刑部动议的因案修例所占比例相当之高。由此观之,即便权力复合型职官在当代法治社会不复存在,因案修法依旧具备生存发展的天然土壤,那就是坚持发挥司法对立法的完善作用,让法官群体在这方面的特殊优势得以充分体现。何况因案修法并不是赋予法官立法权,而是赋予其一种特殊的立法建议权。法官在司法审判过程中,要做的绝不是制作一个简单的判决,而是要同时完成适用法律条文、解决核

---

① 王亚南:《中国官僚政治研究》,商务印书馆2010年版,第55页。

心法律问题、回应社会时势变化等多重任务。因此，相对于其他主体，法官更容易发现现行法律存在的漏洞，其专业的学识背景、丰富的审判经验和敏锐的法治神经也决定了他能够提出相应的立法建议。我们所要关注和要做的，应当是如何对这些立法建议进行审核，以确保立法的科学合理性。

如果将视野再扩宽一些，就可以发现，司法案例在人类社会各种类型的法治文明盛宴中一向都是"座上宾"，其主要功能就包括推动法律的变革。美国大法官卡多佐曾高度评价法官之于立法的重要作用，认为"司法过程的最高境界并不是发现法律，而是创造法律"①，强调"法官已不幸错误地解释了他们时代的习俗，或者，如果他们时代的习俗已不再为我们的时代所分享，法官就不应被捆在其先辈的手上，无所作为地表示屈从"②。德国法学巨擘拉伦茨提出了"法的续造理论"，将"法的续造"分为"法律内法的续造"和"超越法律的法的续造"，指出"鉴于无可反驳的法律交易上的需要，或者在考虑一些（意义嗣后始被认识的）法律原则或宪法原则之下，司法裁判会创构出一些法律计划原本并未包含，有时甚至与之背道而驰的法律制度出来"③。而作为大陆法系的典型代表，法国的相关法律概念也形象说明了典型司法案例之于立法完善的不可或缺。在法语中，人们在谈到"判例"时更多使用的是"jurisprudence"，其原意是"谨慎的善"（la vertu de prudence），意在由司法者在具体案件中适用法律时补充立法之善。它可以专指法国最高法院的判例，也可以泛指所有法院的判例。④值得注意的是，每个国家都有自己特殊的国情和实际，故在如何运用司法案例来推动法律变革的具体方式上也表现不一，展现出不同的特色。

2020年11月，习近平总书记在中央全面依法治国工作会议上指出："中华法系是在我国特定历史条件下形成的，显示了中华民族的伟大创造力和中华法制文明的深厚底蕴。中华法系凝聚了中华民族的精神和智慧，有很多优秀的思想和理念值得我们传承。"⑤ 2022年10月，习近平总书记

---

① [美]本杰明·卡多佐：《司法过程的性质》，苏力译，商务印书馆2003年版，第105页。
② [美]本杰明·卡多佐：《司法过程的性质》，苏力译，商务印书馆2003年版，第95页。
③ [德]卡尔·拉伦茨：《法学方法论》，陈爱娥译，商务印书馆2004年版，第286—287页。
④ 参见何然《司法判例制度论要》，《中外法学》2014年第1期。
⑤ 习近平：《坚定不移走中国特色社会主义法治道路 为全面建设社会主义现代化国家提供有力法治保障》，《求是》2021年第5期。

在党的二十大报告中再度明确强调要"传承中华优秀传统法律文化"[①]。中华法系在运用司法案例方面积淀起了深厚的文化，既有成熟固化的工作机制，也有浩如烟海的实践事例，还有跨越时空的价值思想。在深入推进全面依法治国的伟大历史进程中，我们要继续发挥司法完善立法的作用，利用司法案例来推动法律的修改和完善，就有必要以古鉴今，从本土法律文化中汲取绵绵不断的养分。让我们一起徜徉于清代的法制长河里，深入探索清代因案修例机制的宝贵经验和时代价值，为当代因案修法机制之建构添砖加瓦。

---

① 习近平：《高举中国特色社会主义伟大旗帜　为全面建设社会主义现代化国家而团结奋斗——在中国共产党第二十次全国代表大会上的报告（2022 年 10 月 16 日）》，人民出版社 2022 年版，第 42 页。

摘　　要

　　作为适用法律处理现实案件的专门性活动，司法对法律的完善功不可没。它既可通过案件的审理知悉社会时势的最新变动，推动法律的与时俱进；亦能借助层出不穷的案件情节来发现既有法律的缺陷，确保法律漏洞的及时填补。清代司法对法律的完善主要表现为因案修例机制，即基于某一个司法案件，引发对《大清律例》中的相关条例进行修改。这实质上是一个法律的司法创制过程。新规则在司法实践中产生，再由特定机构遵循固定程序修入国家法典，成为正式的法律条文。以这一机制为研究对象，对于了解清代的司法状态、法律的创制机制、条例的来龙去脉乃至揭示中国古代司法创制蕴含的法律文化规则，均具有重大的理论意义和现实价值。

　　理解清代因案修例机制的蕴涵，首先要从其核心概念入手，即"案"与"例"。这两个概念看似简单，但与清代律学领域的诸多基础概念高度关联，在清代亦有着特殊的内涵。其中，"案"是指清代社会以司法案件形式存在的成案，"例"则特指《大清律例》中律文后附的条例。清代现存史料对因案修例的法现象可谓着墨颇多，《大清律例通考》《读例存疑》等注律性史料，对《大清律例》中因案所修之条例进行了逐条考证；《驳案汇编》《刑案汇览》等案卷性史料，则记载了引发修例案件的具体内容以及论证过程。因案修例机制在清代社会运用的客观效果，亦在此间一览无余。

　　因案修例机制之所以在清代逐渐发展与成熟，并在法制实践中大放异彩，很大程度上得益于清代独具特色的法源结构。这为因案修例机制的运转提供了得天独厚的优越条件。在传统中国社会数千年的法源结构演变过程中，成文法和判例的关系跌宕起伏，历经代表、辅助和融入三个阶段，终于在清代形成了律文、条例、成案三位一体的复合型法源结构。其中，律和例为正式法源，律文恒定不变，条例适时而变，二者都是清代司法审判的法定依据；成案为非正式法源，主要用于辅助律例的适用、强化对律例的理解和提供修例的材料。正式法源和非正式法源之间的互动，为因案修例机制的建立完善奠定了基础。

作为一种法律创制机制，因案修例关乎国家法律规范的调整和修改，注定有着较为复杂的运行程序。它是在司法审判过程中衍生出来的特殊机制，与清代刑事案件的审判程序高度重合。从地方到中央再到皇帝，因案修例机制可能在刑事案件审判的任何一个环节启动，提议主体包括地方督抚、将军、刑部乃至皇帝本人。至于复核程序，则由启动环节所决定，愈靠近权威核心，复核程序愈简化。比如，于地方层面启动就面临刑部与皇帝的双重复核，于刑部层面启动则只须皇帝的单层核准。皇帝核准后即进入正式的立法环节，由专门的修例机构律例馆在既定期限内，根据自身工作程式将新规则纂入《大清律例》。

清代因案修例机制运行输出的直接成果，便是一条条附于律文之后的条例。若以因案所修之条例所发挥的功能为划分标准，可将其分为"解释性条例"和"修补性条例"两种类型。"解释性条例"多是对律文和既有条例进行细化阐述，总体数量偏少，使用的方法涵盖文义解释、目的解释、法意解释等；"修补性条例"是对律文和既有条例的调整和补充，在因案所修条例中占多数，使用的方法包括类推适用、目的性扩充、目的性限缩、创造性补充等。这些虽属于现代法学话语体系，但也都可在清代找寻到相对应的方法概念。无论属于哪种规范类型，均体现了清代立法者相对高超的法律修改技术，条例的结构编排、文字表达、逻辑理路均有章可循。

任何一种法律创制机制，总是立足于其所处的本土文化环境，与个中的文化价值理念相契合。透过清代因案修例机制的表象与实质，可以发现它背后民族法文化的明显痕迹，集中反映着中国古代特有的法文化规则。比如，"皇权至上，一元和合"的权力规则、"大法虚置，小法实用"的法源定位规则、"惟齐非齐，有伦有要"的法律适用规则等。法文化规则具有高度的结构稳定性和潜在约束性，即便时代迁移，也无法抵挡其在族群意识层面潜移默化地发挥作用。故而在进入近代社会和现代社会后，这些历久积淀而成的法文化规则仍在持续发挥作用。民国的判例制度和当代的案例指导制度即是实证，它们均在一定程度上汲取了因案修例机制蕴含的优秀法文化精髓。

尤其是在强调凸显中国法治特色和传承中华优秀传统法律文化的当今社会，更有必要"以古人之规矩，开自己之生面"。清代因案修例机制是一种典型的司法创制机制，映射着传统中国社会独树一帜的司法案例运用模式和规律逻辑，彰显着中华民族的伟大创造力和中华法制文明的深厚底蕴。既可从中获取完善当代中国特色案例指导制度的机制路径，又可从中习得构建当代中国特色因案修法建议机制的智慧启示，从而为推进法治中国建设助力。

关键词：清代；因案修例；大清律例；成案；条例

Abstract

As a specialized activity that uses the law to deal with specific cases, the judicial system has an indelible effect on the improvement of the law. It can not only get the latest changes in the social situation through the trial of the case, but also promote the law to keep pace with the times. It can also find out the defects of existing laws by means of an endless stream of cases and ensure the filling of legal loopholes in time. The effects brought by the Judiciary in the Qing Dynasty to the perfection of the law was mainly manifested in the case-based amendments of Li, that is, based on a certain judicial case, the ruler was prompted to amend the relevant regulations in The Qing Code. This is essentially a process of judicial creation of laws. New rules are produced in judicial practice and gradually revised into the national code by a specific institution following the fixed procedures and become formal legal provisions. Taking the case-based amendments of Li mechanism in the Qing Dynasty as the research object, it has great theoretical and practical value to understand the judicial status, the legal creation mechanism, the ins and outs of the regulations of the Qing Dynasty, and even reveal the unique cultural rules of China's judicial creation.

To understand the implication of the mechanism of case revision in the Qing Dynasty, we should first start with its core concept, namely "case" and "Li". These two concepts seem simple, but they are highly related to many basic concepts in the field of law in the Qing Dynasty, and also have special connotations in the Qing Dynasty. Among them, "case" refers to the completed cases existing in the form of judicial cases in the Qing Dynasty, and "Li" specifically refers to the regulations attached to the laws of the Qing Dynasty. The existing historical materials of the Qing Dynasty wrote a lot about the phenomenon of the case-based amendments of Li, and the academic records like Encyclopedia of the Qing Code and Codification of Li of the Qing Dynasty do research on each Li amended based on cases in The Qing Code. The historical material about cases like New Collection of Criminal Defenses and Three Collection of Criminal Cases record the specific content of the cases leading to amendments of Li and the process of argumentation. Judging from historical records, case-based amendments of Li mechanism involve a number of confusable basic concepts, so they will be clarified together. The objective effect of the social application of the case-based amendments of Li mechanism in the Qing Dynasty is also in this view.

Due to the reason why the case-based amendments of Li mechanism gradually developed and matured in the Qing Dynasty, and shone in the legal practice, to a great extent it benefited from the unique legal source structure of the Qing Dynasty. This provides the advantageous conditions for the operation of the case-based amendments of Li. In the process of the evolution of the legal source structure for thousands of years, the relationship between statute law and cases has been ups and downs. Going through three stages of agency, auxiliary and integration, the mixed legal source structure consisting of Lv, Li and cases has finally been formed in the Qing Dynasty. Among them, Lv and Li are formal source of law, the Lv is constant and the Li is timely, which are the legal basis for the judicial trial in the Qing Dynasty; the case is informal source of law, which assists the application of Lv and Li and strengthen the understanding of them and provides material for amending Li. The interaction between formal source of law and informal source of law laid the foundation for the case-based amendments of Li.

As a kind of legal creation, related to the adjustment and revision of national laws, the case-based amendments of Li are bound to have complicated procedures. It is a special mechanism derived from the judicial process and highly coincident with the trial procedures of the criminal cases in the Qing Dynasty. From the local to the central to the emperor, it is possible to start the case-based amendments of Li at any of these points. Generally, the local governor, the general, the criminal department and even the emperor himself make the proposal. As for the review procedure, it is based on the start-up. The closer to the authoritative core, the more simplified the review procedure. If the local starts the procedure, it will face the revision both from the criminal department and the emperor; if the criminal department starts the procedure, it merely requires to get the emperor's approval. After the approval of the emperor, the formal legislative process will begin, and the official of Lv and Li will codify the new rules into The Qing Code in accordance with its own working procedures within the established time limit.

The direct result of the operation of the case-based amendments of Li in the Qing Dynasty is the Li attached to the Lv. Taking the legal methods used by regulations as the dividing criterion, case-based amendments of Li can be divided into two types, interpretative regulations and retrievable regulations. The interpretative regulations are mostly interpretations of the law and the existing regulations, of which the overall number is small. The methods used cover the semantic interpretation, teleological interpretation, jurisprudential interpretation and so on; The retrievable regulations are adjustments and supplements of the law and the existing regulations, which are the majority of the case-based amendments of Li. The methods used include application of analogy, purposive expansion, purposive reduction, creative supplements and so on. Regardless of the type of norm, it reflects the relatively superb legal modification techniques of the legislators of the Qing Dynasty. The structure, textual expression and logical structure of the regulations have rules to follow.

Any kind of legal creation mechanism is always based on the local cultural environment, which is in line with the cultural values. Through the presentation and essence of the case-based amendments of Li of the Qing Dynasty, it can be found that there are obvious traces of legal culture influences behind it, which reflect the unique legal cultural rules of ancient China. For example, the power operation rule of "imperial supremacy, monism and harmony", the law source localization rule of "the big law is empty, the small law is practical", the applicable rules of law of " there is no such thing as absolutely neat ". Legal cultural rules are highly stabilized and mandatory. Even if the dynasty changes, it cannot resist its imperceptible effect at the level of conscious awareness. Even after entering the modern society, these long-standing cultural rules will continue to have effects. The prejudication system of the Republic of China and the contemporary case guidance system are empirical evidence, and both of them draw to some extent the excellent essence of legal culture of the case-based amendments of Li.

Especially in today's society, which emphasizes highlighting the characteristics of China's rule of law and inheriting the excellent traditional Chinese legal culture, it is more necessary to "open our own life with the rules of the ancients". The case-based amendments of Li mechanism in the Qing Dynasty is a typical judicial creation mechanism, reflecting the unique judicial case application mode and law logic of traditional Chinese society, and highlighting the great creativity of the Chinese nation and the profound connotation of the Chinese legal civilization. We can not only obtain the mechanism path to improve the case guidance system with contemporary Chinese characteristics, but also learn the wisdom enlightenment of constructing the suggestion mechanism of case amendment with contemporary Chinese characteristics, so as to contribute to promoting the construction of China under the rule of law.

Key Words: The Qing Dynasty; Case-based Amendments of Li; The Qing Code; Cases; Regulations

目　录

第一章　导论 …………………………………………………………（1）
　　一　问题之缘起 …………………………………………………（1）
　　二　学术史梳理 …………………………………………………（6）
　　三　研究思路与结构安排 ………………………………………（10）
　　四　研究价值与研究方法 ………………………………………（12）

第二章　清代因案修例机制的内涵及其现象还原 …………………（15）
　　第一节　清代因案修例机制的概念界定 ………………………（15）
　　　　一　"案"为司法成案 ………………………………………（16）
　　　　二　"例"指刑事条例 ………………………………………（21）
　　　　三　"修"是编纂修改 ………………………………………（24）
　　第二节　《大清律例》中的因案修例 ……………………………（25）
　　　　一　乾隆四十三年版《大清律例》中的因案修例 …………（26）
　　　　二　同治九年版《大清律例》中的因案修例 ………………（27）
　　第三节　清代刑事案例集中的因案修例 ………………………（29）
　　　　一　《驳案汇编》中的因案修例 ……………………………（30）
　　　　二　《刑案汇览》中的因案修例 ……………………………（33）

第三章　清代因案修例机制的法源基础 ……………………………（36）
　　第一节　固有法体系中司法案例与成文法的关系流变 ………（37）
　　　　一　子产铸刑书之前：司法案例代表成文法阶段 …………（38）
　　　　二　秦汉至唐：司法案例辅助成文法阶段 …………………（41）
　　　　三　宋元至明清：司法案例融入成文法阶段 ………………（46）

第二节 清代以律例为核心的法源结构 （50）
　　一 《大清律例》的生成与定型 （50）
　　二 律主例辅的关系定位 （53）
　　三 条例的灵活性催生因案修例机制 （58）
第三节 成案在律例体系下的法源意义 （60）
　　一 成案填补律例漏洞 （61）
　　二 成案是研习律例的工具 （62）
　　三 成案触发条例纂修 （63）

第四章 清代因案修例机制的运行程序 （67）
第一节 启动：提议创设新规则 （68）
　　一 地方督抚或将军提议 （69）
　　二 以刑部为主的中央机构提议 （74）
　　三 皇帝提议 （79）
第二节 核准：核定新规则内容 （82）
　　一 刑部初核 （83）
　　二 皇帝终核 （89）
第三节 修例：新规则纂为条例 （94）
　　一 常设性的专业修例机构——律例馆 （94）
　　二 律例馆的修例程式 （98）

第五章 清代因案修例机制的成果类型与技术详解 （104）
第一节 解释性条例 （105）
　　一 文义解释型 （105）
　　二 体系解释型 （107）
　　三 目的解释型 （108）
　　四 解释性条例的特征与功能 （109）
第二节 修补性条例 （112）
　　一 类推适用型 （112）
　　二 目的性限缩型 （114）
　　三 目的性扩张型 （116）
　　四 创造性补充型 （118）

五　修补性条例的特征与功能 …………………………………（121）
第三节　条例使用法律方法的本土对译 …………………………（124）
　　一　"注解"与"法律解释" ……………………………………（124）
　　二　"比附"与"类推适用" ……………………………………（126）
　　三　"律意"与"法律的目的" …………………………………（128）
　　四　"因时立制"与"创造性补充" ……………………………（129）
　　五　中国古代法律方法的运用特性 ……………………………（131）
第四节　条例纂修过程中体现的立法技术 ………………………（132）
　　一　条标技术 ……………………………………………………（132）
　　二　法律修改技术 ………………………………………………（133）
　　三　文字表达技术 ………………………………………………（136）

第六章　清代因案修例机制的文化机理 ……………………………（139）
第一节　作为一种规则体系的法文化 ……………………………（139）
　　一　法文化之概念解读 …………………………………………（140）
　　二　成果观与规则观之辨 ………………………………………（142）
　　三　立场的选择：规则观 ………………………………………（144）
第二节　清代因案修例机制映射的文化规则 ……………………（145）
　　一　"皇权至上，一元和合"的权力运行规则 ………………（146）
　　二　"大法虚置，小法实用"的法源定位规则 ………………（150）
　　三　"惟齐非齐，有伦有要"的法律适用规则 ………………（155）
第三节　受清代因案修例机制文化影响的后世制度 ……………（160）
　　一　民国判例制度 ………………………………………………（160）
　　二　案例指导制度 ………………………………………………（165）

第七章　结语：以古代法律智慧推动现代制度完善 ………………（172）
　　一　清代因案修例是一种典型的司法创制机制 ………………（172）
　　二　中国古代独树一帜的司法案例运用模式 …………………（174）
　　三　完善中国特色案例指导制度 ………………………………（178）
　　四　构建中国特色因案修法建议机制 …………………………（181）

附　录 …………………………………………………………………（186）

参考文献 …………………………………………………（236）

索　引 ……………………………………………………（245）

后　记 ……………………………………………………（249）

Contents

Chapter One　Introduction ·· (1)
1. The Origin of the Problem ··· (1)
2. The Combing of the Academic History ································· (6)
3. Research Ideas and Structural Arrangements ························· (10)
4. Research Value and Research Methods ································ (12)

Chapter Two　The Connotation and Phenomenon Restoration of the Case-Based Amendments of Li Mechanism in the Qing Dynasty ·· (15)
Section 1　Defines the Concept of the Case-Based Amendments of Li Mechanism in the Qing Dynasty ································ (15)
1. "Case" Is a Judicial Case ··· (16)
2. "Li" Refers to Criminal Regulations ···································· (21)
3. "Revision" Refers to Compilation and Revision ······················ (24)
Section 2　The Case-Based Amendments of Li in the Qing Code ··· (25)
1. The Case-Based Amendments of Li in the Qing Code of the Forty-Third Year Edition of Qianlong ································· (26)
2. The Case-Based Amendments of Li in the Qing Code of the Ninth Year Edition of Tongzhi ···································· (27)
Section 3　The Case-Based Amendments of Li in the Revision of Criminal Cases in the Qing Dynasty ································· (29)
1. The Case-Based Amendments of Li in the Compilation of Rebuttal Cases ·· (30)

2. The Case-Based Amendments of Li in the Criminal Case Collection (33)

Chapter Three　The Sorce of Law Basis of the Case-Based Amendments of Li Mechanism in the Qing Dynasty (36)

Section 1　The Evolution of the Relationship between Judicial Cases and Statutory Law in the Inherent Law System (37)
1. Before Zichan Casts the Book of Punishment: The Stage of Judicial Cases Representing Written Law (38)
2. From the Qin and Han Dynasties to the Tang Dynasty: the Stage of Judicial Cases Assisting Written Law (41)
3. From the Song and Yuan Dynasties to the Ming and Qing Dynasties: The Stage of Judicial Cases Integrating into the Written Law (46)

Section 2　the Structure of the Source of Law with the Core of Lv and Li in the Qing Dynasty (50)
1. The Formation and Finalization of the Qing Code (50)
2. The Orientation of the Relationship between the Main Law and the Auxiliary Law (53)
3. The Flexibility of the Li Gives Birth to the Case-Based Amendments of Li Mechanism (58)

Section 3　The Significance of the Source of Law of the Case under the Legal System (60)
1. To Fill the Loopholes in the Law (61)
2. A Case Is a Tool for Studying the Law (62)
3. Compilation of Li Is Triggered by a Case (63)

Chapter Four　The Operation Procedure of the Case-Based Amendments of Li Mechanism in the Qing Dynasty (67)

Section 1　Initiation: Proposing the Creation of New Rules (68)
1. Proposal of Local Governor or General (69)

2. Proposal of the Central Organ with the Ministry of Punishment as the
   Main Body .... (74)
3. The Emperor's Proposal .... (79)
Section 2 Approval: Approving the Content of the New Rules ...... (82)
1. Initial Verification by the Ministry of Punishment .... (83)
2. The Emperor's Final Verification .... (89)
Section 3 Amendments: Codificating New Rules into Li .... (94)
1. The Permanent Professional Institution for Amending the Law-The
   Law Library .... (94)
2. Procedures for Amending the Laws of the Law Library .... (98)

Chapter Five The Detailed Explanation of the Achievement Type and
   Technology of the Case-Based Amendments of Li Mechanism
   in the Qing Dynasty .... (104)
Section 1 Explanatory Regulations .... (105)
1. Literal Interpretation Type .... (105)
2. System Interpretation Type .... (107)
3. Purpose Interpretation Type .... (108)
4. Characteristics and Functions of Explanatory Regulations .... (109)
Section 2 Patchwork Regulations .... (112)
1. Analogy Applicable Type .... (112)
2. Purposeful Contraction Type .... (114)
3. Purposeful Expansion Type .... (116)
4. Creative Supplementary Type .... (118)
5. Characteristics and Functions of Patchwork Regulations .... (121)
Section 3 Local Translation of Legal Methods in the Use of
   Regulations .... (124)
1. "Notes" and "Legal Interpretation" .... (124)
2. "Analogy" and "Application by Analogy" .... (126)
3. "The Meaning of Lv" and "The Purpose of Law" .... (128)
4. "System According to Time" and "Creative Supplement" .... (129)

5. The Application Characteristics of Ancient Chinese Legal Methods ……………………………………………………………… (131)
Section 4　Legislative Techniques Embodied in the Process of Regulations Compilation ……………………………………… (132)
1. Bar Mark Technology ……………………………………………… (132)
2. Law Modification Technology …………………………………… (133)
3. Text Expression Technology ……………………………………… (136)

Chapter Six　The Cultural Mechanism of the Case-Based Amendments of Li Mechanism in the Qing Dynasty …………… (139)

Section 1　Legal Culture as a System of Rules ………………… (139)
1. Interpretation of the Concept of Legal Culture ……………… (140)
2. The Distinction between the View of Achievement and the View of Rule …………………………………………………………… (142)
3. The Choice of Position: the View of Rule …………………… (144)
Section 2　The Cultural Rules Reflected by the Case-Based Amendments of Li Mechanism in the Qing Dynasty …………… (145)
1. The Power Operation Rule of "Imperial Supremacy, Monism and Harmony" ……………………………………………………… (146)
2. The Law Source Localization Rule of "The Big Law Is Empty, the Small Law Is Practical" ………………………………………… (150)
3. The Applicable Rule of Law of "There Is no Such Thing as Absolutely Neat" ………………………………………………… (155)
Section 3　The System of Later Generations Influenced by the Culture of the Case-Based Amendments of Li Mechanism in the Qing Dynasty ……………………………………………………… (160)
1. The Case Law System of the Republic of China ……………… (160)
2. Case Guidance System …………………………………………… (165)

Chapter Seven　Conclusion: Promote the Perfection of Modern System with Ancient Legal Wisdom ………………………………… (172)

1. The Case-Based Amendments of Li Mechanism in the Qing Dynasty is a Typical Judicial Creation Mechanism …………………………… (172)

Contents

2. The Unique Application Mode of Judicial Cases in Ancient China ··· (174)
3. Improve the Case Guidance System with Chinese Characteristics ······ (178)
4. Onstructe a Proposal Mechanism for Case-Based Amendment of Law with Chinese Characteristics ··· (181)

Appendix ··· (186)

References ··· (236)

Index ·· (245)

Postscript ··· (249)

第一章 导论

一 问题之缘起

国家治理体系和治理能力，是一个国家法律制度以及制度执行能力的集中体现。一个国家的法律制度越是完美、执行越是高效，其治理体系就越科学、治理能力就越强大，也就越能为政治稳定、经济发展、文化繁荣、民族团结、人民幸福、社会安宁、国家统一提供更加有力的保障。因此，若要实现不断完善国家治理体系和提升国家治理能力的伟大目标，首要即在于持续推动国家法律制度的进步与发展。2013年11月，在党的十八届三中全会第二次全体会议上，习近平总书记就曾指出，"推进国家治理体系和治理能力现代化，就是要适应时代变化，既改革不适应实践发展要求的体制机制、法律法规，又不断构建新的体制机制、法律法规，使各方面制度更加科学、更加完善"[1]。这为新时代推进国家治理体系和治理能力现代化指明了重要的前行路径，那就是要在构建和改革法律法规方面下更大的功夫，通过不断健全国家治理急需的法律制度、满足人民日益增长的美好生活需要必备的法律制度，实现中国特色社会主义法律体系薄弱点的顺利补强和空白点的有力填补。

构建和改革法律法规，是一项复杂烦琐的系统工程，涉及与国家治国理政以及人民日常生活密切相关的一系列规则的变革。其中的核心问题在于，如何在最短的时间内完成与客观需求最为契合的规则设计，高效地实现从旧规则到新规则的转变？归根结底，这是一个立法命题，即法律的创制问题。在人类法治文明进程中，法律创制的方式大体可分为立法创制和

---

[1] 《习近平谈治国理政》第1卷，外文出版社2018年版，第92页。

司法创制。① 立法创制，指国家立法机关根据既定的立法程序由上而下进行的法律创制。这一方式代表着理想主义，主动性色彩浓厚，经其创制的法律多为原生型，主要表现为立法者主观设计的法律规范。司法创制，则是指国家司法机关在法律适用过程中结合社会时势变化、既有法律条文的缺陷等因素自下而上的法律创制。这一方式代表着经验主义，被动性色彩更鲜明，经其创制的法律以修缮补充型为主，通常表现为判例或从司法案例中抽象出的成文法则。

这两种常见的法律创制方式互有优势，也总是在人类社会的法治实践中被交叉使用。究其原因，关键还是在于法律本身的性质和特征使然。作为上层建筑的重要组成部分，法律受政治、经济、社会、文化等众多元素影响，不可能一成不变，需要伴随社会时势的变化而适时调整。一旦滞后或背离时势，与现实需求形同方枘圆凿，距离被历史和人民所淘汰也就为之不远矣。在面对瞬息万变的社会时势时，由于立法创制存在种种约束，它总是表现得有心无力，甚至于从法律诞生那一刻起就已经显现出滞后的态势。频繁运用这一方式也着实弊害较多，既有损于法律的稳定性和权威性，又须让国家和人民承担较重的立法成本。相较而言，司法创制更为灵活和机动，它的主要工作是在法律适用的过程中完成的，效率更高、成本更低，在填补法律漏洞的针对性方面也更为强劲，既能有效保证法律的适应性，也能在程序的约束下做到谦抑慎微而不至于破坏法律的稳定性。因此，在人类社会不同类型的法治文明中，乃至同一法治文明的不同历史发展阶段，司法创制的作用大小虽有差异，但总体上始终保持着相当高的活跃度。

作为世界法治文明的重要一域，我国自古就是一个典型的成文法国家。早在西周时期，"大宰"和"大司寇"的职责，就分别包括"掌建邦之六典，以佐王治邦国"②和"掌建邦之三典，以佐王刑邦国，诘四

---

① 也有学者根据人类在法律创制活动中的主动与被动程度，将人类社会的法律创制分为主动式创制和被动式创制。其中，主动式创制是指人类在总结过往法律经验的基础上，充分发挥个人主观能动性，结合过去、现在乃至将来可能发生的法律问题，预先设计好的法律规则；被动式创制是指现实生活中发生了现行法律所难以解决的问题，相关国家机关只能顺应现实需要，通过特定的程序和方式临时创制法律予以应对。参见胡兴东《判例法传统与中华法系》，《法学杂志》2012年第5期。

② 《周礼·天官·大宰》。

方"①。及至春秋战国，子产铸刑书的示范效应，引发诸国变法热潮，中华民族的法典事业开始迅猛发展。其中，魏国李悝"集诸国刑典，造法经六篇"②，影响甚远。秦大一统后，历代统治者皆将编纂法典视为国之要务，不时有精品面世。《唐律疏议》《唐六典》《明会典》《大清律例》《清会典》等法典，都展现出古人高超的立法水平和技术，是中华民族法制文明史上的璀璨明珠。在法典事业高度发达的同时，我国历来也非常重视对法律的司法创制，也就是注重用司法来完善立法，充分发挥司法案例的特殊作用。从古至今，司法创制机制在我国始终存在，只是在不同历史阶段，发展程度与表现形式各有差异。

早在先秦时期，由于成文法处于相对秘密的状态，司法案例在国家治理体系中已然扮演着极其重要的角色，这从早期文献的相关记载中即可窥见。秦汉之际，成文法的作用日益凸显，立法活动也渐趋活跃，但由于立法技术相对落后而存在很多缺漏，司法案例也因此得以继续广泛运用。《法律答问》中记载的廷行事依托于司法案例，汉代的决事比更是典型的判决依据，其中死刑决事比的适用尤为突出。魏晋南北朝时期，梁朝将故事抽象整理为法律，这可以说是将司法经验转化为法律规则的重要体现。《唐六典》有载："梁易《故事》为《梁科》三十卷，蔡法度所删定。"③宋代正式将断例集中汇编，推动编例入法。断例既包括以案例形式存在的"例"，也包括由案例抽象成规则的"条"。"所谓'可以为法者，创立新条'，即部分断例成为上升'为法'新的规范性条文；'法不能该者，著为例'，即不能上升为法律条文者，仍然以案例的形式存在。"④元朝作为游牧民族建立的政权，相较于预设成文法，更为注重因事立制。《大元通制》和《至正条格》两部法律中均有大量断例的存在。而断例系"因事立法，断一事而为一例者也"⑤，自然意味着司法创制的方式得以沿用。明代在《大明律》的基础上设有《问刑条例》，《问刑条例》中的多数内容源于司法实践，但已基本脱离案件载体而转化为抽象的法律规则。清代的司法创制更为显著，《大清律例》完成了律例合编的体系转变，其中条例定

---

① 《周礼·秋官·大司寇》。
② 《唐律疏议·名例》。
③ 《唐六典》卷六。
④ 杨一凡、刘笃才：《历代例考》，社会科学文献出版社2012年版，第97页。
⑤ 《新元史》卷一百三。

期修改，而新修条例有相当一部分产生于具体案件。乾隆年间吴坛所著的《大清律例通考》、道光年间的《大清律例按语》、同治年间裕禄修订的《大清律例根原》、光绪年间薛允升所著的《读例存疑》等著述皆对条例的来源进行了考证，其中多次提到某条例系因某案所修。

清末以降，内外交迫，为维持早已摇摇欲坠的封建帝制，清廷被迫宣布修律，谕令沈家本、伍廷芳"将一切现行律例，按照交涉情形，参酌各国法律，悉心考订，妥为拟议，务期中外通行，有裨治理"[1]。但清廷已然是苟延残喘，"终日言变法，逮至国本已伤，而收效卒鲜"[2]。民国建立后，各类法律制度百废待兴，北洋政府虽亦曾在清廷的基础上继续修律，但政局不稳、军阀割据的大背景决定了这一时期的立法活动很难取得实质性突破。当立法机制失灵，法律体系不全时，司法裁判的依据也呈现出多元化的特点。以民事案件为例，其裁判依据就包括《大清新刑律》民事有效部分、民事特别法、民商事习惯等。为此，大理院不得已代行立法机关之职责，建构起一套判决例系统，从自身审判案件中抽象出判例要旨并将其整理汇编，竟在新旧更替的法律真空时代获得了出乎意料的良好效果。这一时期，司法创制可谓获得了前所未有的发展契机，大理院汇编的判决例在一定意义上已然具备了法律的效力，"成为实质的民事法律渊源，对修订民国《民律草案》、《中华民国民法》的制订均产生了重要影响"[3]。

及至当代中国社会，司法创制仍然存在，主要体现为司法解释和指导性案例。司法解释系最高人民法院结合司法实践需要对法律适用问题所作出的阐释，表现为抽象条文，在全国范围内具有普遍约束力。指导性案例则是由最高人民法院公布的对全国法院相关审判工作具有指导作用的案例，下级法院均应参照。可以说，司法解释与指导性案例有效化解了时势变迁与法律滞后的矛盾。特别是指导性案例，"在阐述相关法律适用问题的同时，更加注重总结案例中蕴含的司法价值取向和司法方法论，更加注重通过案例阐明人民法院衡平利益的思维方法。"[4] 换言之，在法律条文未发生任何变化的前提下，指导性案例可结合时势变化，悄然改变既有的法律运用和理解，并借助司法层级系统将这种新判断标准全面推广。当以指

---

[1] 《清德宗实录》卷四百九十八。
[2] 《清史稿·刑法三》。
[3] 刘昕杰、杨晓蓉：《民国学者对民初大理院判例制度的研究》，《东方法学》2011年第5期。
[4] 罗书臻：《〈最高人民法院公报〉走过30年》，《人民法院报》2015年11月19日第1版。

导性案例为参照的案件数量积累到一定程度时，与其价值取向相一致的司法解释便会出台，而后司法解释亦可能进一步法律化。正如我国著名刑法学者张明楷教授所说，法律完善的路径即在司法过程中对法律进行与其字面含义不同的解释，经过一段时间后，立法机关会采纳解释者的意见，修改法律的文字表述，使用更能实现正义理念的文字表述。[1] 这种司法创制，既解决了法律滞后的问题，又使法律适应了社会的发展，促进了社会的进步。

可以毫无疑义地说，历经数千年的发展、演变与积淀，我国已然形成了深厚的司法创制文化。这一文化蕴含着中华民族在法律创制方面的独特智慧，也构成中华优秀传统法律文化的重要内涵。基于此，在面对完善中国特色社会主义法律体系、法律制度的时代需求和历史重任时，我们不仅要借鉴国外法治文明的有益成果，更要将视角转向中国古代，深入学习中国古代的法律创制机制。清代作为传统社会的最后一个王朝，处于古今绝续之交，承继了历代历朝的司法创制经验，形成了相当纯熟固化的司法创制机制。无论是《大清律例》，抑或中央各部门则例，均有着明显的司法创制痕迹，因案修例机制即是其中的典型代表。修例机制的存在，"使新成分时时注入于法律之中；陈旧而不适用者，随时删除，不致壅积。借实际的经验，以改良法律，实在是很可取法的"[2]。与此同时，清代所存司法史料较为丰富，《大清律例》等立法成果保存完整，《大清律例通考》《读例存疑》等律学专家著述详尽专业，《刑案汇览》《驳案汇编》等刑事案例汇编全面翔实。这些材料的存在，可为我们充分还原清代司法创制的面貌、总结清代司法创制的规律提供重要支撑。

在新时代新的历史方位下，系统研究清代因案修例机制也具有全新的时代意义。当前，我们担负着深入推进全面依法治国、加快建设中国特色社会主义法治体系、建设社会主义法治国家的历史重任，必须走适合自己的法治道路，这也就要求我们传承与弘扬中华优秀传统法律文化。抛弃传统、丢掉根本，就等于割断了自己的精神命脉。历经数千年形成的中华优秀传统法律文化，是铭刻在中华民族骨子里的法治记忆，之于中国特色社会主义法治事业建设有着重要的启示意义。2014年10月，习近平总书记在党的十八届四中全会第二次全体会议上就曾指出："我国古代法制蕴含

---

[1] 参见张明楷《刑法学》，法律出版社2014年版，第2页。
[2] 吕思勉：《中国通史》，江西教育出版社2017年版，第149页。

着十分丰富的智慧和资源，中华法系在世界几大法系中独树一帜。要注意研究我国古代法制传统和成败得失，挖掘和传承中华法律文化精华，汲取营养、择善而用。"① 2020年11月，在中央全面依法治国工作会议上，习近平总书记再度强调，"要传承中华优秀传统法律文化，从我国革命、建设、改革的实践中探索适合自己的法治道路"②。毋庸置疑，研究清代因案修例机制，是高度契合这一根本取向的。通过对清代因案修例机制的系统剖析，把握其构成要素、运行程序、法理依据，挖掘其背后蕴含的运行规律和文化规则，有利于完善立法体制机制，完善党委领导、人大主导、政府依托、各方参与的立法工作格局，完善案例指导制度，从而实现中华优秀传统法律文化的创造性转化、创新性发展。

二 学术史梳理

清律和清例问题，历来是学界研究的一个热点，国内外关于《大清律例》的研究成果也可谓汗牛充栋、精彩纷呈。但细细爬梳，可以发现，关注点较为集中。其中，大多数成果表现为对清代的法律体系、律例之间的关系、成案的效力与适用以及条例、通行、说帖等单一项目的研究，只有少量成果涉及因案修例机制。

（一）国内研究现状

国内当前的相关研究成果，大致可分为两种类型：一类是将清代的因案修例作为判例法而展开的研究；另一类则是将其作为制定法而展开的研究。值得说明的是，当前学界主要将其形容为"因案生例"。本书基于研究对象既包括因某一司法案件创设新规则的过程，亦包括新规则通过修例活动纂入《大清律例》的过程，故将其称为"因案修例"。二者虽有区别，但并无绝对的界限，指向的对象具有一致性。

1. 从判例法的角度对清代因案修例机制的研究

很多学者认为中国古代就有判例法的存在，清代因案修例机制就属于判例法的本土表现形式。张晋藩教授认为例本身就属于判例的一种，它不是对律文的轻重比附适用，而是直接作为断案的客观标准，"'例'的法律

---

① 《习近平谈治国理政》第2卷，外文出版社2017年版，第118页。
② 《习近平在中央全面依法治国工作会议上强调 坚定不移走中国特色社会主义法治道路 为全面建设社会主义现代化国家提供有力法治保障》，《人民日报》2020年11月18日第1版。

化使中国古代的判例法又前进了一步"①,"明清时期,律与例并存,是中国古代判例法最为发展的时期。由于因案生例原则的确立和盛行,明清两代例的数量大增,适用范围也逐渐扩大"②。何勤华教授在《清代法律渊源考》一文中对因案修例也进行了一定的论述,他认为因案修例是判例法的一种表现形式或者说一种判例法的形成机制。"国家审判机关(主要是督抚、刑部和皇帝)将判例(成案)认可适用,并将其定为例,使其通行全国,获得普适的权威,成为判例法,进而将这些例按照国家大法(大清律)的体系分别附于其后,成为一种判例法体系或制度。"③汪世荣教授在《中国古代判词研究》一书中认为因案生例属于判例制度的构成部分,"是指司法官吏在其司法活动中,针对具体案例的裁判,认为通过该案应总结、创制出特定法律规范时,便在判词中附请定例"④。该制度体现了皇权专制对司法权的绝对控制,在一定限度内认可了司法官创制法律的做法。郑秦教授在《清代法律制度研究》中对修例的实证进行了研究,通过数个实例来阐述条例纂修的程序,并借此证明"条例多源于判例,经过修订使个别的判例上升为普遍使用的法律条款"⑤。而在《康熙〈现行则例〉：从判例法到法典法的回归》一文中,郑秦教授再次强调条例都是由个案进化而成的司法原则,属于判例过渡到成文法的一种状态。"中国特色的判例法不只是形形色色的案例汇集,更重要的是将典型案例奏准成为普通适用的法条,条例、则例的产生就是如此,每一条例的背后都会有一个生动的案件或事例。"⑥

2. 从制定法的角度对清代因案修例机制的研究

与之相对,有一部分学者认为,尽管清代因案修例机制与判例存在诸多联系,但实质上仍是一个制定法形成的特殊机制。杨一凡教授和刘笃才教授在《历代例考》中将因案修例视为法律与案情变化相适应的产物,属于成文法吸收判例法的一种方式,即在法无明文的情况下,把具有典型性的成案提升为定例,从而实现对法律的补充和完善。在罗列部分具体实例的基础上,进一步以主体为划分标准将因案修例的生成途径分为皇帝审批

---

① 张晋藩:《中国法律的传统与近代转型》,法律出版社1997年版,第237页。
② 张晋藩:《中国法律的传统与近代转型》,法律出版社1997年版,第241页。
③ 何勤华:《清代法律渊源考》,《中国社会科学》2001年第2期。
④ 汪世荣:《中国古代判词研究》,中国政法大学出版社1997年版,第219页。
⑤ 郑秦:《清代法律制度研究》,中国政法大学出版社2000年版,第62页。
⑥ 郑秦:《康熙〈现行则例〉：从判例法到法典法的回归》,《现代法学》1995年第2期。

案件时发表上谕定例、地方附请定例、刑部议复定例三种情况。① 苏亦工教授在《明清律典与条例》一书中对条例、判例与判例法进行了区分，认可大部分的条例来源于判例，并指明了条例的创造性补充和一般性补充的两种功能，强调了条例的灵活性和变通性。② 吕丽教授对清代条例、则例、事例进行全面研究，认为"清例之产生主要来自三个途径：其一，臣工条奏定例，即各部门根据执行职务的需要拟定的办事细则，或臣下针对司法实践需要以及显露的法律漏洞等情况拟定的补充性规范，报皇帝批准后颁行；其二，臣下奉上谕定例，即臣下根据皇帝的有关命令、指示草拟出某类事件的处理规则，上报皇帝，经批准后颁行；其三，谕旨定例，即直接由皇帝拟定发布的单行法律规范"③。其中，"针对司法实践需要以及显露的法律漏洞等情况拟定的补充性规范"，指的就是因案修例。陈兴良教授认为因案修例确实是对例的形成机制的生动描述，但并不能将其归纳到判例法的范围，而是制定法形成的一种方式，所谓条例都已经脱离原有的成案而被抽象成特定的法律规则。④ 周子良教授在《论清代的比附生例》一文中指出比附生例具有辅助性、具体性和灵活性，其实质是因案生例，程序是案件经过判决或奏准生效成为成案，成案再上升为通行，通行被奏准后即成为条例。至于能产生条例的案件，主要包括案件情节无律文规定、案件情节虽有规定但复杂关系超出律文范围、案件情节虽有规定但皇帝倾向于不按既有律文判处等类型。⑤ 柏桦教授在《清代律例成案的适用——以"强盗"律例为中心》一文中认为因案修例并非基于案例归纳出法律规则，而是针对新情况所制定的新办法，整个过程是一个制定法的过程而非判例法的归纳过程。⑥ 另柏桦教授编有《清代律例汇编通考》一书，该书结合《读例存疑》等文献对《大清律例》中每条条例的变迁过程进行了考校，并列举了与之相关的事例和成案。孙斌博士在《因案生例：从〈驳

---

① 杨一凡、刘笃才：《历代例考》，社会科学文献出版社2012年版，第283—293页。
② 苏亦工：《明清律典与条例》，商务印书馆2020年版，第282—308页。
③ 吕丽：《例与清代的法源体系》，《当代法学》2011年第6期。
④ 参见陈兴良《从规则体系视角考察中国案例指导制度》，《检察日报》2012年4月19日第3版。
⑤ 参见周子良、张朝晖《论清代的比附生例》，载曾宪义主编《法律文化研究》第3辑，中国人民大学出版社2007年版，第69—79页。
⑥ 参见柏桦、于雁《清代律例成案的适用——以"强盗"律例为中心》，《政治与法律》2009年第8期。

案汇编〉看清代条例的生成》一文中以《驳案汇编》为中心,对因案生例的法律原因、程序、方法、作用和弊端进行了初步分析,认为因案生例仅是刑案处理的一种特殊结果。①

(二) 国外研究现状

国外学者在研究清代律例时,亦时有关注到因案修例这一法现象。著名美国学者博德就曾指出,例是一种对基本法律规范进行补充的规范,其原始来源主要包括皇帝诏令和具体的刑案判决,后者更甚。而在成案与条例之间,还存在"通行"这种状态,即刑部将某一具有典型性的刑案判决或皇帝针对某一案件特发的诏令作为在全国司法工作中具有指导和规范意义的"通行","通行中的一小部分将被律例馆在修订《大清律例》时,作为新例编入法典"②。

日本学者对《大清律例》的研究启动较早,泷川政次郎于1939年在《法曹杂志》即已发表《清律之成立》一文,其中在论述条例时已初步涉及因案修例的问题。东京大学教授滋贺秀三指出,《大清律例》由"律"和"条例"构成,其中"律"为基础性条文,"条例"为补充性条文甚至对律进行实质性变更。相较于稳定的律文而言,条例的数量与分量处于一种与时渐进的状态,根本原因便是皇帝可突破现行法的限制而相机裁判,"象这样产生的新的先例就被条文化并写进条例中"③。明治大学教授岛田正郎在《清律之成立》一文中梳理了《大清律例》的形成过程,并阐述了乾隆之后的定期纂修律例机制,这其中也包括因案修例。④

学界当前的研究成果,基本肯认了因案修例这一法现象在清代社会的客观存在,为认识和研究清代因案修例机制的相关概念、史料、方法指明了方向。但近年来国家对中华民族传统法律文化的挖掘以及学界对大清律例研究的深入,也为后继者的研究指明了新的方向和提供了新的问题。择其要者,主要体现在两个方面。一是能否在研究的纵向深度和横向广度方

---

① 参见孙斌《因案生例:从〈驳案汇编〉看清代条例的生成》,《苏州大学学报》(哲学社会科学版)2017年第2期。
② 参见[美]布迪、莫里斯《中华帝国的法律》,朱勇译,江苏人民出版社1995年版,第60页。
③ 参见[日]滋贺秀三《中国法文化的考察——以诉讼的形态为素材》,《比较法研究》1988年第3辑。
④ 参见[日]岛田正郎《清律之成立》,载刘俊文主编《日本学者研究中国史论著选译》,姚荣涛、徐世虹译,中华书局1992年版,第510—514页。

面进一步加强，形成关于因案修例机制的系统性研究。当前除极少数成果是以因案修例为专门的研究对象外，大多数研究成果均是在研究清代法律体系、条例、成案等问题时偶然涉及这一问题，属于附带性研究。因此，对这一机制的机理、结构、程序、方式的系统研究仍付诸阙如。二是能否在使用的论证材料方面进一步增加厚度。通过试举少数几个案例来分析清代因案修例机制，难免存在使用材料单一而引起的以偏概全问题。对于这一机制进行研究，应充分运用案例汇编、官方实录、私人著述等材料，并结合《大清律例》中因案所修的所有条例来进行全面分析。

三　研究思路与结构安排

本书以清代因案修例机制为研究对象，力图在既有研究成果的基础上融合新的材料和新的研究方法对该机制进行专门、系统性的研究。首先，界定因案修例机制的基本概念，并借助《大清律例通考》《读例存疑》等清代著述，对《大清律例》中条例的来源进行全面梳理，整理出因案所修的条例部分。其次，根据条例的案件来源，从《刑案汇览》《驳案汇编》《清实录》等材料中反向追溯案件的具体情况，从而将案件类型化，同时对新例生成过程、争议关键点、择选标准、造法功能等进行探讨。再者，在历史现象和法律分析的基础上，综合运用其他史料来分析深层文化根由，归纳出传统中国社会通过司法路径完成法律创制的历史规律。

结合研究思路，本书将主要从以下六个部分展开：

第一部分，清代因案修例机制的内涵及其效果呈现。在对清代因案修例机制集中进行论述之前，有必要界定这一机制的基础概念，以及它在清代法律文本和司法实践中的表现。一方面，清代因案修例机制涉及"案""例""修例"等诸多律学概念，这些概念分别指向什么？如何辨析与之相关的概念？回答这些问题，需要结合《大清律例》《读例存疑》《驳案汇编》《刑案汇览》《大清律例通考》《清实录》等史料来审视。另一方面，既然是一种常用的法律创制机制，那么它适用情况在现存文献中应有明确的记载，它总体的适用频率如何？适用的效果怎么样？一一解答这些问题，有利于从整体和个体两个层面对清代因案修例机制进行双重展示，并释明其中存在歧义的知识点。

第二部分，清代因案修例机制的法源基础。作为一种典型的法律创制机制，因案修例不是清人的神来之笔，而是与清代的法律结构密切相关。它牵涉的成案、条例、律文等诸多元素，恰恰都是清代法源的主要构成部分，即以律例为核心的正式法源和以成案为代表的非正式法源。那么，为什么清代会形成这样一种法源结构？它在中国古代社会又是怎么演变和形成的？作为正式法源，律文与条例是一种什么样的关系，这种关系对因案修例有何作用？作为非正式法源，成案的法源意义体现在哪些方面，它与律例之间又如何实现互动与融合？故此，有必要对清代的法源结构进行分析，包括中国古代固有法体系中司法案例与成文法之间的关系演变、清代律文和条例的关系、律例和成案的关系、成案在司法实践中扮演的角色和运用规则等问题。

第三部分，清代因案修例机制的运行程序。任何机制均有其自成一套的程式，暗含机制有效运转的机理。清代因案修例机制涉及成文法典的修改，自然也有着严谨的运行程序。事实上，这一程序并非清代统治者通过法律明文设定，而是在相关制度设计及其实践操作的基础上逐步形成的。它与清代官员的职权以及刑事案件审判的审转制度密切相关。清代官员兼理行政与司法，职权既包括各类案件审判权，也包括行政层面的建言权。这二者的结合，也就意味着官员拥有因某一司法案件向中央提出法律创制的建议权。刑事案件审判的审转制度，则决定了一定层级的刑事案件须经县、府、按察司的逐级审理，由督抚题达皇帝，交刑部覆核。这意味着在各项条件均具备时，因案修例会伴随审转的程序推进而发生。值得说明的是，既然法律对此程序无明文规定，那就只能通过史料中记载的实例，梳理因案修例的推进过程，进而剖析每个阶段所涉及的行为主体、每个主体提议或认可修例的主要考量因素等问题。

第四部分，清代因案修例机制的成果类型与技术详解。作为一种法律创制机制，清代因案修例机制运行产出的成果是《大清律例》中的条例。这些条例实质上是司法实践对既有律例问题的回应和解决，其功能主要包括两个层面：一是解释法律以精确法律适用；二是修补法律以填补法律漏洞。根据功能进行划分，也就可将之分为解释性条例和修补性条例。结合每一条例修订过程中具体使用的解释方法和修补方法，又可将这些条例分为更加细致且不同的类型。比如，使用文义解释方法的条例归属于文义解释型，使用目的解释方法的条例归属于目的解释型，使用创造性补充方法的条例则归属于创造性补充型。此外，由于因案修例本质上是一项法律纂修活动，在新例编排、文字内容表达、逻辑结构设置等方面势必会运用多种立法技术。在这一部分将予以专节讨论，从而全面展现清代的立法技术及其代表的立法水平。

第五部分，清代因案修例机制的文化机理。清代因案修例机制的背后，是中华民族历经数千年积累而形成的传统法律文化，蕴含着独特的法律文化规则。这些规则在清代因案修例机制的形成和发展过程中发挥着潜移默化的作用。与此同时，法律文化规则具有超高的稳定性和极强的延续性，中华民国和新中国的司法创制活动也在一定程度上受其影响。如，民初大理院在法律失位的背景下，通过抽象出判例中的判决要旨并予以汇编，在一定程度上使之具备了成文法所要求的表现形式和法律效力。国民政府时期，乃至现在的台湾省，最高法院仍在延续判例汇编的传统。中国当代的司法解释和案例指导制度，也属于司法创制的范畴。最高人民法院通过指导性案例抽象出裁判要旨，其中蕴含新的法律适用标准，各级人民法院均应参照。

第六部分，附录。附录部分主要是展现本书在形成过程中所使用的论据材料。晚清刑部尚书、著名法律学家薛允升所著的《读例存疑》对同治九年版的《大清律例》进行了逐条分析和溯源。本书以之为主要研究文献，从中找出了该版本《大清律例》中所有因案所修的条例及其来源案件。

四　研究价值与研究方法

价值与方法，是研究任何一个问题均应明确的事项。价值决定了研究某一问题的必要性及其在学术界乃至社会实践方面可能会产生的作用和影响，方法则代表着怎么来研究这一问题，是从问题意识到分析问题乃至解决问题的重要桥梁。

（一）研究价值

本书研究的清代因案修例机制，首先是一个法律史命题，构成对清例既有理论成果的重要补充；其次也是一个立法命题，对于当代中国相关制度的建构具有启示意义。

第一，理论价值。首先，对清代的因案修例机制进行系统研究，可以探明因案修例机制的法源基础、运行程序、择选标准和争议关键、法律功能及其背后的文化根由等事项，这有利于了解清代真实的司法状态、法律的创制机制、条例的来龙去脉乃至揭示中国司法创制所特有的文化规则。其次，法律创制活动映射着国家管理模式，通过对清代因案修例机制的研究，可部分展现清代社会的主要矛盾类型、社会控制方式、官僚体系的运转，进而上升到一种更高理论层面的探讨。再者，无论是中华法系，还是英美法系，抑或大陆法系，均有通过司法实践来创制法律的做法，只是方式和效力存在差异。对清代因案修例机制相关问题的研究，可有效还原中国在这一方面的做法，有助于推进不同法系之间就这一问题的比较研究。

第二，现实价值。本书研究的虽是中国古代的法律创制问题，但仍具有明显的现实价值。首先，有利于挖掘中华民族传统法律文化。本书对清代因案修例机制进行研究，从中挖掘出其背后蕴含的文化规则，对当代法治建设既可带来正面启示，亦可添加反面借鉴。其次，有利于完善立法体制机制。清代的因案修例实质上是将司法实践过程中创制的规则，以国家法律的形式予以确认，其本质上属于一种法律的司法创制机制。当代立法体制机制亦可从中汲取经验，在现行立法路径的基础上建立中国特色的司法创制机制。最后，有利于完善案例指导制度等相关制度。近年来，最高人民检察院、最高人民法院逐步建立了案例指导制度，也相继发布了一大批指导性案例。这些案例确实在统一全国司法尺度等方面发挥了积极作用，但仍存在应用率不高、数量相对较少、具体援引程序和规则不明等问题。对清代因案修例机制进行研究，可为案例指导制度在多个方面的完善提供参考。

（二）研究方法

结合本书的研究对象和研究内容，本书采取的研究方法主要包括以下五种。

第一，规范分析法。法学层面的规范分析法是指对规范本身及规范间的相互关系进行纯粹研究的一种方法。清代因案修例机制的输出成果表现为国家刑事法律规范——条例，这部分条例恰是本书重点研究的对象，包括其体系排列、语言表达、条文结构等。通过规范分析的方法，既能结合法理基础对清代因案修例机制进行整体研究，亦能掌握该部分条例的构成要素及其所涉及的法律概念、法律推理逻辑、运行效果、适用机制等内容。

第二，历史分析法。历史分析法注重法律与历史的联系，既着眼于法律本身的发展历程，更深植于法律的历史根源。清代因案修例机制，属于清代历史的一部分，也属于中国传统司法文明的一部分，有着自身的发展脉络和轨迹，故有必要在搜集史料的基础上，采用历史分析法对其产生、发展、消亡以及运作流程等进行梳理和还原。只有当清代因案修例机制被较为全面、彻底地展示时，才能更好地探索其背后的演变规律与文化价值。

第三，价值分析法。价值分析法即选择一定的价值标准对某一法现象进行价值评价，解决法律的应然性问题。任何一项制度或者机制均有其存在的特定意义，属于实现一定价值的手段。换言之，所有立法与司法活动在某种程度上都是一个价值选择的过程，是围绕选定的价值而作出的国家治理上的设计。清代因案修例机制亦是如此，它本身的存在乃至其产出的条例，背后都是为了实现特定的价值。通过对清代因案修例机制进行价值分析，有利于剖析其法律功能及其蕴含的各项核心价值。

第四，法社会学分析法。法社会学是法学与社会学的融合，借助社会学的方法和理论以及法学的传统方法来综合分析某一法现象，研究重点偏向于法律的社会基础与社会实效。本书试图以清代因案修例机制的社会史材料为基础，采用法社会学分析法对部分条例的社会基础进行系统分析。与此同时，在研究过程中，本书也将适当性地采用技术性研究法，通过对相关材料的整理，结合统计学、图形学等学科技术，将清代因案所修的条例和相应案例通过图表的方式全面呈现。

第五，案例分析法。清代因案修例机制的核心在于司法案例，启动的原点也就在于司法案例。正是在法律适用的过程中，一个个具有代表性的司法案例暴露出既有条例所存在的各项问题和漏洞，才引发地方总督、巡抚、刑部官员等一众司法官员建议修例的冲动。因此，本书充分使用了案例分析法，通过对引发修例的司法案例的研究和分析，揭露和回应哪类案例能获得重视、案例形成过程中使用了哪些法律方法、案例反映出哪些法律漏洞、案例折射出的因案修例机制的运行程序和规律等问题。

第二章 清代因案修例机制的内涵及其现象还原

任何一部法典的法律条文背后均有其特定渊源，绝非立法者随意空想之物，是以"用法者寻绎其源，以明律例因革变通之理"①。作为清代刑法典的《大清律例》，其内含条例繁多，既有因袭前朝《问刑条例》之成分，"清例源于明例，'此条系前明《问刑条例》'的按语一再出现，共150余条"②；亦有本朝创新之属，如被雍正划为增例和钦定例的条例。在本朝新创条例中，有相当一部分源于司法成案。《清史稿》有载："删原例、增例诸名目，而改变旧例及因案增设者为独多。"③清末法学家沈家本在《汉律摭遗》中也曾指出："又汉时决事，集为令甲以下三百余篇，按此若今时之以成案纂为条例也。"④《清实录》更是记载了诸多因案修例的实例，大小臣工基于某一案件提出修例的奏文以及皇帝的谕旨都被记录在案。可见，清代的法律创制机制中存在一种以司法为依托的立法机制，专门用于在司法实践中针对既有律例的缺陷来创设新的规则，进而利用固定修例程序将之纳入《大清律例》。这一肇始于司法成案的法律创制机制，就是"因案修例机制"。

第一节 清代因案修例机制的概念界定

清代因案修例机制的核心概念在于"案"与"例"。这两个概念看似

---

① 《大清律例通考·吴重熹跋》。
② 霍存福、张靖翊、冯学伟：《以〈大明令〉为枢纽看中国古代律令制体系》，《法制与社会发展》2011年第5期。
③ 《清史稿·刑法一》。
④ 《历代刑法考·汉律摭遗》卷十九。

简单，但与清代律学领域的诸多基础概念高度关联，易于混淆。"案"的含义颇丰，但在清代多指以司法案件形式存在的成案，成案又涉及说帖、通行成案等相关概念。"例"的构成更为复杂，单单就类型而言，清例就可分为条例、通行、则例、事例、定例等，每一种例的制定机关、调整对象、主要内容均不一致。故此，有必要界定这一机制涉及的基本概念，明确其所指范畴。

一 "案"为司法成案

作为法学领域最基础也是最经典的概念之一，"案"泛指案件。但根据不同的划分标准，案件又可分为很多种。如，以纠纷性质为标准，可分为刑事案件、民事案件、行政案件等类型；以处理机关为标准，可分为执法案件、司法案件等类型。不同类型案件的典型性、影响力各不相同，故只有符合一定条件的特定类型案件，才能触发因案修例机制，达到推动修例的效果。清代因案修例机制中的"案"，就专指清代司法实践中的成案。

（一）何为司法成案

司法成案，系清代成案的主要类型。其实，"成案"一词，早在清代之前就已见诸史册。《宋史全文》："凡成案，留部二年，然后畀而藏之。"[①]《元史纪事本末》："审囚决狱官每临郡邑，惟具成案行故事，出断一二，便为尽职。"[②] 及至清代，已形成种类丰富、数量庞大的成案体系，包括行政成案（如《军需则例》中的成案）、经济管理成案（如《四川盐法志》中的成案）、礼仪成案（如《孝经学》中的成案）以及司法成案（如《刑案汇览》中的成案），等等。民间亦出现了诸多以"成案"为主题的各类汇编集，《成案汇编》《成案续编》即属此类。

关于司法成案的具体定义，清代官方未曾予以明确的解释，但从相关史籍的记载可知，清代语境下的"成案"，应存在广义、中义和狭义三种含义。广义层面的"成案"泛指已成之案，无论案件的处理主体是皇帝、高层司法机关抑或低层司法机关，只要符合"已成"的标准，便属于成案的范畴。如，《大清律例》对成案的描述是："如有冤枉及情罪有可矜疑者，即与办理，具奏发落，毋拘成案"；"凡司狱官、典狱卒教令罪囚反异

[①] 《宋史全文》卷十八下。
[②] 《元史纪事本末》卷十一。

成案，变乱已经勘定之事情"。这里的"成案"均指已成之案，并未加以审判级别、法律效力等条件限制。相对于广义成案，中义层面的"成案"增加了案件审判机关的级别要求，将低层司法机关审判的案件排除在外，即成案系"包括所有高层司法机关（主要是皇帝和刑部）批准或办理的旧案"①。之所以增加高层司法机关的级别限制，莫过于强调成案的法源性。低层司法机关审判的案件主要是普遍常见的轻微刑事案件，借助律例规定即可充分应对，无须作为典型推广。高层司法机关批准或办理的旧案较为重大典型，因中国古代行政司法一体的政治体制而具备了实质上的约束力。现存的成案汇编也说明，往往是高层司法机关参与办理的成案才是刑部存档乃至民间正式编纂成书的对象，成书之后也更易于被地方司法机关所参引。《刑部通行条例》所载："查臣部历次查办赦款，俱系循照从前成案办理。"② 此处的"成案"即是指中义层面的使用。狭义层面的"成案"，进一步增加了适用情形和法律效力等限定，即在律例未明确规定的情况下被用来援引比附断案的案例才是成案。恰如《刑案汇览》所说："成案俱系例无专条、援引比附加减定拟之案。"③ 相对于广义和中义层面的成案，狭义上的成案明显更多地强调法源性及其司法适用性。

清代因案修例机制的"案"即为中义层面的成案，广义上的成案范围过于宽泛，基层司法官员办理的简单刑事案件通常不用审转，也几无可能触发修例机制；狭义上的成案范围过于窄小，并非是"例无专条、援引比附加减定拟之案"才能推动修例。

（二）成案与通行之辨

查清代文献，时将"成案"与"通行"共用，"通行成案"即是典型，亦有通行纂例的记载。比如，《刑案汇览》卷九"州县仓谷霉烂分别勒限追赔"文末有小注"道光六年通行已纂例"。二者均与案件相关，又有纂例的故事，故有必要予以辨析界定。

"通行"在清代是一种兼具动词和名词双重属性的词语。《大清律例》共有五处提到通行。比如，"恐吓取财律"后附条例"仍将该犯从重治罪正法情由，张挂告示，通行晓谕该管官员"；"断罪引律令律"后附条例

---

① 王志强：《清代成案的效力和其运用中的论证方式——以〈刑案汇览〉为中心》，《法学研究》2003年第3期。
② 《刑部通行条例》卷一。
③ 《刑案汇览·凡例》。

"除正律正例而外，凡属成案，未经通行、著为定例，一概严禁"。从几处使用情形来看，"通行"在清代刑法典中主要是用作动词，代表通令施行。《驳案汇编》《汝东判语》《刑部通行条例》中所说的"通行各省"亦是此义。但也存在多种材料将"通行"作为名词使用。比如，《刑案汇览》将通行作为与成案、说帖并列的资料形式，表述为"某某年通行已纂例"；《清经世文三编》也提到，"查光绪十三年刑部通行"。本书所探讨的即是名词意义上的"通行"。

关于通行的性质，学界可谓众说纷纭，但其实只是着重的角度存在区别，并无绝对意义上的对与错。[①] 欲准确定位通行，应从通行的设定目的来看。"据刑部解释：'各直隶省通行，系律例内所未备，或因时制宜，或随地立法，或钦奉谕旨，或奏定章程，均宜遵照办理者也。'"[②]《寄簃文存》所载《刑部通行章程序》也强调了通行作为律例的补充且可纂入条例，"除业经纂例无庸采入外，……律者，一成不易者也；例者，因时制宜者也；于律例之外而有通行，又以补律例之未所尽也。"[③] 这也就充分说明，通行的内容是对律例的空白或模糊地带进行补充规定。它不同于成案，也不同于律例，性质相当于在律例规定不明的情况下所颁布的补充性解释。恰如学者所言："通行是清代法律体系中作为律、例补充的一种重要法律形式，是指尚未被编入条例或则例、由各部院通令在全国范围内遵行的皇帝谕旨或议准臣工条奏的统称。"[④]

关于通行与成案的关系，《大清律例》已经说得很清楚。"凡属成案，未经通行、著为定例"，这一规定说明通行是独立于且效力高于成案的法源存在。成案可以通过一定的程序上升为通行，从而成为通行成案获得直接援引的效力。《刑部说贴各省通行成案摘要抄存》收录的通行成案即属此类。结合通行的性质和适用范围来看，并非所有成案都可以得到进阶机会，只有当成案符合特定条件时方有可能上升为通行。这些条件至少包括三个方面：其一，成案调整的法律关系与处理结果能够弥补律例的漏洞；

[①] 当前学界关于通行的性质，主要可分为两种观点：一是认为通行是狭义的成案，这是从通行与成案的联系来分析的，通行确实是由少部分具有普适性价值的成案进化而来；二是认为通行是条例的补充，这是从通行与条例的关系来分析，通行作为条例的重要来源之一，既能纂入例册，也能补条例之不足。
[②] 张晋藩：《清代律学兴起缘由探析》，《中国法学》2011年第4期。
[③] 《寄簃文存》卷六。
[④] 胡震：《清代"通行"考论》，《比较法研究》2010年第5期。

其二，成案具有全国范围内或某些特定区域的典型性和普遍适用性；其三，成案得到了高层司法机关乃至皇帝的认可。

（三）成案与说帖之辨

无独有偶，在清代律学文献中，也时常可见"成案"与"说帖"在使用上的密切联系，这从前文提及的《刑部说贴各省通行成案摘要抄存》就可得见。说帖也有纂例的事例，如《刑案汇览》卷六"新疆兵丁跟役犯事分别治罪"文末有小注"道光三年陕西司说帖已纂例"。

"说帖"一词，在清代之前已被广泛使用。其中，有被用于代指某一官府部门文件的，如《梦林玄解》所载"手持通政司说帖者，当为执政也"①；又有表达个人陈述与说明之意的，如《清白堂稿》所载"予细思代理事终未妥，乃具一说帖云代理一节"②。时至清代，说帖使用的场合更为宽泛。清朝在平定回疆时与当地伯克③之间的往来公文，以及英国船厂在表示异议的文件中均使用了"说帖"。尤其在刑法领域，说帖已然成为一种普遍且重要的书面材料。现存可见的就有《刑部说帖揭要》《刑部说帖》《说帖类编》《律例馆说帖》《说帖辨例新编》《说帖》等诸多说帖汇编。

结合现存资料对于刑部说帖的直接描述，基本可以还原其真实面貌。其一，说帖的出具主体，是以刑部为主的中央司法机关。《刑部说帖揭要》对刑部说帖进行了定义："刑部说帖者，三法司会议往来札商及刑部堂司酌定准驳各案。"④由此可知，刑部说帖可分为两种：一是三法司（刑部、大理寺、都察院）在面审同议重大案件时的往来公文；二是刑部内部堂司就某一案件斟酌拟定的处理决定。刑部内部说帖又包括清吏司说帖与律例馆说帖，"从前刑部遇有疑似难决之案，各司意主驳，先详具'说帖'呈堂，……若堂上官于司议犹有所疑，批交律例馆详核，馆员亦详具'说帖'呈堂。"⑤其二，说帖的内容，应包括案情梳理、律例引用、陈述辩论和案件处理建议，是案件审理过程的真实记录。《说帖》有载："然后缮具说帖，讲陈是非之旨善，近于古之参经义以断狱者，自兹以后其可以通律

---

① 《梦林玄解》卷三十。
② 《清白堂稿》卷七。
③ "伯克"系突厥语音译，意为"首领""管理者"，是回疆世袭地方官吏或头人们的通称。
④ 《刑部说帖揭要·序文》。
⑤ 《寄簃文存》卷六。

法所未备而无畸轻畸重之患矣。"①《说帖辨例新编》亦云："其间案有疑似，各省定谳后，复经刑曹悉心研究，不惮口讲指画反复辩论，务使折衷至当而后已。"② 这些陈述均可说明说帖记载的是一个案件的论证过程：三法司或刑部在面对重大案件时，对案件充分研究，由各方反复辩论和引经据典，最终获得一种相对折中妥当的处理结果。其三，说帖的作用主要在于为后续审判同类案件提供参考以及在纂修条例时作为依据。《刑部说帖揭要》有载："律例馆抄录存查，俟修律例时收纂入例。其或未收为例，仍存馆备查者也。……每疑牍出律例外者，取说帖查之，或符合或比附。"③ 律例馆将案件办理过程中产生的说帖抄录存库，既可用作修例时的原始立法材料，又可作为办案经验的积累。

　　从上述材料可以发现，成案与说帖的关系相当紧密，甚至可以说说帖是成案的构成部分，是成案的一种具体表现形式。当某一重大案件进入司法程序，刑部、三法司等主体势必会以说帖的形式发表意见，而案件办理完结后这些书面意见又会被纳入成案的范畴。换言之，若详查某一成案的卷宗材料，其中必然有说帖的存在。《说帖类编》有载："始将积年成案付律例馆查核，……名曰说帖，犹殆古之用经义以断狱者乎。"④ 说帖与成案相辅相成，综合运用方能发挥最大的效用。恰如《刑案汇览》编者鲍书芸所言："胪陈案以为依据，征说帖以为要归，一切谨按通行，无不备具。"⑤ 但说帖毕竟是独立于成案的存在，它与成案的差异明显。一方面，指向内容不同。成案是以刑部为代表的高层司法机关核准或直接办理的旧案，更多的是指向旧案的判决内容。说帖是刑部在核准或办理案件过程中的内部文件，或三法司就案件审判的往来文件，展现的是刑部等司法机关自我分析论证的过程。另一方面，适用方式不同。成案作为高层司法机关参与的旧案，在特定情形下可公开使用，证明案件处理的合理性。说帖由于是内部论证文件，只能由刑名官员在判案过程中隐性参考。"说帖非颁行者可比，不可遽作成案声叙，引以辩驳也。"⑥ 这也是为何在清代案例汇编中常见"查历年成案"的表述而未见援引说帖的直接缘由。

---

① 《说帖·序》。
② 《说帖辨例新编·陈桂生序》。
③ 《刑部说帖揭要·序文》。
④ 《说帖类编·序》。
⑤ 《刑案汇览·序》。
⑥ 《刑部说帖抄存·凡例》。

二 "例"指刑事条例

"例"是中国古代法律规范的一种特殊表现形式。例发展到清代，已成为一种极为复杂的规范构成，具体可分为条例、则例、事例、成例等多种类型。《读例存疑》一书就曾提到不同类型的例，如"凡条例之应增应减者""各部则例自有专条""又蠲恤门矜恤罪犯事例"等。各种例之间彼此衔接，共同建构起清代国家治理和社会治理网络。清代因案修例机制中的"例"专指《大清律例》中的条例，即律文后附之例。

（一）条例的定义

"条例"一词，在清代主要是指法律规范的某种表现形式。《清经世文续编》有载："苦无简明条例，不足取信于乡民。"①《大清律例》卷前所附奏疏中亦有云条例者："臣等将全书所载条例逐一校对。"② 这一重要的法律形式，被用于多个法律领域，指向不同的法律类型。如，刑法领域有《大清律例》和《刑部通行条例》，前者指帝国刑法典，后者指刑部发布的通行规则；军事法领域有《西陲条例》，主要内容涉及军队士兵的待遇；行政法领域有《武场条例》和《科场条例》，相当于针对武场和科场的单行行政管理法规。

因案修例机制中的"例"，采用的是"条例"最常使用之意，即《大清律例》中的条例。它们逐条附列于相关律文之后，是刑法典的直接构成部分。以清代最后一版《大清律例》为例，其所含条例总数已多达一千八百九十二条，几乎每年都在增加。条例的具体内容主要是对相关刑法实体问题和程序问题的详细规定，属于律文的补充，是为"律后附例，所以推广律意而尽其类，亦变通律文而适于宜者"③。鉴于后文将详细阐述律例体系的形成与律例关系，故在此不做过多阐述。

（二）条例与则例、事例、定例之辨

除条例之外，清代还有则例、事例和定例等多种类型的例。其中，则例的数量不亚于条例。乾隆帝曾明确要求诸衙门制定专属于自身系统适用的则例。"吏兵二部，各有则例，礼部见纂通礼，刑部旧有律例，皆可随

---

① 《清经世文续编》卷六十八。
② 《大清律例》卷前附《武英殿大学士舒赫德奏疏》。
③ 《大清律集解·凡例》。

时修改以适于治,其余衙门未有则例者,即交与在馆纂修,分门编辑。"①事实也证明,终清一代,则例的立法活动始终保持着相当高的活跃度。中央各部、院、寺、监、司衙门均积极编纂则例,将其作为本部门的工作法规,从而形成了《钦定大清会典则例》《六部现行则例》②《军需则例》《兵部处分则例》《蒙古则例》《吏部铨选则例》等诸多立法成果。则例的基本内容,主要是以各部门的职能为中心,全面规范各项行政事务。《钦定大清会典则例》对则例的内容就有明确定位:"国家立纲陈纪,布在方策,所以明昭代之章程,备诸司之职掌,以熙庶绩,以示训行,典至钜也。"③各部则例也大抵如此,比如,《吏部则例》包括官员的铨选、考核、处分、升迁奖赏等内容,《户部则例》涵盖土地、赋役、财政等内容。④则例的内容,决定其在性质上属于行政法规,这与条例的刑事属性有着明显区别。但中国古代"诸法合体"的惯常模式,又决定着则例与条例有着千丝万缕的联系,故则例之中不乏带有刑事法律性质的规范。如,《宗人府则例》《理藩院则例》中的部分内容,就涉及对特殊主体刑事案件的处理。恰如薛允升所说:"各部则例,俱系功令之书。有与刑例互相发明者,亦有与刑例显相参差者。"⑤

事例是条例、则例之外的另一种例,意为以前事为例,相当于将某一具体事件的处理结果上升为具有时效性的规则。清代的事例与会典密切相关,会典"原包含两类内容,一为典则即规章,一为事例即治事"⑥。乾隆时期将二者分而置之,其中会典事例被称为《钦定大清会典则例》;嘉庆时修典将"则例"一词改为"事例",故嘉庆与光绪时期的称谓均是《钦定大清会典事例》。会典事例的规模极其庞大,三朝事例累计共两千余卷,其中乾隆朝180卷,嘉庆朝920卷,光绪朝1220卷。在编纂体例上,会典事例先是分大类,如宗人府、乐部、兵部等;在大类之下又分小类,如兵部事例又包括官制、职制、出征等类属;在小类之下又严格遵循"按年和按事"的规则,即"会典事例一书,按年编载,俾一事一例,原始要终,

---

① 《乾隆朝钦定大清会典则例》卷首上谕。
② 其中,康熙年间的《刑部现行则例》在雍正年间被并入《大清律》,成为刑法典中的条例。
③ 《乾隆朝钦定大清会典则例》卷首上谕。
④ 参见张晋藩主编《中华法学大辞典:法律史学卷》,中国检察出版社1999年版,第561页。
⑤ 《读例存疑·例言》。
⑥ 冯天瑜主编:《中华文化辞典》,武汉大学出版社2001年版,第473页。

用资考核"①。至于事例的内容与性质，从嘉庆与光绪两朝的《钦定大清会典事例》卷前所附上谕内容可以得见。"例案宜分辨也，此次增修会典皆系现行事例，……在京大小各衙门分饬所司将乾隆二十三年以后一切案件逐细清查，凡于典例有关者，尽数检出，呈送该堂官详加查核，果无遗漏，然后分按年月纂辑成编。"②"凡朝典礼、官司职掌皆据现在所行直书于典，其沿革损益详著于例，导流溯源，犹述而不作之义也。"③据此，会典事例主要是对会典所载行政法规的补充说明，通过与相关案件的结合来阐述某一典礼和机构行政规则的沿革变化。这其中自然也包括刑部事例，如《钦定大清会典事例·刑部》所载会赦、断狱、督捕等事例。此类事例虽兼有刑事程序法与实体法之内容，但主要是解答条例在具体实施过程中出现的问题，因律例而生又系律例的源流之一，帝王主观色彩浓重且具有时效性。④有学者将事例与则例进行了比较，认为二者虽在性质、法源地位、产生方式等方面存在一致之处，但同时在内容抽象程度、例文时限性、独立性以及调整对象等方面存在着明显的差异。⑤

除条例、则例、事例等表述外，清代还频频使用"定例"一词。律学专家王明德在其《读律佩觽》一书中曾言："查例之为义有五，一曰名例，一曰条例，一曰比例，一曰定例，一曰新例。"⑥《大清律例》《驳案汇编》《刑案汇览》《大清光绪新法令》《军需则例》《历代刑法考》《则例便览》等文献资料中亦均有关于定例的记载。至于定例使用的具体语境，主要可分为三种：其一，刑法条例语境。《汝东判语》有载："私盐之禁，定例綦严，局夆巡丁，已难约束。"⑦此处的"定例"，即是指《大清律例》中关于禁止贩卖私盐的刑法条例。其二，行政法则例语境。《则例便览》："将定例后事件作为定例以前年月日期用印给与者，将用印之官降一级调用。"⑧《军需则例》："其余需用外备银两，照本省驿站定例支给。"⑨从文

---

① 《嘉庆朝钦定大清会典·凡例》。
② 《嘉庆朝钦定大清会典事例》卷首上谕。
③ 《光绪朝钦定大清会典事例》卷首上谕。
④ 参见柏桦编纂《大清律例汇编通考》，人民出版社2018年版，前言。
⑤ 陈一容：《清"例"简论》，《福建论坛》（人文社会科学版）2007年第7期。
⑥ 《读律佩觽》卷二。
⑦ 《新增刑案汇览》卷七。
⑧ 《则例便览》卷九。
⑨ 《军需则例》卷二。

献名称可知，这两处的"定例"是指行政法规中的则例。其三，既定惯例语境。《清文献通考》有云："向来定例外官告病，不准起用。"① 这便是指外官告病情况下的一种惯常处理模式，该模式往往被皇帝认可且相关部门严格遵循。综上，"定例"可被用来代指各种例，其实际意义更像是用来强调法律规定的确定性效力，即已经确定的规则。

条例、则例、事例虽存在多种使用的场合及对应的内涵，但确实有着各自最具代表性的语境。"一般来说，条例主要表示用以补律、辅律的刑事类法规，则例主要用以表示中央部院的规章，事例主要用以表示'因一时一事立法'性质的定例。"② 在对三者进行区分时，即可从这些最具代表性的用法着手。毕竟，法律性质不同，也就决定着三者在具体内容、生成程序与方式、法律效力等方面存在诸多差异。

三 "修"是编纂修改

在"案"与"例"这两个核心概念之外，清代因案修例机制还涉及一个较为关键的概念，即"修"。顾名思义，此处的"修"是指纂修。"纂修"一词，在清代实有双重含义。第一重含义是名词性质的，指一种职官，"修实录、史、志，充提调、总纂、纂修、协修等官"③ 中的"纂修"就是此意。第二重含义是动词性质的，即法律编纂修改之意。如，"又国初以来，凡纂修律例，类必钦命二三大臣为总裁，特开专馆"④，此处即指对律例的修改。因案修例机制的"修"，是采其动词层面的含义。

即便是动词层面的修改之意，"纂修"亦有广狭义之分。广义上的"纂修"，是泛指包括修正、增加、合并、删除、移动等各种形式在内的修改。以《刑法修正案（十一）》为例，这一修正案就采取了修改现有条款内容、增加新的条款等多种方式，但统称为"修正"。狭义上的"纂修"则专指对现有内容的调整，如将"处五年以上十年以下有期徒刑"修改为"处五年以上八年以下有期徒刑"。若是增加的内容，则称之为"法律补充"，"是有权的国家机关在现行规范性法律文件中加进新内容使其更趋完

---

① 《清文献通考》卷五十五。
② 杨一凡、刘笃才：《历代例考》，社会科学文献出版社2012年版，第296页。
③ 《清史稿·职官二》。
④ 《清史稿·刑法一》。

善的活动"[1]。

显然,清代因案修例机制的"修",是指广义上的法律修改。这从《大清律例》卷前所附的奏疏内容即可得见。康熙三十四年,律例馆总裁张玉书在上奏康熙帝的题本中写道:"有满汉文义互相参差者,通加改正。或罪有本律而例系重复者,即行删除。或名目事款旧有今无及旧无今有者,酌量增删。或一款应分两条或数条同属一类者,悉与分并。其今虽不行而宜备参考者,仍照例附载,以备引证。别部事例间有与律义相合者,亦照刑部见行例采入。"[2] 这其中就包括修正、删除、增加、合并等多种法律修改方式。正如学者所言:"清代对例的纂修一般有五种常见的形式,一是对原来例的条文略加修正,二是将原来两条以上的例整合为一条,三是将原来的条例移动整改其类属的位置,四是在原来的条例中续纂增加新的内容,五是将原来条例中的某些内容删除去掉。"[3]

第二节 《大清律例》中的因案修例

《大清律例》作为清代刑事法律文本的集中代表,自顺治时期开始建构,历经康熙、雍正两朝发展,乾隆时期正式宣告完成。"乾隆以后,律、例体制定型,相辅相成,清律走向成熟。"[4] 此后的嘉庆、道光、咸丰、同治等诸帝均是在既成的律例体系基础上对条例进行修补完善,整体结构未有变动。若单从《大清律例》的正式内容来看,自然无法直接识别出其中因案所修的条例部分,但所幸的是清代有专人著书对《大清律例》中律文和条例的来源进行了深入细致的考据与论证,"致力于考证条文的沿革变化,探源溯流,通过历史的钩沉遗缺、参校得失,阐释立法的原意及变动的因由"[5]。这些考证类著述为因案修例这一法现象在刑事法律文本中的生动展现提供了有力参照。值得说明的是,《大清律例》中的条例本就处于

---

[1] 孙国华主编:《中华法学大辞典·法理学卷》,中国检察出版社1997年版,第129页。
[2] 《大清律例》卷前附《张玉书奏疏》。
[3] 柏桦编纂:《清代律例汇编通考》,人民出版社2018年版,前言。
[4] 郑秦:《清代法律制度研究》,中国政法大学出版社2000年版,第62页。
[5] 高旭晨:《清代法制史考证综述》(http://www.iolaw.org.cn/showarticle.asp?id=2020),2018年11月29日访问。

时常变化的状态，或删除或增加或合并，故即便是同一类型的样本，由于研究对象的时代差异、版本区别也会导致因案修例的总体数量存在不同，这也恰恰能佐证清代因案修例机制的高度活跃性。

一 乾隆四十三年版《大清律例》中的因案修例

清乾隆年间的吴坛著有《大清律例通考》四十卷，此书以乾隆四十三年版的《大清律例》为样本，对每一条律文和条例的立法背景、历史渊源等问题进行了周密考据。"每一图、一律、一例后，各注按语。凡例文之修改，字句之增删，莫不竟委穷源，精详甄核。修止于乾隆四十三年，其四十四年之新例，则列为应纂以备编入。"[1] 就著书者的身份背景来看，《大清律例通考》具有相当高的可信度。吴坛出身于律学世家，其父吴绍诗在刑部任职二十余年，官至刑部侍郎，曾任《大清律例》纂修官并直接参与多次修例活动。吴坛本人入仕后也任职于刑曹，历任刑部主事、刑部郎中、刑部侍郎，乾隆帝赞誉其"办事颇属明敏勉力，为刑部好司官"[2]。这些都说明吴坛有足够的法学素养和充足的便利条件来完成律文和条例的溯源工作。

关于《大清律例通考》一书中明确因司法案件所修的条例，已有学者完成了数量统计工作，共计有 61 条（因案所修条例所属的具体律文门类及相应的数量参见表 2-1）。结合乾隆四十三年版《大清律例》中所附的条例总数（1508 条）来看，这一时期因案所修条例占全部条例的 4%。但考虑到隐性因案修例的存在，[3] 因案所修条例的实际比例应该比这一数字要高。比如，《大清律例》中的"户律"与《户部则例》所调整的社会关系存在交叉与重叠，故"户律"卷下的条例有相当一部分嫁接了《户部则例》的内容。但从《户部则例》的修纂过程来看，则例的主要来源就是民事案件，基本遵循了从案到例的编纂脉络。"同治四年《户部纂辑则例》中规定'旧例有与现行之案不符者，逐条逐案详查折中'；采取的办法是

---

[1] （清）吴坛：《大清律例通考校注》，马健石、杨育裳主编，中国政法大学出版社1992年版，第1页。
[2] 《清高宗实录》卷七百五十三。
[3] 相较于明确指出某一条例系因案所修而言，还有很多条例被备注成"钦遵谕旨""军机大臣议定""条奏定例"等方式生成，但其背后实际上仍有司法案例支撑，故本书将其称为"隐性的因案修例"。

'例均舍案存例,案均改例从案.'即是说,当现行之案较多,而例与之相矛盾时,将案上升到例,即所谓'新例'。"① 因此,通过嫁接这部分由案转变的民事则例而生成的刑事条例,也应当归属于因案修例的范畴。

表2-1　　　　《大清律例通考》中的因案修例统计表②

律文名称	数量	律文名称	数量	律文名称	数量
犯罪自首	5	略人略卖人	2	殴大功以下尊长	2
共犯分首从	1	盗贼窝主	1	殴期亲尊长	2
犯罪事发在逃	3	谋杀	2	殴祖父母父母	3
加减罪例	1	谋杀祖父母父母	3	子孙违犯教令	3
强占良家妻女	1	杀死奸夫	2	犯奸	1
挪移出纳	1	戏杀误杀过失杀伤人	2	奴及雇工人奸家长	1
把持行市	1	斗殴及故杀人	4	官司出入人罪	2
监守自盗	2	威逼人致死	1	妇人犯罪	1
强盗	6	奴婢殴家长	6		
亲属相盗	1	妻妾殴夫	1		

二 同治九年版《大清律例》中的因案修例

清末著名法律家薛允升著有《读例存疑》五十四卷,在先辈的基础上对《大清律例》中的律文和条例进行了全面系统的梳理和释疑。考虑到该书成书于光绪二十六年,它研究的法律文本样本应为同治九年版的《大清律例》。清代最后一次官方修例时间为同治九年,此后"不特未大修也,即小修亦迄未举行"③。查《清史稿》可知,薛允升咸丰六年及进士第即授刑部主事,此后数十年为官生涯久居刑部,先后任刑部郎中、刑部侍郎、刑部尚书。《清史稿》赞之"凡所定谳,案法随科,人莫能增损一字。长官信仗之,有大狱辄以相嘱"④,袁世凯誉其"供职刑部三十余年,研究

---

① 参见张晋藩、林乾《〈户部则例〉与清代民事法律探源》,《比较法研究》2001年第1期。
② 参见汪世荣《中国古代判词研究》,中国政法大学出版社1997年版,第220—221页。
③ 《读例存疑·自序》。
④ 《清史稿·列传二百二十九》。

律例，于历代名法家言无所不窥，著作等身，而《读例存疑》一书，尤为平生心力所萃"①。由于薛氏有着如此权威的刑部主官身份和令世人信服的法学专业能力，《读例存疑》对条例的解读和溯源的可靠性毋庸置疑。

相较于乾隆四十三年版《大清律例》而言，同治九年版《大清律例》中的因案修例数量明显更多，充分说明嘉庆、道光、咸丰诸帝使用因案修例机制来完善《大清律例》的技术愈加娴熟。经笔者统计，薛允升在《读例存疑》中明确指出源于具体案件或与某一案件相关的条例共有225条（因案所修条例所属的具体律文门类及相应的数量参见表2-2）。结合同治九年版《大清律例》中所附条例的总数（1892条）来看，这一时期因案所修的条例就占全部条例的11.9%。若考虑到条例合并与删除以及隐形的因案修例等情况，这一比例无疑会更高。

表2-2　　　　　《读例存疑》中的因案修例统计表

律文名称	数量	律文名称	数量	律文名称	数量
犯罪免发遣	1	私越冒度关津	1	殴制使及本管长官	2
流囚家属	2	盘诘奸细	1	殴受业师	1
常赦所不原	1	宰杀马牛	1	奴婢殴家长	8
流犯在道会赦	2	从征守御官军逃	1	宗室觉罗以上亲被殴	2
犯罪存留养亲	5	递送公文	1	妻妾殴夫	2
徒流人又犯罪	2	谋反大逆	2	殴大功以下尊长	7
老小废疾收赎	2	谋叛	2	殴期亲尊长	5
给没赃物	4	盗内府财物	2	殴祖父母父母	4
犯罪自首	1	监守自盗仓库钱粮	1	越诉	1
二罪俱发以重论	1	强盗	13	诬告	1
共犯罪分首从	1	白昼抢夺	1	子孙违犯教令	2
犯罪事发在逃	3	窃盗	3	家人求索	1
亲属相为容隐	1	盗马牛畜产	3	私铸铜钱	1
徒流迁徙地方	8	盗田野谷麦	3	诈教诱人犯法	1
漏使印信	1	亲属相盗	2	犯奸	2

① 《读例存疑·序文》。

续表

律文名称	数量	律文名称	数量	律文名称	数量
人户以籍为定	1	恐吓取财	2	奴及雇工人奸家长妻	2
立嫡子违法	2	略人略卖人	3	赌博	3
娶亲属妻妾	1	发冢	1	放火故烧人房屋	1
强占良家妻女	1	盗贼窝主	1	搬做杂剧	1
嫁娶违律主婚媒人罪	2	谋杀人	3	应捕人追捕罪人	2
那移出纳	3	谋杀祖父母父母	6	罪人拒捕	6
转解官物	1	杀死奸夫	11	狱囚脱监及反狱在逃	3
隐瞒入官家产	1	杀一家三人	3	徒流人逃	2
盐法	1	造畜蛊毒杀人	1	主守不觉失囚	4
违禁取利	3	斗殴及故杀人	6	因应禁而不禁	1
费用受寄财产	1	戏杀误杀过失杀伤人	6	官司出入人罪	2
市司评物价	2	杀子孙及奴婢图赖人	1	有司决囚等第	5
把持行市	1	威逼人致死	5	妇人犯罪	1
禁止师巫邪术	2	斗殴	4	断罪不当	
激变良民	1	保辜期限	1		
私卖战马	1	宫内忿争	1		

第三节　清代刑事案例集中的因案修例

《大清律例通考》和《读例存疑》直接以其所处年代的《大清律例》为研究样本，对律例本源的考证结果往往表现为"某条条例源于某年的某案"，但并未载明案件的详细内容以及触发修例的具体过程，对于清代因案修例这一法现象的呈现与还原未免略显单调。清代的刑事案例集有效填补了这一不足。刑事案例集里广泛存在着因案修例的实践例证，编者借助刑科档案详细记载了某一案件的来龙去脉及其触发修例机制的始末。"凡钦奉上谕指驳改拟及内外臣工援案奏准永为定例者，均依次编辑"①，这对于因案修例的效果呈现无疑更加生动形象。如果说法学家注释刑事法律文本是以一种简单直接的方式来为因案修例画上标签，那么刑事案例集就是以完整案例的形式映射出因案修例的整个演进过程。《大清律例通考》和《读例存疑》所提到的来源案件，可在《驳案汇编》和《刑案汇览》中寻求具化和验证，两种类型的样本相辅相成，可携手还原清代因案修例机制的客观实在。

一 《驳案汇编》中的因案修例

《驳案汇编》系由朱梅臣于光绪九年将《驳案新编》与《驳案续编》两书合成而成。其中，《驳案新编》共三十二卷，刊印于乾隆四十六年，收录案件319件，案件发生时间跨越乾隆元年至乾隆四十九年，主要编者为全士潮。全士潮时任刑部司务厅司务、陕西司主事、总办秋审兼湖广司督催所律例馆纂修等职，其余编者张道源、李大翰、怀谦、周元良、金德舆等五人亦均在刑部各司任职。《驳案续编》共七卷，刊印于嘉庆二十一年，收录案件62件，案件发生时间主要为乾隆末年及嘉庆年间，作者不详。《驳案汇编》因所收案例"周匝详明"而颇受赞誉，学界通常认为此书"所收判例一般都是原档案卷宗的复录，很少修饰加工；正因为它很少修饰加工，全方位地保存了当时司法、行政的原貌，有真实性，有很强的可信度"②。

经笔者统计，《驳案汇编》中明确触发修例机制并记载新例产生过程的案例共有43件（案例名称及所属目次参见表2-3），地方督抚上奏、刑部批驳、皇帝谕旨等每一阶段的处理内容均赫然在列。这些案例多属于疑难案件，或现有律例无明文规定，或现有律例有相关规定但过于抽象，或案情超出现有律例的规整范畴，故刑部在呈请皇帝批示时往往会结合判决以创制新规则，提出"载入例册，并通行各督抚一体遵行"的请求。待下一次正式修例时，这些曾在具体司法案件中被明确批准过要纂入例册的新

---

① （清）全士潮、张道源等纂辑：《驳案汇编》，何勤华、张伯元、陈重业等点校，法律出版社2009年版，凡例。

② （清）全士潮、张道源等纂辑：《驳案汇编》，何勤华、张伯元、陈重业等点校，法律出版社2009年版，前言。

规则便会被立法者吸纳,正式成为《大清律例》中的条例。

表 2-3　　　　　《驳案汇编》中的因案修例统计表

编号	目次	案例名
1	十岁以下幼童殴毙人命拟绞	四川司　盐亭县刘縻子殴伤李子相身死一案
2	伤人伙盗闻拿投首发遣脱逃	安徽司　宿州王登强案内伙盗闻拿投首
3	助子强夺良家妻女奸占为妻加等拟军	江苏司　宿迁县民刘俊等纠约朱五子等强抢孟池之女为妻一案
4	本应重罪犯时不知	广东司　广州驻防前锋克什布之妻杨氏违犯教令、致伊姑自尽一案
5	斩绞人犯逃后被获分别立决监候	山东司　惠民县朱李氏等坟墓被刨、获贼王学孔等一案
6	逆犯之父讯非知情纵容	江西司　赣县民廖景泮等在川省传教惑众,伪造榜文及佛谕经卷一案
7	聚众爬城依谋叛已行修改歃血订盟例	广东司　揭阳县匪徒林阿裕黉夜爬城、地保林喜首告、民妇马王氏妖言惑众一案
8	传授迷人药方永远监禁	云南司　路南州贼犯周新茂等以药迷人取财一案
9	用药迷人例	云南司　民人王奉以药迷人、未经得财一案
10	现审强盗引线分赃例	山西司　崔文起、刘四、王二三、王五等伙盗行劫一案
11	强盗	广东司　沙湾菱塘巨盗梁亚香一案
12	明知贼情说合赎赃新例	广西司　柳城县民葛精怪纠伙肆窃牛马羊只、勒赎分赃一案
13	谋杀十岁以下斩决新例	四川司　大邑县民妇杨张氏因与周万全通奸、致死李么儿灭口一案
14	谋杀十岁以下为从绞决新例	河南司　扶沟县陈文彩等谋勒单香身死一案
15	捉获聘妻奸夫	广西司　龙州客民梁亚受与黄宁嬋通奸、被卢将捉奸殴伤身死一案

· 31 ·

续表

编号	目次	案例名
16	杀死伊母奸夫致父母自尽	云南司　文山县客民申张保殴死高应美情事败露，致伊父母先后服毒身死一案
17	杀奸案内加功照余人律	湖广司　宜都县民向万友等捉奸捆溺许添佩身死一案
18	杀一家六命案	山东司　高唐州民王之彬杀董长海及王三麻子等一家六命一案
19	杀一家四命以上分别缘坐	四川司　合江县民余膺杀死熊王氏一家四命之案
20	杀一家四命阉割新例	河南司　镇平县张文义杀死范守用之子范狗等一家三命、并砍伤范造一案
21	鸟枪误伤比照捕户致死人命满徒	江西司　兴国县民黄昌怀放枪打麂、过失致伤姚文贵身死一案
22	比依殴人至笃疾绞决律	江苏司　山阳县民妇倪顾氏逼迫伊夫倪玉自缢身死一案
23	回民纠伙共殴新例	山东司　定陶县回民张四听从沙振方谋殴赵君用，至途中扎死葛有先一案
24	故杀幼徒斩决	山西司　徐沟县僧人界安殴死伊徒韩二娃一案
25	殴死赎身奴婢拟徒新例	江西司　安福县民姚彬古殴死赎身仆人孔正偶一案
26	殴死为奴遣犯随带之妻新例	奉天司　甘三保之妻厄索尔氏殴伤发遣奴赵应大随带之妻何氏身死一案
27	以妻卖奸复故杀妻同凡论	奉天司　张二扎伤伊妻徐氏身死一案
28	奸淫起因凶残幼婢绞决	江苏司　宝山县详徐二姐与陈七通奸，勒死婢女素娟灭口一案
29	毒死继母之母按照新定服制斩决	直隶司　蠡县民王锦用毒谋害苗赵氏身死匿报一案
30	故杀小功堂侄拟绞减等	四川司　邵在志忿杀死堂侄邵朴一案
31	僧人致死本宗卑幼以凡论	浙江司　僧人静峰致死胞弟周阿毛，图赖邢直武等夺钱殴毙一案
32	图财谋杀卑幼斩决	江西司　龙泉县民郭义焙谋财致死郭丫头仔一案

续表

编号	目次	案例名
33	情切救父误伤胞叔	直隶司　唐县民于添位主使伊子于热儿并于二造等殴伤胞兄于添金身死一案
34	争继谋杀期亲尊长	湖广司　罗田县民曾志广商同在逃之曾权万谋杀胞叔曾生迥身死一案
35	因奸勒毙其子改发伊犁为奴	河南司　林朱氏与林朝富通奸、商谋毒死伊媳黄氏一案
36	子殴父母例	广西司　张徐氏被伊子张朝元殴伤头颅一案
37	奸污幼女致犯母服毒改为绞决	广东司　平原县何长子奸污十岁幼女何大妹，并何长子之母廖氏服毒图赖身死一案
38	呈告子孙忤逆发遣	江苏司　桃源县民孙谋掌殴伊父孙尚文并咬落手指一案
39	和奸后悔过拒奸有据杀死奸夫新例	直隶司　南和县张魏氏拒奸殴伤魏贤生身死一案
40	金差重犯不慎拟徒新例	湖广司　谷城县解役乔清等押解秋审斩犯王长在钟祥县地方脱逃一案
41	窃放他人蓄水以灌己田新例	河南司　正阳县潘毓秀砍伤潘士德身死一案
42	窃取行宫物件	直隶司　济尔哈朗图看守行宫千总李玺拿获窃取帘刷等物贼犯张猛等一案
43	咬伤缌麻兄至辜限外余限内身死	安徽司　旌德县民芮天明咬伤芮观受手指身死一案
44	子媳殴毙翁姑犯夫匿报及贿和分别拟罪	江西司　张杨氏殴伤伊翁张昆予身死一案

二　《刑案汇览》中的因案修例

论及清代的刑事案例集，就不得不提及《刑案汇览》这一鸿篇巨制。《刑案汇览》素以收录案例的数量庞大闻名于世，可谓涵盖了乾隆年间至光绪年间最为典型的刑事案例。本书择取《刑案汇览》《续增刑案汇览》

和《新增刑案汇览》等三编为统计对象。① 其中，《刑案汇览》共六十卷，《续增刑案汇览》为十六卷，收录的是乾隆元年至道光十四年间发生的刑事案件，总数约5600余件，编者均为祝庆祺和鲍书芸。祝庆祺虽未任职于刑部，但有着丰富的地方刑幕经验，对刑部的资料研究甚透。《新增刑案汇览》共十六卷，收录案例的时间范围为道光二十二年至光绪十一年，约300余件，编者为潘文舫、徐谏荃。相较于《驳案汇编》而言，《刑案汇览》的编者虽对案例材料进行了主观修饰加工而使得案例表现得更为简短精练，但这并不影响案例本身的真实性，它们仍较为客观地反映了清代刑事司法的实际状态。

查《刑案汇览》的表达范式，对于触发修例机制的案例，编者习惯于某一案例之后备作小注，通常表述为"某某年已纂例"，如"洋盗案内买赃摇橹写账定例"就附有"嘉庆十八年通行已纂例"的小注。② 基于此，笔者以"纂例"与"纂为定例"为关键词对《刑案汇览》《续增刑案汇览》和《新增刑案汇览》等三编收录的案例进行了搜索。其中，"纂例"命中142处，去除案件本身表述中所使用的"纂例"情形（如"被诬不准留养诬者亦不准留"条说帖本身内容就提到了"纂例"一词）以及同一案件案情陈述和作者小注重复使用"纂例"的情形共计18处，剩余124处；"纂为定例"命中7处，仅1处是指案件纂例。综上，《刑案汇览》《续增刑案汇览》和《新增刑案汇览》中共有125处因案修例情形，其中绝大部分是直接基于具体案件的判决结果而纂修，少数是由臣工条奏但与某一司法案件相关。

表2-4　　　　　《刑案汇览》中的因案修例举要

编号	目次	案例名
1	新疆兵丁跟役犯事分别治罪	伊犁将军咨革兵张恭酗酒滋事一案
2	州县仓谷霉烂分别勒限追赔	陕督奏革员魏邦彦霉变仓粮勒限严追一案
3	情重邪教改为配所永远枷号	经部递回枷号刘孔厚等于八月间尚复习教传徒一案
4	兵丁冲突仪仗改发驻防	盛京将军奏兵丁英文保在道旁叩阍一案

---

① 《刑案汇览》共有四编，包括《刑案汇览》《续增刑案汇览》《新增刑案汇览》《刑案汇览续编》。
② 《刑案汇览》卷十四。

续表

编号	目次	案例名
5	罢考已成闻拿投首	万载县举人曾任福建瓯宁县知县、因病勒休之孙馨祖主谋罢考，闻拿投首一案
6	民人出口贩卖骒马分别治罪	提督奏马添路等私充牙行，买卖马匹一案
7	山海关外运用钢铁酌定斤数	山海关都统拿获司泳顺等私带铁条八百余斤出口一案
8	洋盗接赃一次及二次自首者	施大前于洋盗蔡磷等案内被胁上船接赃二次，后乘间逃回自首一案
9	海江盗劫分别情有可原	盗犯汤么等行劫客船，仅在本船望接赃之姚小二等声明情有可原，免死发遣一案
10	斩枭盗犯病故咨结毋庸具题	曹曰琦听从高九行劫并杀死事主，于取供后在监病故一案

概言之，清代因案修例机制的核心要义就在于：基于某一司法成案而修改《大清律例》中的条例。《大清律例通考》与《读例存疑》对乾隆四十三年版和同治九年版的《大清律例》逐条进行的来源考证，《刑案汇览》与《驳案汇编》等刑事案例集对某一案件产生新条例的过程的清晰记录，分别从不同角度说明了因案修例机制的客观存在及其活跃度。这一机制立足于具体司法案件，以抽象出普适性的法律规则为根本追求，系由司法机关在司法实践中结合既有法律的漏洞和现实的需要创制新规则的过程。在这一过程中，司法官员被赋予结合案件建议修改法律的权限，使得该群体在适用法律的同时，也会积极关注法律的既有缺陷并探索其解决办法，从而推动清代刑事法律建设的整体进步。经此途径产生的新条例，不仅本身相当生动形象，也对其所附律文之律意进行了充分阐释。恰如《刑部比照加减成案》对这一现象的描述："今时律之外有例，则以备上下之比，而不能尽入于例，则又因案而生例而其法详焉。"①

---

① 《刑部比照加减成案·许樵叙》。

第三章　清代因案修例机制的法源基础

法源又称法的渊源，从立法角度来看，通常是指法律规范的表现形式，包括法的创制主体和方式、表现形式等。若从司法角度观之，法源则是指可以作为司法裁判的依据或者合法性基础的资料。[1] 根据美国著名法学家博登海默的划分，法源可分为正式法源和非正式法源。其中，正式法源是指以权威性法律文件的明确文本规定为表现形式的渊源，如宪法、部门法、行政法规等。非正式法源指具有法律意义的资料和值得纳入考量范畴的材料，这些资料尚未明文体现于权威性法律文件之中，但在正式法源难以运用的特定情形下能发挥重要作用。[2]

清代的法源，在内涵上应兼具博氏所说的正式法源与非正式法源，"形式上存在着以制定法为主导、多重位阶法律渊源共同作用的混合法格局，实践中其各自的效力基于实用主义的需要而具有微妙的灵活性。"[3] 正式法源以律例体系为核心，主要包括律典、律典所附条例、各部则例等法律文件。非正式法源以次要性材料为代表，涵盖成案、情理、习惯等，是特定情况下"法官们在国家明定的律令制度之外寻找纠纷解决的裁判依据"[4]。以成案为例，据学者统计，《刑案汇览》中共计有367件案件对成案进行了实质性援引，其中根据成案判决结果而非律例规定对案件进行判决的为173件。[5] 当然，法源的多元性并不影响清代在司法实践中建构起

---

[1] 参见陈金钊《法治与法律方法》，山东人民出版社2003年版，第298页。
[2] 参见［美］E. 博登海默《法理学：法律哲学与法律方法》，邓正来译，中国政法大学出版社2004年版，第429—430页。
[3] 王志强：《清代成案的效力和其运用中的论证方式——以〈刑案汇览〉为中心》，《法学研究》2003年第3期。
[4] 管伟：《中国古代非正式法律渊源论：基于司法立场的解读》，《法律方法》2010年第1期。
[5] 参见王志强《清代成案的效力和其运用中的论证方式——以〈刑案汇览〉为中心》，《法学研究》2003年第3期。

一种单一化适用规则。司法机关在适用各种法源时,"又会自觉或不自觉地将多元的法律渊源锤炼成为一个一元的规则体系,无论是律、例,还是成案、习惯、情、理等,都必须与案情完全吻合"①。

清代因案修例机制就是在这样一种法源结构基础上产生的。它的存在,在某种意义上是律文、条例与成案等不同法源之间互动和衔接的结果。律文的简约和固定不变,使得条例的滋生成为一种客观需要;条例的创制又必须从司法实践过程中获得启示与灵感,借助司法成案的支撑;经司法成案而形成的条例,在与律文、既有条例不断的共处和调适过程中又被发现新的漏洞,从而萌生出新一轮的修例冲动。可以说,正是基于清代"律—例—案"三位一体的法源结构,才得以衍生出因案修例机制这种特有的法律创制方式。而因案修例机制牵涉的一系列核心问题,归根到底反映的也是律文、条例以及成案这三种法源之间的复杂关系。

第一节　固有法体系中司法案例与成文法的关系流变

在清代"律—例—案"三位一体的法源结构形成之前,中国固有法体系的法源结构经历了一个漫长的历史演变过程。无论是法源的表现形式,还是各种法源的法律效力,都发生了明显转变。关于这一演变过程,学界主要存在两种观点。其一,认为传统社会的法律样式经历了多个阶段,其中商代为"任意法"时期,西周到春秋为"判例法"时期,战国至秦代为"成文法"时期,西汉至清末则为"混合法"时期。② 其二,认为传统社会在进入成文法时代后,始终保持着成文法的绝对主导地位,所谓法源的演变基本体现为判例与成文法的关系变化,其中战国至秦汉为放任时期,魏晋至唐宋为判例被拒斥时期,宋元至明清则为对判例的吸纳时期。③ 这两种观点之间的核心争议,实质上集中于司法案例在法源体系中的地位问

---

① 何勤华:《清代法律渊源考》,《中国社会科学》2001年第2期。
② 参见武树臣《中国古代法律样式的理论诠释》,《中国社会科学》1997年第1期。
③ 参见刘笃才《中国古代判例考论》,《中国社会科学》2007年第4期。本书对固有法体系中司法案例与成文法关系流变的分析,深受刘笃才教授该篇文章的启发。

题。前者注重法律的表达样式，后者着重于不同法源之间的关系，但均承认固有法体系中的法源是以司法案例和成文法为主要构成内容。这也与人类社会其他法治文明的基本法源构成保持一致。由此可见，司法案例与成文法之间的关系演变，实乃中国古代社会的法源结构在演变过程中最为重要的内容。结合二者在不同时期的关系状态，大体可将这一演变过程分为司法案例代表成文法、司法案例辅助成文法和司法案例融入成文法三个阶段。①

一 子产铸刑书之前：司法案例代表成文法阶段

司法案例代表成文法，是指成文法处于相对秘密的状态，其具体内容仅为少数人所知，此时基于公开审判活动而形成的司法案例就起到了成文法的作用。形形色色活跃在台前的司法案例，既宣示着幕后成文法的存在，也彰显着成文法的要义和精神，还蕴含着司法官员的思维逻辑、断案技巧和价值取向。这一阶段，主要是指在子产铸刑书之前的漫长历史时期。

公元前536年，郑国执政子产力排众议而铸刑书，开创了中国历史上公布刑事成文法之先河。那么，在此之前，传统社会的刑事法律处于一种什么样的形态？当前研究成果对这一问题可谓聚论不已，大致可分为五种观点。第一种观点认为，在子产铸刑书之前，存在成文的法律，但这种法律不是成文法，因为它不符合"成文法应当公布"这一特征。有学者就提出，"西周成文的法律是秘密的，'藏之盟府'的"②。第二种观点则认为，在子产铸刑书之前已经存在成文法，只是"成文法典主要是在贵族间公布，而对平民则未公之于众"③，处于一种相对秘密的状态。第三种观点认为，在子产铸刑书之前已经存在成文法并公开，"禹刑""汤刑""九刑"

---

① 为什么使用"司法案例"而非"判例"这一表达？其一，中国古代社会在法学层面上并无"判例"这一表达，甚至于"判例"这一词语的使用都极为少见；其二，现代法学意义上的判例，源自于西方，主要是指可以援引作为审理同类案件依据的判决，但中国古代绝大部分时间的案例都没有达到这一高度；其三，本书研究的因案修例，是指基于某一司法案件修改条例，并不要求这一案例就属于判例。
② 参见张晋藩总主编、蒲坚主编《中国法制通史》（夏商周），法律出版社1999年版，第411页。
③ 王玉哲：《中华远古史》，上海人民出版社2000年版，第640页。

· 38 ·

即是直接证明，它们很可能与刑鼎一样都是成文的。① "无论传世文献还是出土资料都表明春秋末期以前制定、颁布、贯彻'刑辟'的情况十分普遍，'秘密法'时代并不存在。……是为法律治理模式的转变问题，而非法律首次制定或公开的问题。"② 第四种观点认为，西周、春秋时期属于判例法时代，"议事以制，不为刑辟"即甄选合适的判例来审判案件。③ 更有学者提出，《春秋》就是"判例法"。④ 第五种观点认为，在子产铸刑书之前的历史时期，属于习惯法的广泛适用阶段，"'五刑之属三千'等，充其量不过是说依照习惯法判罪已积累了许多案例"⑤。所谓的"三千""三百"云云，"这都是约略估计之辞。若真指法律条文，安得如此整齐呢？然则古代人民的生活，其全部，殆为习惯所支配，无疑义了"⑥。各类观点之间的差异，或基于对成文法定义的不同理解，或基于对某一历史记载的不同解释，或分别着眼于整体和个案。

鉴于夏商周时期的史料严重缺乏，史书中记载的各种文件的具体内容和表现形式均无从考证，故只能结合仅存的少量文献以及现有研究成果进行适当推断。《左传》记载了子产铸刑书以及晋国铸刑鼎后的社会反响，代表贵族阶层的叔向和孔子均表示十分惊讶。⑦ 这说明存在两种可能性：一是出现了一种他们未曾见过的全新事物（即刑书）；二是他们此前知悉刑书的存在，但没想到应由统治阶层秘密掌握的法律竟被全面公之于众。相对而言，后一种可能性更大，这从叔向和孔子反对公布刑书的具体意见可以得见。叔向指出："纠之以政，行之以礼……夏有乱政，而作禹刑；商有乱政，而作汤刑；周有乱政，而作九刑。"⑧ 这就相当于承认"政""礼""刑辟"等规范的存在，只是适用的场合不同，刑法主要适用于乱

---

① 参见梁治平《寻求自然秩序中的和谐——中国传统法律文化研究》，商务印书馆2013年版，第47—48页。
② 王沛：《刑鼎、宗族法令与成文法公布——以两周铭文为基础的研究》，《中国社会科学》2019年第3期。
③ 参见武树臣《中国法律文化大写意》，北京大学出版社2011年版，第212页。
④ 参见李平《论作为判例法典的〈春秋〉——以复仇为例》，《法律史评论》2021年第1卷。
⑤ 赵世超：《中国古代引礼入法的得与失》，《陕西师范大学学报》（哲学社会科学版）2011年第1期。
⑥ 吕思勉：《中国通史》，江西教育出版社2017年版，第142页。
⑦ 据《左传》记载，叔向在铸刑书后立刻写信给子产，指出其中存在的问题，是为"叔向使诒子产书"；孔子在铸刑鼎后则嗟叹："晋其亡乎！"
⑧ 《左传·昭公六年》。

世。在整篇书信中，叔向一直在强调普通民众知悉刑法规定的后果，而非"刑书"这一事物并不存在。"民知有辟，则不忌于上，并有争心，以征于书"①，言下之意是刑书只能由统治阶层掌握，民众知悉反而不利。孔子的态度与叔向高度一致。他将法律的作用分为维护贵贱秩序和治乱两类，"文公是以作执秩之官，为被庐之法……且夫宣子之刑，夷之蒐也，晋国之乱制也"②。这反映出孔子作为贵族，他对法律的内容和功能极为熟悉，只是认为向民众公布刑书将导致贵贱无序的混乱状态。

因此，在子产铸刑鼎之前，中国古代社会应已存在形式多样的成文法，既包括规范日常行为的"礼"，也包括特殊场合惩治犯罪的"刑"，甚至还有部分公开的军事命令。③ 专门的立法官员业已存在，"大宰总御群职，故六典俱建，八法、八则、八柄皆所以佐王之治者也。盖为立法之官，而刑亦统之矣"④。只不过为了保证统治阶层的至上权威和法律本身的强大威慑力，成文法被置于一种相对秘密的状态，由统治阶层垄断掌握，从而树立"刑不可知则威不可测"的氛围。孔颖达所说的"圣王虽制刑法，举其大纲，……不豫设定法，告示下民，令不测其浅深，常畏威而惧罪也"⑤，就是此意。

既然成文法处于一种秘而不宣的状态，那么在子产铸刑书之前，夏商周三代又是通过什么样的一种方式来实现司法审判并维护社会统治秩序的呢？司法案例应在这一阶段代表成文法发挥了主导作用。司法案例的形象性、直接性、可变性等特征，决定了其对后续司法审判有着巨大功用。很多人也必须透过具象的司法案例去窥见和理解抽象的成文法。相对于秘密的成文法而言，公开判决和公开行刑自古有之，由此而生的判例自然也随之处于相对公开的状态。这可在惩治罪犯的同时，震慑一般民众，实现刑法一般预防的目的。如，西周成王时期的《师旂鼎》，此鼎铭文记载了师旂众仆不从王征一案。司法官伯懋父很清楚不随君王出征的法定判罚，但又结合现实需要予以改判。这说明有秘密成文法的存在，否则伯懋父将无从得知"义，厥不从厥右征"。而审判结束后，"弘以告中书史"则说明

---

① 《左传·昭公六年》。
② 《左传·昭公二十九年》。
③ 《墨子·兼爱》引用了《禹誓》，即"济济有众，咸听朕言！非惟小子，敢行称乱。蠢兹有苗，用天之罚。"这便是大禹在征伐三苗时发布的军事命令。
④ 《历代刑官考》。
⑤ 孔颖达：《春秋左传正义》，北京大学出版社1999年版，第1226页。

彼时有制作判例的习惯。"判辞形成判例文书记录在案，……判例的形成与保管，大概是司法审判机关的职责，……当做日后再次诉讼时的法律凭证。"① 此外，《亻朕匜》《散氏盘》《曶鼎》等青铜器的铭文均载有案例，这至少说明司法案例在当时是相对公开的一种法源形式。叔向提到的"昔先王议事以制，不为刑辟"②，也能对此予以佐证，即在不对民众公开预设刑法的前提下，通过临时议事的判案方式来完成审判。这就注定了类似前例会对案件的审判乃至刑罚原则的形成发挥重要作用。有学者就提出："对严重违礼的贵族施之以刑惩，其成例则供后世援引，成为通例，在大量积累的成例基础上，逐渐形成'乡八刑'、'官刑'、'八辟丽邦法'等刑罚适用原则。"③

从仅有的少数先秦文献中，也能找到些许司法案例适用的痕迹。比如，僖公六年，楚成王发兵围攻许国，最终蔡穆侯带着许僖公前往武城面见楚成王。楚成王询问大臣逢伯如何处置，逢伯援引了周武王击败商殷后处置失败国罪犯微子启的前例，建议楚成王为许僖公"亲释其缚，受其璧而祓之，焚其榇，礼而命之，使复其所"④。楚成王接受了这一建议。再如弑杀君王者处辕刑⑤，桓公十七年，郑国高渠弥杀郑昭公而改立公子亹，次年齐侯盟会，"杀子亹而辕高渠弥"；宣公十一年，楚庄王领兵进入陈国，将弑杀陈灵公的夏征舒"辕诸栗门"。当然，此时判例的适用并没有一种程序上的约束机制来保障适用的必然性和确定性，反而是作为统治阶层的法律工具而带有明显的人为主导随意性。

二 秦汉至唐：司法案例辅助成文法阶段

子产铸刑书的政治举措，给了暮气沉沉的春秋奴隶制社会沉重一击，掀起了法制改革的浪潮。随后，各国相继制定和公布成文法，传统社会进入了以成文法为绝对主流的新阶段。国家法律"从原来的道德习俗与法律混为一体、法与刑分立的'礼法'形态，逐步地变革为道德与法律分立、

---

① 冯卓慧、胡留元：《西周军法判例——〈师旅鼎〉评述》，《人文杂志》1986年第5期。
② 《左传·昭公六年》。
③ 陈晓枫、柳正权：《中国法制史》（上册），武汉大学出版社2012年版，第76页。
④ 《左传·僖公六年》。
⑤ 辕刑即车裂之刑，指用车分裂人体的酷刑。

法与刑统为一体的'法律'形态。这个过程是从'铸刑书（鼎）'开始，到商鞅建立秦律完成的"①。随着成文法被广泛运用，法律体系、内容、立法技术愈加完善，司法案例与成文法的关系也由代表转化为辅助。一方面，相对于成文法的主导地位而言，司法案例始终处于辅助地位，在成文法未涉及或虽涉及但存在漏洞的领域予以补充。另一方面，司法案例作为一种辅助法源，其本身的法律地位直接受成文法的发展水平以及统治者的个人喜好所影响，或被广泛推广适用，或被否定和排斥。这种辅助关系持续了相当长的一段时间。

（一）司法案例辅助的活跃期：秦汉时期

秦汉时期，司法案例的运用较为普遍，表现形式集中体现为"廷行事"和"决事比"。根据湖北云梦出土秦简《法律答问》所记载的内容，共计有十三条提到廷行事，涉及诬告、杀人、以人抵债、假冒封印等诸多事项，"盗封啬夫可（何）论？廷行事以伪写印"②即是其中一条。关于廷行事的性质，学界通说认为属于判例。睡虎地秦墓竹简整理小组指出："《法律答问》中很多地方以'廷行事'，即办案成例，作为依据，反映出执法者根据以往判处的成例审理案件，当时已成为一种制度。……当法律中没有明文规定，或虽有规定，但有某种需要时，执法者可以不依规定，而以判例办案。"③近年来部分学者对此提出了质疑，认为秦代的廷行事不属于判例，而是官府行事，"属于以往的判决，对于后人不构成约束，也不存在能否作为审判依据的问题"④。但结合廷行事在《法律答问》中出现的情形来看，一部分廷行事应属于司法案例，而且具备一定的判例功能。秦汉之际的"廷"不仅仅是官府的代称，也与司法审判密切相关。颜师古曾言："廷，平也。治狱贵平，故以为号。"⑤即便将之译为官府，兼具行政与司法职能的官府，在其行事中自然也应包含了对同类型案件的处理意见。至于说其具备一定的判例功能，主要是因为这种意见可以作为判决依据。《法律答问》有载："赀一盾应律，虽然，廷行事以不审论，赀二甲。"⑥

---

① 庆明：《"铸刑鼎"辨正》，《法学研究》1985年第3期。
② 睡虎地秦墓竹简整理小组整理：《睡虎地秦墓竹简》，文物出版社1978年版，第175页。
③ 睡虎地秦墓竹简整理小组整理：《睡虎地秦墓竹简》，文物出版社1978年版，第149—150页。
④ 参见杨一凡、刘笃才《历代例考》，社会科学文献出版社2012年版，第6页。
⑤ 《汉书·百官公卿表上》。
⑥ 睡虎地秦墓竹简整理小组整理：《睡虎地秦墓竹简》，文物出版社1978年版，第167页。

第三章 清代因案修例机制的法源基础

汉代决事比的运用更为普遍。何为决事比？"若今律，其有断事，皆依旧事断之，其无条，取比类以决之，故云决事比也。"①简而言之，就是可以用来断案的旧案、成案。班固在《汉书》中对汉武帝时期决事比的盛况进行了形象的描述："律、令凡三百五十九章，大辟四百九条，千八百八十二事，死罪决事比万三千四百七十二事。文书盈于几阁，典者不能遍睹。"②而"奸吏因缘为市，所欲活则傅生议，所欲陷则予死比，议者咸冤伤之"③，则呈现了彼时决事比运用之广、之滥的现状，甚至造成了司法秩序的混乱，沦为奸吏随意出入人罪的工具。其实，早在西汉初期就已可见司法案例之运用。《奏谳书》记载了"临淄狱史阑令女子南出关案"的审判过程。法官在作出案件判决时，就援引了一桩旧案作为依据，即"人婢清助赵邯郸城，已即亡，从兄赵地，以亡之诸侯论。今阑来送徒者，即诱南。吏议：阑与清同类，当以从诸侯来诱论"④。在整个中国古代社会，相较于其他朝代，汉代的决事比应该具备较高的法律效力，很多应已达到了现代法学意义上所说的"判例"地位，即可以作为断案依据。

秦汉时期司法案例的活跃，与当时成文法所处形态密切相关。秦汉时期的成文法尚处于初级阶段，种类繁多的律名（如秦律就包括《工律》《田律》《仓律》《徭律》《金布律》等十八种）表明，"秦汉时期诸律是以相对独立的形式存在的，律还没有形成完整的结构紧密的整体"⑤。概言之，彼时的成文法相对粗糙，"分量已经太多了，而编纂又极错乱"⑥，兼有法律调整范围有限、律文之间衔接断层等诸多问题。在这种情况下，司法案例出演的戏份自然较多。

（二）司法案例辅助的低潮期：魏晋至唐

相较于秦汉，在魏晋南北朝至唐代这一时期，司法案例的辅助活动明显进入了一个低潮阶段，主要体现为案例的适用范围被严格限定。曹魏文帝时期，推动朝廷制定《新律》的重要原因，就是为了扭转汉代以来"律

---

① 《周礼注疏》卷三十四。
② 《汉书·刑法志》。
③ 《汉书·刑法志》。
④ 江陵张家山汉简整理小组：《江陵张家山汉简〈奏谳书〉释文（一）》，《文物》1993年第8期。
⑤ 刘笃才：《中国古代判例考论》，《中国社会科学》2007年第4期。
⑥ 吕思勉：《中国通史》，江西教育出版社2017年版，第147页。

文烦广，事比众多，离本依末"①的混乱局面，全面管控决事比的滥用。这一时期著名官员的言行举止，也表明了官方对成文法典的高度重视。闵乡侯卫觊上奏魏文帝："九章之律，自古所传，断定刑罪，其意微妙。百里长吏，皆宜知律。刑法者，国家之所贵重，而私议之所轻贱。狱吏者，百姓之所县命，而选用者之所卑下。王政之弊，未必不由此也。请置律博士，转相教授。"②魏文帝采纳了这一建议，专设律博士来讲解和宣扬律法。而在魏文帝执意处死御史中丞鲍勋一案中，时任廷尉的高柔也坚持依律审判而未援引前例，强调"廷尉，天下之平也，安得以至尊喜怒而毁法乎"③，坚决主张鲍勋罪不至死。

晋代曹魏之后，成文法典得以进一步发展。泰始三年，《晋律》初成，"凡律令合二千九百二十六条，十二万六千三百言，六十卷，故事三十卷"④。泰始四年正月，晋武帝颁行天下并亲自临讲，新律得以迅速推广实施，然而不久后又陷入律令不行的局面，"至惠帝之世，政出群下，每有疑狱，各立私情，刑法不定，狱讼繁滋"⑤。面对以善夺法的问题，主刑法断狱之事的三公尚书刘颂多次强调严格遵守法律的重要性："又律法断罪，皆当以法律令正文，若无正文，依附名例断之，其正文名例所不及，皆勿论。……今限法曹郎令史，意有不同为驳，唯得论释法律，以正所断，不得援求诸外，论随时之宜，以明法官守局之分。"⑥但在喜好权宜从事的皇帝面前，这种完全奉已立之法为圭臬的意见是否得到了全面推行仍不得而知。如，晋元帝任丞相时，主簿熊远就曾在奏书中有云："凡为驳议者，若违律令节度，当合经传及前比故事，不得任情以破成法。"这说明，在当时的司法实践中，前比故事也就是司法案例仍有一定的适用空间，发挥着辅助律令的作用。

及至唐代，唐律对案件审判的依据进行了明文限定。唐律规定："诸断罪皆须具引律、令、格、式正文，违者笞三十。"⑦即便是皇帝亲自决断

---

① 《晋书·刑法志》。
② 《三国志·魏志·卫觊传》。
③ 《三国志·魏志·高柔传》。
④ 《晋书·刑法志》。
⑤ 《晋书·刑法志》。
⑥ 《晋书·刑法志》。
⑦ 《唐律疏议·断狱律》。

的案件，"临时处分，不为永格者，不得引为后比。"① 这无异于将司法案例彻底排除出了断罪依据的序列，明确要求要以律、令、格、式等成文法为断罪依据。偶有想在判例方面予以尝新和突破者，也被及时叫停制止。唐高宗时期，详刑少卿赵仁本著有《法例》三卷，② 其中收集的司法案例被各级司法官员用来援引断案且颇受好评。但高宗认为"条章备举，轨躅昭然，临事遵行，自不能尽，何为更须作例，致使触绪多疑"③，遂将《法例》废止不用。

归根结底，这一时期司法案例的运用陷入低潮的主要原因，还是成文法体系的渐趋完善与法律注释学的日益兴起。成文法的持续发展使得司法审判愈加有法可依，司法案例的作用空间被急剧压缩。魏律在秦汉律的基础上改革体例，以刑名为首共十八篇，包括盗律、劫略、贼律、诈律、毁亡、告劾等。晋律在魏律基础上略作调整且数目增加了两篇，体系设置更加科学，条文更加简化合理。唐律更是传统社会最完整也是影响最长远的一部法典，无论是体系结构还是法条内容，均被奉为历代立法遵循之样本。而法律注释学的兴起，无疑加剧了司法案例作用弱化的趋势。统治者在建立和完善系统立法机制的同时，还围绕成文法的不足构建了相对成熟的法律解释体系。魏明帝设置律博士讲授法律，晋代张斐、杜预专门注解晋律，唐代的《永徽律疏》亦是刑律及其疏注的合编。这一机制的存在，使得原本需要司法案例来诠释、细化或补充的法律问题，均可通过法律注释得到良好解决。

值得注意的是，这一时期已经出现了将司法案例转化为成文法的明显趋向。这是一个重大的变化，意味着可以借助案件来推动律典革新。西晋的贾充编撰律令，删定当时制诏之条为《故事》三十卷，与律令并行，"是故事亦多关于律也"④。梁朝的蔡法度，将故事抽象整理为法律，"易

---

① 《唐律疏议·断狱律》。
② 关于《法例》的具体形式存在争议，一种认为是判例，一种则认为是抽象的条文。本书认为至少是包含司法案例的，理由有二：其一，赵仁本作为大理寺少卿，有条件接触到各种案件的卷宗，故在著述《法例》时应会写入案例；其二，《法例》虽已亡佚，但有学者引用了日本古文献《令集解》中保留的两条《法例》原文，其形式确为案例。参见戴建国《唐宋时期判例的适用及其历史意义》，《江西社会科学》2009 年第 2 期。
③ 《旧唐书·刑法志》。
④ 参见程树德《九朝律考》，商务印书馆 2017 年版，第 404 页。

《故事》为《梁科》三十卷"①。所谓"故事",顾名思义,即为旧事,又与律令关系颇深,那么也应当包括过往的司法成案。晋元帝司马睿任丞相时,其主簿熊远的奏书进一步佐证了这一点:"凡为驳议者,若违律令节度,当合经传及前比故事,不得任情以破成法。"② 从这个角度来看,将故事汇编成法律,就是将司法审判经验转化为成文法律规则。《晋书》还记载了一个因案修法的生动实例。曹魏末年,名将毋丘俭因讨伐司马师失败而被杀。根据魏律规定,犯大逆者诛及已出之女,故其出嫁之孙女毋丘芝应连坐处死,但因怀孕而暂时被囚禁。毋丘芝的生母荀夫人出自颍川荀氏,她利用母族关系请托时任司隶校尉的何曾救女儿一命。何曾便派遣主簿程咸上奏,提出修法建议:"臣以为在室之女,从父母之诛;既醮之妇,从夫家之罚。宜改旧科,以为永制。"③ 皇帝深以为然,遂下诏修改了原有律令。

三 宋元至明清:司法案例融入成文法阶段

经历魏晋南北朝至唐代的低潮期后,司法案例迎来了新的发展契机。无论是基于填补成文法滞后性的需求,抑或源于对司法案例功能的执迷,统治者再次意识到运用司法案例对于保障国家司法有效运转的重要性。只不过相较于前朝的非此即彼,他们开创了一种新的方式来解决成文法与司法案例之间的矛盾关系,加强了对司法案例适用的控制和管理。这种方式即是将司法案例作为成文法的来源之一,通过一定的程序将司法案例的核心要旨转化为成文法的一部分。转化的形式经历了两个发展阶段:初级阶段仍以具体案件为载体,表现为精简后的案例及判决内容;高级阶段则是完全脱离具体案件,直接转化为抽象的法律条文。当然,严格意义上来说,融入阶段在本质上依旧是案例辅助成文法的阶段。一方面,案例入法体现的是对成文法的完善作用,这本身也属于一种辅助;另一方面,并非所有的司法案例都能发挥这一新作用,其他大量案例还是发挥的传统辅助作用,如引导对成文法的理解和运用。但不可否认的是,相较之前,二者之间的关系确实又出现了新的变化。

---

① 《唐六典》卷六。
② 《晋书·刑法志》。
③ 《晋书·刑法志》。

（一）司法案例融入成文法的初级阶段：宋元时期

宋元时期是司法案例融入成文法的初级阶段，既出现了官方组织或认可的案例汇编，亦有将案例直接纳入成文法的举措。尽管这一时期的司法案例实现了实质层面的初步变异和法律地位的大幅提升，但仍保留了"案例"的外在表现形式。

宋代历经五代十国之乱，重建正统后愈加重视司法案例的实用性。"当是时，法令虽具，然吏一切以例从事，法当然而无例，则事皆泥而不行。"① 在皇帝支持及法司热衷的双重作用下，断例汇编成果颇丰。《熙宁法司断例》《元丰断例》《元符刑名断例》《崇宁断例》《乾道新编特旨断例》，皆是这一时期的产物。关于断例的构成和表现形式，虽其具体内容均已佚失，但史料对其编纂过程有一定的记载。如，庆历三年，宋仁宗"诏刑部、大理寺以前后所断狱及定夺公事编为例"②；王子融任权判大理寺时，建言"法寺谳疑狱，前此猥多，艰于讨阅，乃取轻重可为准者，类次为断例"③；宋孝宗时，刑部郎中潘景珪提出"将隆兴以来断过案状编类成册，许行参用"④。这都表明，断例是以刑部和大理寺已判决的案例为基础的，更像是"具象判例"而非"抽象条例"，故"对'断例'在数量计算上不用'条'，而用'件'"⑤。此时的断例汇编已具备成文法的诸多特征，程序上由专门的官方机构予以编纂并经皇帝认可颁行，形式上也仿照成文法的体例结构。尤其值得一提的是，宋代已见将断例抽象为成文法的现象。元丰三年，宋神宗诏令详定编敕所审核刑部和大理寺断例："以所编刑房并法寺断例，再送详定编敕所，令更取未经编修断例与条贯同看详。其有法已该载而有司引用差互者，止申明旧条。条未备者，重修正。或条所不该载，而可以为法者，创立新条；法不能该者，著为例。其不可用者，去之。"⑥ 可见，在满足一定前提条件下，断例可上升为律法或条例。

元代司法案例融入成文法的活动更为突出。元朝建立后，主要颁布了《至元新格》《大元通制》《元典章》《至正条格》等成文法典，其中有很大一部分条格与断例皆是源于司法案例。如，《大元通制》"其书之大纲有

---

① 《宋史·刑法志》。
② 《续资治通鉴长编》卷一百四十。
③ 《续资治通鉴长编》卷一百四十。
④ 《宋会要辑稿·刑法一》。
⑤ 胡兴东：《宋代判例问题考辨》，《云南师范大学学报》（哲学社会科学版）2016 年第 1 期。
⑥ 《续资治通鉴长编》卷三九一。

三：一曰诏制，二曰条格，三曰断例。凡诏制为条九十有四，条格为条一千一百五十有一，断例为条七百十有一，大概纂集世祖以来法制事例而已"①。现虽已无法见到《大元通制》的全貌，但其条格有部分存世。《通制条格》"现存有653条，其中以案例形式表达的有114条，占总数的17.45%，分布于所存残卷之中"②。"捕盗责限"条就是以"李僧住状告寅夜不知何人就本家将母阿任打伤身死一案"为基础。《至正条格》亦是残存本，尚存条格374条，断例426条，"在形式上基本表现为临事制宜的个别判例或指令，带有实践、案情（或事由）、提议人（或部门）、文书运行和决策程序等具体细节"③。"有妻娶妻"条即是依托万户李庆瑞一案。综上可见，司法案例在元代已开始融入成文法。此时的案例已非过往单纯的案例卷宗或材料，外在形式上是经统治者集中制定而颁行天下的正式法律，体例上遵循唐律的主要篇目，内容上虽仍保留案例的表述，但已经过立法者的初步精简和概括。

（二）司法案例融入成文法的高级阶段：明清时期

明清时期为司法案例融入成文法的高级阶段，这一时期司法案例开始脱离案例载体，直接转化为抽象条文，彻底融入成文法。从某种程度上来说，从此更不需要判例的存在，具有判例价值的司法案例成为了统治者修订法律的一种依据或者动因。而司法实践中所适用的是成文法化的例文，而非以案例形式存在的判例。

自洪武年间始，明代诸帝即热衷于制例和修例。据《明史》等文献记载："有关成祖永乐朝至英宗天顺间制定的刑例仍有数百种。"④ 就现存例文的内容来看，基本已从宋元时期的案例表述转变为纯粹的法律条文表述。⑤ 以最典型的《问刑条例》为例，该条例颁行于弘治十三年，直接目的是用于解决明初以来频繁制例所导致的刑例杂乱问题。条例的内容，则基本来源于皇帝裁断的案件。弘治五年，刑部尚书彭韶在上书建议制定

---

① 《元史·刑法志》。
② 胡兴东：《宋元断例新考》，《思想战线》2018年第1期。
③ 张帆：《重现于世的元代法律典籍——残本〈至正条格〉》，《文史知识》2008年第2期。
④ 杨一凡、刘笃才：《历代例考》，社会科学文献出版社2012年版，第151页。
⑤ 当然，少数法律中存在具体案例，如《明大诰》《皇明条法事类纂》。但《明大诰》系朱元璋基于乱世重法所创造出来的特殊法律，效力甚于《大明律》，本非条例之属；《皇明条法事类纂》则相当于为制定《问刑条例》所作的准备材料，其所载事例更像是对条例立法来源及缘由的说明。

《问刑条例》时曾言："刑书所载有限，天下之情无穷。故有情轻罪重，亦有情重罪轻，往往取自上裁，斟酌损益，著为事例。……宜选属官汇萃前后奏准事例，分类编集，会官裁定成编，通行内外，与《大明律》兼用。庶事例有定，情罪无遗。"① 这里的"事例"便是指由皇帝裁断的案件。条例的表现形式为抽象法律条文，"《问刑条例》类皆节去全文，意多未备如"②。这部法律的出台，意味着明代律例并行体系的最终建立，恰如《明会典》之描述："大明律文，而以条例各附本律之下。"③

明代律例并行的成文法体系，源于朱元璋的立法思想。朱元璋曾明确提出："法令者，防民之具、辅治之术耳，有经有权。律者，常经也。条例者，一时之权宜也。"④ 在这一立法思想的指导下，《大明律》被作为万世不可更变之常经，"凡我子孙，钦承朕命，毋作聪明，乱我已成之法，一字不可改易"⑤。律文不予修订，虽有利于保障法律的稳定性和节省立法成本，但弊端在于它会越来越落后于持续发展的社会现实，法律本身的滞后性也将越来越突出。在这种情况下，能代表一时权宜的条例自然高度发达，它成为解决祖宗成宪不可变与社会现实不可逆二者之间矛盾的最佳抉择。

至此，清代以前司法案例与成文法关系的演变终告结束。历经数千年的发展变化，司法案例从代表成文法到辅助成文法，再到部分典型案例可以融入成文法，最终形成了传统社会特有的律例体系。某种程度上来说，这个过程是不断寻求司法案例与成文法之间最佳相处模式的过程，即在成文法国家如何找到一个中间点，既能防止司法案例冲击君主立法的绝对权威，又能通过一种恰当的方式来确保法律适应司法实践的需要。在历朝历代的不断试验下，将具有典型意义的司法案例确立为判例的惯常做法逐步被遗弃，它冲击了代表最高权威的成文法，不利于皇权对司法秩序的集中控制。而通过一定程序，将典型司法案例抽象归纳转化为成文法的方式则受到青睐，它满足了君主统治和司法实践的双重需求。

---

① 《明孝宗实录》卷六五。
② 《明世宗实录》卷一一六。
③ 《大明会典》卷一百六十。
④ 《明太祖实录》卷二三六。
⑤ 《皇明祖训·序》。

第二节　清代以律例为核心的法源结构

司法案例与成文法的关系演变，为清代法源结构的形成奠定了历史基础。清代得以依托稳定成熟的法源结构，维持数百年的统治秩序。在清代的法源结构中，律文与条例是最为突出的两个构成部分，它们在《大清律例》中合编一体，既洋溢着明显的汉文化色彩，也展现着满族特有的立法惯性。这种律例一体的结构，很大程度上源于对明代法律体系的传袭。顺治三年五月，清世祖顺治在御制《大清律》原序中曾明确指出："爰敕法司官，广集廷议，详译明律，参以国制，增损剂量，期于平允。"① 可见，明律是清律的原始参照样本。在承继前朝立法成果的基础上，清代又保持着相当程度的自我色彩。"清律大体上继承明律，但有清一代的法律因陆续纂修条例而有相当多的变化。"②

一　《大清律例》的生成与定型

清代律例体系的核心在于《大清律例》。其形成大致可分为四个阶段，即顺治、康熙、雍正、乾隆四朝，自顺治时期开始建构，乾隆时期正式宣告完成。乾隆之后的清代诸帝均是在既成律例体系的基础上对条例进行修补完善，整体结构再未有变动。

顺治时期为《大清律例》的初始阶段，这一阶段集中体现为对明代律例的完全承继。清入关之后，统治者面临着一系列亟须解决的问题，包括如何镇压农民起义、如何瓦解前明残存势力，但重中之重还是如何巩固新生的满族政权。全国性政权的巩固，要义在于建构统一的制度体系。但原先东北"大辟之外，惟有鞭笞"的粗糙法律，根本无法应对广袤国土的治理需求。基于此，大小臣工纷纷上书建言修律。顺治元年八月，刑科给事中孙襄建议："今法司所遵乃故明律令，就中科条繁简、情法轻重当稽往宪合时宜，斟酌损益，刊定成书，布告中外，俾知画一遵守，庶几奸匿不

---

① 《大清律例》卷前附《世祖章皇帝御制〈大清律〉原序》。
② 瞿同祖：《清律的继承和变化》，《历史研究》1980年第4期。

第三章 清代因案修例机制的法源基础

形,风俗移易。"① 在多重考量之下,摄政王多尔衮谕令修律,要求"法司官会同廷臣详译明律,参酌时宜,集议允当,以便裁定成书,颁行天下"②。统治者的首肯无疑为修律扫清了最后障碍,此后国史院、刑部等机构历时三年完成了修律工作,并于顺治四年正式颁布。顺治四年三月二十四日,国史院大学士刚林将审订完成的十卷《大清律集解附例》题奏:"伏乞圣鉴裁定,颁行中外。庶法守昭明,臣民永知遵守矣。"③ 随即奉旨颁行天下。《大清律集解附例》在名称上与《大明律集解附例》仅仅一字之差,结构亦采用律后附例的模式,内容也只有极少许的变动,总体可谓对明律的直接套用。史学家谈迁就曾指出这一问题:"大清律即大明律改名也,……如内云依大诰减等。盖明初颁大诰,……今清朝未尝作大诰,辄引之,何也?"④ 但这并不影响《大清律集解附例》的历史地位,它终究是清人入关后以国家名义颁布的第一部刑事法典,奠定了清代律例体系的基础。

康熙时期对《大清律例》的贡献,主要在于组织制定了《刑部现行则例》。伴随清朝统治的巩固与深入,《大清律集解附例》一味承袭明律的弊端逐渐凸显,"近见引律烦多,驳察诬良,时见参奏,出入轻重之间,率多未协于中"⑤。康熙帝遂决定结合时势变化,对清代建立以来所有通行但未入律的条例进行清理和编纂,由此解决条例内容混杂、新例与旧例之间矛盾冲突不断等问题。康熙十九年,《刑部现行则例》正式奉旨刊行,它意味着清代统治者在《大清律》的基础上开创出一种单行的条例系统,"对律文规定以外的各类犯罪作出轻重不同的处罚规定,标志着清朝以例补律,律例相互为用的立法时期自此开始"⑥。《刑部现行则例》作为单行法律,其持续适用势必与《大清律》产生矛盾,故又不断有大臣提出将其并入律文。康熙二十八年,御史盛符升奏请:"律例须归一贯,乞重加考定,以垂法守。"⑦ 康熙接受了这一意见,谕令刑部尚书图纳及大学士张玉书主持该项工作。康熙三十四年,新律书的结构初定,张玉书进呈《名

---

① 《清世祖实录》卷七。
② 《清世祖实录》卷五。
③ 《大清律例》卷前附《内翰林国史院掌院事大学士刚林题本》。
④ 《北游录·记闻》。
⑤ 《清圣祖实录》卷四十一。
⑥ 张晋藩主编:《中国法制通史》(清),法律出版社1999年版,第177页。
⑦ 《清史稿·刑法一》。

例》部分样稿,"今酌定名例四十六条,已会集九卿、詹事、科道面同勘阅,谨录满汉文各六本,遵照前题,先呈御览"①。康熙帝指示发回刑部继续增修。康熙四十六年,二人缮写全文样稿进呈,只是终康熙一朝始终处于留览状态,未能予以印发。

雍正时期对顺治、康熙年间的修律工作进行了阶段性汇总,不仅全面修订了《大清律集解附例》,更在前人基础上将《刑部现行则例》与《大清律》合为一体,最终于雍正三年形成了《大清律集解》。《大清律集解》的体例结构延续顺、康两朝之旧习,条文内容则进行了较大调整。原先律文存在的表达问题得以重新规范,如律文中残留的明代专属用词均被删改。这得益于雍正帝对法律文本表达的重视,"以是书民命悠关,一句一字,必亲加省览"②。每条律文之后又增设了总注,主要系对律文的立法意图、法理基础进行阐述,"疏解律义,期于明白晓畅,使人易知"③。与此同时,前明、顺治、康熙乃至雍正年间的条例俱被集中归类整理,或删或改后分为"原例"(即历代沿用旧例,共计三百二十一条)、"增例"(即康熙年间的《刑部现行则例》,共计二百九十条)、"钦定例"(即雍正年间的条例,共计二百零四条)等三类。雍正时期的立法活动解决了顺、康以来一直困扰当局的律例分离问题,将顺时而生的条例与此前的旧例相融合,共同置于律文之后,从而实现了律文、集解、条例的合编。这对乾隆时期《大清律例》的体系结构有着重大影响。

乾隆时期是《大清律例》的最终形成阶段,"乾隆以后,律、例体制定型,相辅相成,清律走向成熟"④。《大清律例》的名称及其体例结构、修改机制均在这一时期得以塑形。乾隆帝即位后便着手启动修律活动。乾隆元年六月十九日,刑部尚书傅鼐奏请乾隆帝任命熟悉律例的大臣主持修律,"将雍正三年刊行律例,详加核议,除律文律注外,其所载条例,有先行而今已斟酌定议者,改之。或有因时制宜,应行斟酌而未逮者,亦即钦遵世宗宪皇帝遗诏,酌照旧章,务期平允"⑤。乾隆五年,新律修成,即《大清律例》,该律典共计四十七卷,律文四百三十六条,条例一千零四十

---

① 《大清律例》卷前附《律例馆总裁张玉书奏疏》。
② 《大清律例》卷前附《世宗宪皇帝御制〈大清律集解序〉》。
③ 《读例存疑·序》。
④ 郑秦:《清代法律制度研究》,中国政法大学出版社2000年版,第62页。
⑤ 《大清律例》卷前附《傅鼐奏疏》。

二条。相较于顺、康、雍三朝的立法，乾隆朝的《大清律例》有着明显的先进之处。在内容层面，律文与条例的文字表达经重新编辑后愈加科学合理，谕旨亦被修改为抽象规范的条例形式。在结构层面，仅保留了律文与附例，总注以及"原例、增例、钦定例"的分类编排均被删除。总注作为一种解释性表述本就不宜与律例同列，附于律后"易生支蔓"，但若对"律义有所发明，实可补律之不逮"者，则可改造为新的条例。如，"谋杀人律"后附条例"谋杀奔脱邂逅致死"即由总注改编得来。"原例、增例、钦定例"的分类编排方式，不利于条例的持续性修缮，统一以条例形式呈现反而有利于实现"条分缕析，次序秩然"。

与此同时，乾隆帝还确立了修改机制。首先，《大清律例》作为帝国刑法典，不容一般人员置喙。"惟在司刑者体察案情，随时详酌，期于无枉无纵则可，不可以一人一事而顿改成法也。"[①] 故修例的权力集中于皇帝，具体工作则由刑部的律例馆负责执行。其次，修例周期相对固定。《大清律例》卷首"凡例"有载："嗣后有陆续增修之处，仍定限三年一次编辑，附律列之后颁行直省，从此永著为例。"[②] 乾隆十一年经奏准又改为五年一修，逢十大修。再者，修例的内容和形式亦有要求。律文作为经世不易的祖宗成宪不予修订，条例可根据实际情况进行增加、删除、修改、移动、合并等操作。若原例只需简单修改，可直接在原例基础上进行，"毋庸另立专条"。若没有原例或者通过简单修改难以达到效果，便在每次修订后以单行本《续纂条例》颁行天下。若原例表达有"字句重复、文艺不甚明晰"而与新例容易混淆，则将原例对比参考新例一并改正，避免引用错误。

至此，经过顺康雍乾四代帝王的努力，终于在承继明代律例的基础上打造出一个具有自身特色的律例体系。此后的嘉庆、道光、咸丰、同治等诸帝，基本是遵循乾隆朝确立的修改机制对条例进行修订。

二　律主例辅的关系定位

律文与条例一体成书，但终究属于两种不同的法律表现形式，并行过程中势必会产生效力冲突等诸多问题。因此，清代的律例关系历来备受学

---

① 《嘉庆朝大清会典事例》卷七百四十。
② 《大清律例·凡例》。

界关注。综观当前相关研究成果，清代律例关系基本可分为"律主例辅"和"以例代律"两种观点。"律主例辅"强调律文的主导地位，条例处于次要地位发挥辅助作用。如，张晋藩先生认为，"律的地位与效力理所当然地优于例"①，只是在政局动荡的历史阶段容易出现律例地位倒置的特殊情形。何勤华先生也主张，清代的律文肯定是基础，条例只是补充。"一般情况下，当某个案子呈送到审判官面前时，他首先适用的是律，只有在律文明显落后于形势发展或没有律文可适用时，才会适用例。"②"以例代律"则强调条例的优先性，主张条例是能够取代律文或效力高于律文的存在。瞿同祖先生认为，条例在法律地位上优先于律文是清代法律的重要特点之一。③ 柏桦教授从司法案例的角度分析得出至少在强盗律这一领域，条例作为新规是优先于律文适用的。④

从某种意义上来说，这两种对立观点的形成，很大程度上源于清代史料对律例关系的不同记载。《清史稿》明确了例的优先地位，即"有例不用律，律既多成虚文，而例遂愈滋繁碎。其间前后抵触，或律外加重，或因例破律"⑤。但也不乏支持律文为主导的描述，康熙帝就曾指出："律与例不容偏废。律有正条自应从律，若律无正条，非比例何以定罪。"⑥

那么，究竟如何界定律文和条例的关系？本书认为可从应然和实然两个层面着手。应然层面是从《大清律例》相关法律规定的本身来分析，实然层面则是从清代司法实践对律例的运用进行判断。

（一）应然层面：律高于例，律主例辅

若立足于《大清律例》本身之规定，清代律例关系应定位于律主例辅，律文的法律地位当然高于条例。《大清律例》卷前附载的序言、奏本和凡例，均表明了这一立场。《圣祖仁皇帝上谕》指出，条例是在定律之外所附设的，定律不变，条例须根据现实情况进行调整。雍正御制《大清律集解序》只字未提条例，明显是将条例作为律的附属而统一称之为"大清律"。刑部尚书图纳的题本则强调"律文乃系递沿成书，例乃因时酌

---

① 张晋藩主编：《中国法制通史》（清），法律出版社1999年版，第177页。
② 何勤华：《清代法律渊源考》，《中国社会科学》2001年第2期。
③ 瞿同祖：《清律的继承和变化》，《历史研究》1980年第4期。
④ 参见柏桦、于雁《清代律例成案的适用——以"强盗"律例为中心》，《政治与法律》2009年第8期。
⑤ 《清史稿·刑法一》。
⑥ 《清圣祖实录》卷八十九。

定",条例则被表述为"正律之外"的存在。《凡例》的界定更加直接明确,"律后附例,所以推广律意而尽其类,亦变通律文而适于宜者。故律一定而不可易,例则有世轻世重,随时酌中之道焉"①。综合观之,条例是正律之外的附属制度设计,伴随时势变化而不断调整,而律文是祖宗成宪不可任意变更。清代的会典也对这一关系进行了肯认。《乾隆朝钦定大清会典》在《律纲》中明确指出:"律以定罪,例以辅律。"《光绪朝钦定大清会典》也强调"有例则置其律"的运用存在必要前提,那就是"皆体会律意,参酌变通"②。这意味着条例是在体会律意的基础上变通设定的,律高于例不言自明。

从《大清律例》中律例的编排结构和具体内容来看,也进一步体现了律高于例和律主例辅。条例并未专设条标,它与律文共用一个条标,体现着与时俱进的立法技术。③ 律文相当于条例分门别类的门目,立法者根据条例所调整的社会关系将其分别归属到与之同类或相近的律文之下,并在文首特意标识其条例的性质。这种体例设计相当于总分式结构,体现了律文的法律地位高于条例。另审视《大清律例》所载律文和条例的基本内容可知,律文主要是对某一问题进行较为原则性的规定,条例则是在律文规范对象的基础上,根据该对象可能出现的细微情形进行扩展规定,后者相当于前者的具化。换言之,律文普遍适用于某一类犯罪行为,但条例是针对性适用于某一类犯罪行为的某种犯罪情境,这些情境往往是律文未明确调整的。以"犯罪存留养亲"律文为例,律文系对犯死罪与徒流刑者存留养亲的规定,该律所附条例则是针对兄弟均犯罪、在尚未发配或已然发配等不同时间阶段提出请求、尊长杀卑幼、旗人犯罪等情形下的存留养亲。但确实也存在完全突破律文规定的条例。如,"尊卑为婚"律规定"若娶已之姑舅两姨姊妹者,杖八十并离异",条例却又规定"奏其姑舅两姨姊妹为婚者,听从民便"。但这种情形相当有限,据有关学者统计,"在《大清律例》全部近两千道条例中所占的比重微乎其微,至多不过百分之二三,只是很小的一部分"④。

---

① 《大清律例·凡例》。
② 《光绪朝钦定大清会典·刑部》。
③ 参见王立民《〈大清律例〉条标的运用与启示》,《中国法学》2019年第1期。
④ 苏亦工:《明清律典与条例》,商务印书馆2020年版,第326页。

（二）实然层面：律例并行，例偶优于律

法律虽有规定，但现实却并不一定就与法律规定完全保持一致。因此，要考察清代律例之间的真实关系，必须回到清代的司法实践中去寻求答案。尤其是那些涉及律例适用的司法成案，更能展现律文与条例地位的孰高孰低。

其实，已有相当多的学者完成了部分统计工作。苏亦工教授统计分析了《新增刑案汇览》卷2和卷3所载的五十三件案例、《刑部直隶各省重囚招册》广东司第一本的九件案例以及《刑案新编》所载的三十件案例，认为严格依律断案的案例仍占据绝大多数，从而得出"明清官方处理律例关系的基本原则是以律为主导，条例为补充、辅助和变通，律例并行而非偏废某一方"的结论。[①] 何勤华教授研读了《刑案汇览》等案例汇编，认为引用律文判案是清代司法实践的绝对主流，律文是司法机关定罪量刑的主要依据，并在文献中表现为"查律载……""依……律，拟……"等用语。[②] 柏桦教授专门统计了《刑案汇览》中强盗案例的律例适用情况，在一百零四件强盗案例中，纯粹依据律文判刑的只有两件，结合例文定罪量刑的则有九十五件，这说明条例在强盗罪领域优先于律文适用。[③]

笔者以《刑案汇览》为研究样本，分别输入不同的关键词进行了检索（见表3-1）。从检索结果可知，清代在司法领域坚持律例并行是毫无疑义的，司法机关在处理刑事案件时均会对律文和条例的规定进行研究。问题的关键在于究竟是依据律文还是条例来定罪量刑？《刑案汇览》的行文风格本就是以"某某司查律载"或"查例载"作为开篇，其更多的是展现司法机关在接触案件时所做的法律材料储备，故仅对律例总体的运行状态有证明价值，但对案件最终是依据律文还是条例判处却无过多的参考意义。真正可以用来判断律例关系的是"依律、按律、依例、按例"这些词汇的搜索结果，因为它们才是司法机关在最终阐述判决依据时的惯用表达。在《刑案汇览》中，"依律、按律"的表述，明显多于"依例、按例"，这意味着律文在清代司法实践中仍占据着主导地位。正如清末刑部

---

① 参见苏亦工《论清代律例的地位及其相互关系（下）》，《中国法学》1988年第6期。
② 何勤华教授研读的案例汇编应主要包括：《刑案汇览》《刑案汇览续编》《驳案新编》《驳案新编续》《汝东判语》《樊山判牍》《徐雨峰中丞勘语》《吴中判牍》《鹿洲公案》等。参见何勤华《清代法律渊源考》，《中国社会科学》2001年第2期。
③ 参见柏桦、于雁《清代律例成案的适用——以"强盗"律例为中心》，《政治与法律》2009年第8期。

尚书薛允升所言："律为一定不易之成法，例为因时制宜之良规。故凡律所不备，必藉有例，以权其大小轻重之衡。"① 条例明显是律文不备情况下的补充。当然，这一统计结果只是针对总体上的律例关系而言，不排除在个别领域存在例优于律的现象，如上述提到的强盗类案件，确实更多的是将条例作为判决依据。

表 3-1　　　　　　　　《刑案汇览》检索结果

律载	714 次	查律载	500 次
		又律载	146 次
例载	1133 次	查例载	722 次
		又例载	300 次
依律	348 次	按律	448 次
依例	174 次	按例	409 次

综上，无论是应然层面抑或实然层面，清代的律例关系基本体现为律高于例和律主例辅，"内外谳狱，首重依律科断，次则察例具奏"②。在强盗案等部分领域，才存在例优于律和以例破律的现象。值得指出的是，终清一代，时间跨度数百年，律例关系几无可能维持在一种绝对固定的状态，其在特殊领域可能表现出与主流相悖的关系模式，也难免会受到皇帝个人喜好以及社会时势的影响。甚至于不同时期，同一位皇帝对律例关系都可能持不同态度。康熙帝曾说过"律有正条自应从律"，但又曾批准"有例者引例，无例者引律"③。可见，即便律例地位早已被确立，但统治者对律例的态度引导着整个帝国的司法取向，他的个人倾向仍可使这种既定地位顷刻发生实质性颠覆。"国家设立法制，原以禁暴止奸，安全良善。故律例繁简，因时制宜，总期合于古帝王钦恤民命之意。"④ 律例关系的最终呈现状态，又何尝不是取决于"帝王之意"？

---

① 《读例存疑·序》。
② 《秋审实缓比较成案·序》。
③ 《光绪朝钦定大清会典事例》卷八五二。
④ 《清圣祖实录》卷八十九。

三 条例的灵活性催生因案修例机制

条例之所以能扮演辅助律文的角色，关键在于它的灵活性和机动性，可以适时变化和调整。从《大清律例》的生成和完善过程可以发现，律文的调整频率极低，除雍正三年和乾隆五年之外几无变动，真正高频变化的是律文后附的条例。康熙朝和雍正朝对条例的纂修活动一直在进行，但尚未形成固定的修例机制。这种局面一直持续到乾隆朝。乾隆帝在颁布《大清律例》的同时，确立了定期修例模式，从而确保了法典能够不断适应社会现实的变化和需要。这也说明，"随着清代法典化进程的发展及立法技术的完善，立法粗疏的问题虽得到解决，但'因事起例'的方式却被保留下来，并最终成为清代条例极度膨胀的一个重要原因"[1]。

据《钦定大清会典事例》记载，乾隆五年后共计有二十三次修例活动，每次修例的间隔年份基本遵循了乾隆确立的周期限制。同治九年系最后一次修例，这次修例受太平天国运动的影响，与前一次修例的时间（咸丰二年）已相去十八年，且"不过遵照前次小修成法于钦奉谕旨及内外臣工所奏准者依类编入，其旧例仍存而弗论"[2]。自此之后，"时势多故，章程丛积，刑部既惮其繁猥，不敢议修，群臣亦未有言及者，因循久之"[3]。由此可知，《大清律例》中的条例总是处于相对变化的状态，这种变化既体现于内容层面，如新例的开创和旧例的删改；也体现于数量层面，同治初已达到一千八百九十二条。据有关学者统计："雍正三年定例共有条例八百二十五条，乾隆五年增至一千四十九条，十五年增加了二百二十四条，平均每年递增十四点九条。嘉庆六年，条例增至一千五百七十三条，六十一年增加了五百二十四条，平均每年递增八点五条。同治九年，共有条例一千八百九十二条，六十九年增加了三百十九条，平均每年递增四点四条。"[4] 虽总体增长趋势在逐渐减慢，但大势仍保持着持续增长的状态。日本学者岛田正郎以修改方法为标准，对清代历年修例的数量进行了统计（见表3-2）。从中可以发现，大部分修例发生于乾隆、嘉庆两朝，修例

---

[1] 姚旸：《"例"之辨——略论清代刑案律例的继承与创新》，《故宫博物院院刊》2010年第1期。
[2] 《读例存疑·总论》。
[3] 《清史稿·刑法一》。
[4] 苏亦工：《论清代律例的地位及其相互关系（下）》，《中国法学》1988年第6期。

方法则以续增与删改为主。

表 3-2　　乾隆八年至同治九年修例情况概览①

年份	续增	删改	删除	修并	移改
乾隆八年	30				
乾隆十二年	49	17	14		
乾隆十六年	65			1	
乾隆二十一年	53	16		12	
乾隆二十六年	103	4	1		
乾隆三十二年	145	89	56		
乾隆三十七年	73	44	9		
乾隆四十三年	91	53	6		
乾隆四十八年	61	5	2	9	
乾隆五十三年	52	57	32	101	
乾隆六十年	44	14		5	
嘉庆六年	61	171	21	149	
嘉庆十一年	25	55	1	4	
嘉庆十五年	39	51	1	7	2
嘉庆十九年	45	105	2	2	2
道光元年	53	63	1	2	1
道光五年	30	56	2		1
道光十年	19	72	1	3	1
道光十五年	28	45	4	1	1
道光二十年	30	21	1		
道光二十五年	22	25	40		2
咸丰二年	19	53	2	2	2
同治九年	56	45	23	1	1

---

① 参见［日］岛田正郎《清律之成立》，载刘俊文主编《日本学者研究中国史论著选译》，姚荣涛、徐世虹译，中华书局1992年版，第512—513页。

条例的灵活性以及固定的修例模式，无疑为"因时、因事立制"提供了强有力的支撑，进而催生出因案修例这种造法机制。如若国家政策发生转变，或者律例的社会基础发生变化，抑或律例需要应对新的犯罪情境，条例的灵活性决定了统治者可通过变革法律这一手段从容应对各种新情况新局面，这也是因时因事立制的根本要求。至于推动条例修改的具体方式，大体可分为三种：一是具有绝对立法权威的皇帝，基于口含天宪的至上权力而对某一问题直接立法，是所谓钦奉谕旨定例；二是身处政治中心的臣工，他们可能结合自身从政经验以及时势变化提出修例提议；三是肩负审判职责的司法官员，他们擅长在司法审判过程中发现法律存在的问题并提出立法建议，"每驳一案、定一例，各出所见，讲明而切究之"①。第三种方式，便是因案修例机制。概言之，条例的灵活性和可变性，构成因案修例机制生成和运行的最根本原因，而成熟的修例模式则为其克服了合法性与合理性等诸多障碍。

第三节　成案在律例体系下的法源意义

法律界有句名言，任何一部法律从其制定之时便已滞后。《大清律例》亦难免落入窠臼，无论律文与条例设计得如何完备，但在面对司法实践中层出不穷的犯罪情境时总是会陷入被动。恰如乾隆在为《大清律例》作序时所说："有定者律令，无穷者情伪也。"在这种情况下，必须在正式法源之外寻求非正式法源的协助，有效填补律例留下的空白和漏洞，成案便是这些非正式法源的典型代表。清代成案的数量极为丰富，既体现为中央刑部与地方臬司存有的大量案件卷宗材料，亦包括官员个人乃至民间编纂的成案集。《成案汇编》《成案备考》《成案续编》《成案新编》《成案质疑》《秋审实缓比较成案》《定例成案合镌》《刑部比照加减成案》等文献，就充分展现了清代成案体系之庞大。结合各方面史料来看，成案明显已具备多重层面的法源意义，既在司法审判时辅助律例的适用，亦被作为日常研习律例的工具，还能在合适的时机触发条例的纂修。但成案并不是专门用

---

① 《驳案新编·序》。

于辅助律例运行的产物，它产生于司法实践过程中，只是自身客观性质与内容恰恰符合非正式法源的标准，才逐渐被广泛运用。

一 成案填补律例漏洞

在清代的司法实践中，对于成案的运用十分常见。"盖律例为有定之案，而成案为无定之律例。"① 尤其是在官方法典、案件判决以及案卷档案中，"成案"总是被频频提及。以《刑案汇览》为例，书中多达 557 处提到了"成案"，这充分说明其在司法审判中占据的分量。晚清名士罗惇曧更是将检索成案形容为各部门处理事务的必经环节，"事必援例，必检成案，自开国以来二百余年，各部例案，高与屋齐，非窜其中者未从得一纸"②。

成案在司法审判过程中发挥的具体功用，主要在于辅助律例的适用，这从相关的著述即可得见。《刑案汇览》有云："总之本部办理刑名，均依律例而定罪，用新颁律例，则仍以最后之例为准。至律例所未备，则详查近年成案，仿照办理。若无成案，始比律定拟。"③《刑部比照加减成案》有载："今时律之外有例，则已备上下之比，而仍不能尽入于例，则又因案以生例而其法详焉，故断狱尤视成案"④，"其最善者莫如比照加减成案，事略而尽，文简而核，可以辅律例之未备"⑤。《驳案新编》也指出："此历年旧案，亦用刑之圭臬也。"⑥ 由此可知，成案就是在律例未备的情形下发挥参考范本的作用。律例的成文法属性，决定着其涵盖范围有限，无论如何进行文字设计也不可能穷尽一切社会纠纷。当待处理案件无法从现有律例中找到依据时，司法官员只能借助成案来比照处理，或通过成案来知悉高层司法机关对律例的理解和适用标准，或通过成案来找寻高层司法机关对同类案件的处理方式。

律例未备需要成案辅助的情形，通常可分为两种：其一，律例无规定。如，道光元年翟小良误伤伊父翟玉阶一案，律文只规定"子殴父母者

---

① 《刑部比照加减成案·熊莪叙》。
② 《宾退随笔·记书吏》。
③ 《刑案汇览》卷二十三《因奸致死养媳议复棘寺签商》。
④ 《刑部比照加减成案·许梿叙》。
⑤ 《刑部比照加减成案·熊莪叙》。
⑥ 《驳案新编·序》。

斩"，条例也未对误伤父母的情形进行补充规定。承办官员只能在奏疏中援引嘉庆十九年龚奴才误伤伊父龚加红案和嘉庆二十一年樊魁误伤伊母樊王氏案作为参考，请示能否恩准留养承祧。其二，律例规定较为抽象，难以确定具体的标准。如乾隆五十四年山东省军犯王大有一案涉及存留养亲的问题，但《大清律例》"犯罪存留养亲律"及其后附条例均只规定父母老疾无人侍养或应侍，并未列明老疾应侍的具体标准。刑部只得参考乾隆四十二年湖广省绞犯王述盛案以及乾隆五十二年张起子案中对父母应侍的理解和适用标准，准许王大有留养。除此之外，成案在重大刑事案件复审阶段（即秋审和朝审）也发挥着辅助律例的作用，只是这一作用集中体现为对判决的校对。《清史稿》有载："嗣刑部侍郎阮葵生别辑《秋谳志略》，而后规矩略备，中外言秋勘者依之，并比附历年成案，故秋、朝审会议，其持异特奏者，每不胜焉。"① 在秋审和朝审时，相关官员会利用成案对案件判决进行校对，若存在与成案的不合之处即予质疑。但复核与比对的内容主要是作为判决依据的律文和条例②，"盖援引穷而比较之事兴，非舍本律本例而设为比较"③。

二 成案是研习律例的工具

成案的另一重法源意义在于，它是研习律例的常用工具。《大清律例》作为帝国的刑法典，其所含条例甚多，"盖例太密则转疏，而疑义亦比比皆是矣"④。律文和条例的规定是经人为处理后的抽象条文，虽有利于适用性能的提升，但弊端在于抽象条文易产生文字层面的理解分歧。对于同一文字表述，由于人的学识水平、社会身份等背景的差异，就有可能产生完全不同的理解。成案的生动性和形象性恰恰能有效弥补这一缺陷，它相当于活生生的律例适用范本，蕴含着对律例的理解和适用标准。这对于律学家以及司法官员而言，无疑是解答内心疑惑的强力辅助。

清人充分认识并发挥了成案的这一作用。《大清律例》强调了成案的学理意义，指出"成案与律例相为表里，虽未经通行之案，不准引用，然

---

① 《清史稿·刑法三》。
② 参见杨一凡、刘笃才《历代例考》，社会科学文献出版社2012年版，第395页。
③ 《秋审实缓比较成案·序》。
④ 《读例存疑·序文》。

其衡情断狱，立议折中，颇增学识"①。这相当于在否定成案作为断案依据的同时，肯定了成案在断狱和增加学识方面的积极作用，它"具有诠释立法旨趣、明确概念术语含义、维护法律统一适用的积极一面"②。

在清代司法中扮演重要角色的刑名幕吏集团，亦对成案倍加推崇。《刑幕要略》将成案与律例的关系形容为龙与珠的关系："盖案犹龙也，律犹珠也，左盘右旋，总不离珠。"③《入幕须知》强调办案的重要性："律例如古方本草，办案如临症行医。徒读律而不知办案，恐死于句下，未能通用。"④而对于司法人员而言，成案正是其学习如何办案的直接材料，相当于一种仿照样本。成案中所展现出来的办案程序、论证逻辑、律例理解标准、法律事实与案件事实的分析判断技巧，均是司法人员迫切需要学习的。

此外，诸多成案汇编在篇首对成案与律例的关系进行了界定，这进一步阐明了成案的学理意义。《新纂驳改比照成案所见集总编》指出："昔日之成案，为律例之羽翼，今之新案，为律例之指南。"⑤《驳案新编》强调："律法虽周，无成案每虞出入。"⑥《刑部比照加减成案》也表明："律例之所未有而见诸案，不绎成案无以观律例之通。"⑦概言之，通过广泛阅读和学习成案，能加深对律文和条例的理解，明白其背后的立法缘由。成案是理解和熟悉律例的必备工具，律例因成案的辅助而变得形象与丰满。

三 成案触发条例纂修

虽说成案在清代司法中始终扮演着重要角色，但对于成案的态度，清人实际上总是处于一种矛盾的状态。若追求同案同判和司法效率，成案自然有必要推广适用。但若一味持放松政策，成案的庞大数量及其案例性质又在无形之中赋予了司法官员较大的自由裁量空间，成案就极易沦为随意

---

① 《大清律例·凡例》。
② 陈新宇：《帝制中国的法源与适用论纲——以比（附）为中心的展开》，《中外法学》2014年第3期。
③ 《刑幕要略·办案》。
④ 《入幕须知·赘言十则》。
⑤ 《新纂驳改比照成案所见集总编·胡肇楷序》。
⑥ 《驳案新编·序》。
⑦ 《刑部比照加减成案·熊莪叙》。

出入人罪的工具。"故虽屡定成案，必下三法司核拟者，诚恐畸轻则纵，畸重则苛也。乃刑部谳案内，情轻而反比重律，法重而反从轻拟者不可胜举。"①

权衡利弊之下，统治者只得加强对成案适用的管控，将极具典型意义的成案改造为条例，由此实现提高司法效率与杜绝成案弊端的双重目的。这即催生了成案与律例的另一重关系——成案是条例的立法材料来源，是促使条例修改的主要动因之一。司法机关在办理案件过程中可能会触发条例的生成机制，然后通过一定程序将案件判决抽象为规则，最终"纂为条例"。恰如学者所说："成案可能被确定为'定例'或者'通行'，并最终经整理被编入法典，形成条例。"② 这一过程便是因案修例机制。清代的成案与律例之所以产生这种关系，既是在司法案例与成文法关系的漫长历史演变中找寻到的关键平衡点，也与清代的法源结构、清人特殊的法律思维模式密切相关。

有必要说明的是，成案虽具有多方面的法源意义，但并不意味着它取得了现代意义上的判例地位。首先，《大清律例》对于成案的态度是禁止性的，不得援引作为断案的依据，这注定成案难以突破成为判例。"断罪引律令律"后附条例明确指出："除正律正例而外，凡属成案，未经通行，著为定例，一概严禁。毋庸得混行牵引，致罪有出入，如督抚办理案件果有与旧案相合可援为例者，许于本内声明，刑部详加查核，附请著为定例。"成案是一种可能侵犯君主立法权威的存在，统治者自然希望将其控制在一个十分有限的范围内，更勿论突破至判例的境界。即便乾隆八年有所放松，明确"嗣后如有轻重失平、律例未协之案，仍听该督抚援引成案。刑部详加察核，将应准应驳之处，于疏内声明请旨"③。但这里所说的"援引"仍是指判案的佐证材料而非断罪依据，且适用范围严格限制在"轻重失平、律例未协"的案件之内，是否有效还需得到刑部和皇帝的最终批准。因此，成案只有被官方正式认可为通行定例后，方可作为断罪依据，但此时依据的已经是抽象过的定例条文，而非最开始以案件形式呈现的成案。

其次，除通行和定例之外，司法实践中对成案的运用并非是将其作为

---

① 《乾隆朝钦定大清会典则例》卷一百二十四。
② 陈兴良：《我国案例指导制度功能之考察》，《法商研究》2012年第2期。
③ 《嘉庆朝钦定大清会典事例》卷八五二。

案件判决的依据，而是一种增强论证力的辅助性材料。前文提到的《刑案汇览》中援引成案的案件，绝大部分仍是按照律例进行判决的。① 这意味着成案只是起到了一种论证桥梁的作用，司法官员通过援引成案告知上层的复核机关：之所以如此论证并适用该条律例进行判决，除结合案情自我分析之外，还基于近年成案也是如此办理。但在最终判决时，仍是严格遵循律例断罪的原则。这也恰恰印证了"断罪引律令"条例的适用，督抚在办理案件时若认为确实与旧案相符，可在题本内声明援引前例，但仅仅是声明而非断罪依据。柏桦教授对《成案汇编》与《刑案汇览》中引用成案的强盗案件进行分析后，亦得出结论：清代强盗案件中引用成案，基本是利用成案来解决律例适用的问题，如律例对某一情形或适用范围规定不明、律例对犯罪情节区分不严谨等。② 换言之，在强盗案件中，引用成案只是为了解决律例适用的选择性问题，并不意味着成案具备了判决依据的法律地位，律例才是判决的绝对依据。

综上，成案在清代司法中具有法源性，是指司法官员在律例未备（或空白或模糊）的情形下，会选择援引成案来加强自身分析、律例的选择适用以及最终判决结果的合理性，从而获得上层司法机关的认可。"'成案'只是他们裁决案件的参考资料和规避司法责任的论证策略，是否援引'成案'，端视具体情形而定，能否得到批准，也视乎皇帝的意愿而定，而与英美的判例法具有根本性的差异。"③

清代之所以在刑法领域形成了律文、条例以及成案这种法源结构，很大程度上源于固有法体系中司法案例与成文法关系的自然演变。从先秦到明清，伴随成文法的公布与逐步完善，司法案例与成文法的关系也一直处于变化之中。从最开始的代表关系到之后的辅助关系，再到二者融为一体，这是中国古代立法史上的伟大进步。对于这两种不同形式的法源，历代统治者的态度始终处于两可之间，一方面追求法自君出的绝对立法权

---

① 根据杨一凡、刘笃才教授的统计，在70件各省督抚援引成案上报的案件中，纯粹引用成案作为判决依据的只有2件，依律和依例以及比附判决的则有42件；在15件援引成案的说帖中，11件说帖援引成案是为了说明依律、依例或比附的正确性。参见杨一凡、刘笃才《历代例考》，社会科学文献出版社2012年版，第391页。
② 参见柏桦、于雁《清代律例成案的适用——以"强盗"律例为中心》，《政治与法律》2009年第8期。
③ 徐忠明：《清代中国司法裁判的形式化与实质化——以〈病榻梦痕录〉所载案件为中心的考察》，《政法论坛》2007年第2期。

威，另一方面却又留恋判例给帝国司法带来的便捷高效。二者的法律地位伴随历代帝王的个人偏好而此消彼长，或判例盛行而比附丛生，或严守成法而禁止援引。直到传统中国社会的晚期，清代统治者终于找到了一种兼取二者优势又能破解彼此矛盾的绝佳方式，即在律典之外创设一种可变性的新成文法——条例。律典作为祖宗成宪不得轻易变动，条例作为因时制宜之法，可根据社会时势的变换和司法实践的需要随时更替。这就为因案修例机制奠定了基础，那些在具体案件中积累起来又具有立法价值的经验规则，可以通过一定的程序抽象转化为条例，从而褪去案例的外衣而直接表现为成文法。事实上，经由这种方式生成的条例在整个律例体系中的数量相当可观。当判例融入成文法时，严格意义上的判例不复存在，但并不意味着司法案例（如成案）失去了全部意义。清代国土广袤且社会关系复杂，成案作为司法官员对先前类似案件的处理结果，仍可继续发挥案例的原始功用（如诠释律例内容及其适用标准）。这便是为何在律例等成文法源齐备的情况下，清代成案依旧在法源结构中占据重要地位的直接原因。"社会事物，复杂冗烦，法典及成文法之浩瀚，不能尽网罗之耳。抑又清国土地广矣，人民众矣，法政治理不能画一。以是清国成文法乃既饶多，不文法之势力亦且极其大矣。"[①] 社会时势的不断变化与法律条文本身的滞后造成了法律适用矛盾，而通过成文法之外的非正式法源补充（如成案），可以使得业已滞后的法律规范重获新生。清代的因案修例机制即是以"律—例—案"三位一体的法源结构为基础，一方面在成案与条例之间塑造了稳固的互通渠道，另一方面又借助律例关系对律文进行了补充。通过这一机制的衔接，律文、条例、成案三种法源实现了相当紧密的聚合。

[①] ［日］织田万：《清国行政法》，李秀清、王沛点校，中国政法大学出版社2003年版，第48页。

第四章 清代因案修例机制的运行程序

作为一种法律创制机制，清代因案修例机制有着严格的运行程序。这既是对国家立法的基本尊重和有力保障，也是中国古代社会皇权立法的客观要求。固定程序的存在，"一方面可以限制行政官员的裁量权、维持法的稳定性和自我完结性，另一方面也容许选择的自由，使法律系统具有更大的可塑性和适应能力"①。若缺乏程序性限制，创设新例的门槛和成本过低，势必会造成"因例生例，孳乳无穷"②的尴尬局面。

关于清代因案修例机制的运行程序，学界已有探讨，主要包括三种观点。第一种观点认为，清代因案修例机制先是由案件经判决或奏准生效后变为成案，成案再上升为通行，通行经奏准后才正式转化为条例。③第二种观点认为，从成案到条例通常需要经过通行这一环节，并将因案修例机制分为督抚创制、刑部主动创制、皇帝要求刑部被动创制、皇帝创制四种类型，每种类型的运行程序稍有差异。④第三种观点认为，成案发展为条例并非一定要经过通行环节，"通行是介于二者之间的过渡，是从成案向例发展过程中的一个重要的、但非必经的环节"⑤。

现有研究基本是以因案修例机制运转过程中的法源形式转换作为阶段划分的节点，从最开始的案件到具有一定参考价值的成案，再到刑部通行

---

① 季卫东：《法律程序的意义——对中国法制建设的另一种思考》，《中国社会科学》1993年第1期。
② 《读例存疑·序文》。
③ 参见周子良、张朝晖《论清代的比附生例》，载曾宪义主编《法律文化研究》第三辑，中国人民大学出版社2007年版，第72页。
④ 参见孙斌《因案生例：从〈驳案汇编〉看清代条例的生成》，《苏州大学学报》（哲学社会科学版）2017年第2期。
⑤ 胡震：《清代"通行"考论》，《比较法研究》2010年第5期。

和条例，更像是一种外在形式演进型的程序推论，并未深入到每一阶段转变的具体程序。事实上，清代虽未在国家法律层面为这一机制设定严格的程序，但通过司法审判等其他固有程序来规范其运行。一方面，它产生于司法审判过程中，与案件的审理程序高度关联契合，应受司法审判程序的约束。另一方面，它又属于司法官员充分行使建言献策权的集中体现，需严格遵守臣工建言程序。故此，仅仅通过法源形式的变换来界定因案修例机制的运行程序略显单薄，有必要结合彼时的司法审判程序和臣工建言程序来综合分析，将其分为"启动—核准—修例"三个环节。

第一节　启动：提议创设新规则

　　清代因案修例机制运行的第一个程序为启动程序，即由某一主体在合适的时间和场合提议创设新的法律规则。由于因案修例源起于成案，这些案件往往是影响较广、性质较严重、具有典型性意义的重大刑事案件[①]。这便决定因案修例机制的启动与专为重大刑事案件而设的审转制度存在紧密的联系，甚至可以说，该机制是依托审转制度才能实现有效运转。所谓审转制度，是指清代的一种审级制度，每级司法机关有权作出终审判决的案件范围是限定的，对于超出自身权限的案件，初审司法机关在完成审判后应逐级移转上级司法机关复核。《清史稿》对这一制度有着详细的描述："各省户、婚、田土及笞、杖轻罪，由州县完结，例称自理。……徒以上解府、道、臬司审转，徒罪由督抚汇案咨结。有关人命及流以上，专咨由部汇题。死罪系谋反、大逆、恶逆、不道、劫狱、反狱、戕官，并洋盗、会匪、强盗、拒杀官差，罪干凌迟、斩、枭者，专折具奏，交部速议。杀一家二命之案，交部速题。其余斩、绞，俱专本具题，分送揭帖于法司科道，内阁票拟，交三法司核议。如情罪不符及引律错误者，或驳令覆审，或径行改正，合则如拟核定。"[②]《清通典》亦有载："徒罪有关人命者，

[①] 普通案件在地方司法系统内即已获得终局裁决，根本无须经过从地方到中央的多层审理，更遑论被中央认可而得到纂入例册的机会。
[②] 《清史稿·刑法三》。

解司审转，专案咨部，寻常徒罪议结后议叙供招，按季报部。"① 可见，各省户、婚、田土等民事案件以及笞、杖刑等轻微刑事案件由州县一级直接审结，徒刑以上的刑事案件在州县初审后，须上报至府道，府道再移转臬司（即提刑按察使司），臬司再送转督抚，督抚可自行审结徒刑案件，对于流刑和死刑案件，则继续呈转中央司法机关，交刑部与皇帝终审。在每一种案件移转到具有审结该类案件权限的司法机关之前，低层司法机关的处理结果均未生效，既有可能被支持，亦有可能被推翻驳回。如此"每一级都将不属自己权限的案件主动上报，层层审转，直至有权作出判决的审级批准后才终审"②。日本学者将这种采取多层次复审的制度结构称为"必要的复审制"③。

得益于这种重大刑事案件的审判流程，清代因案修例机制的启动可能发生于案件审转的任何一个环节，提议权被广泛赋予各审级的司法官员。地方督抚或将军在向刑部和皇帝移转案件时可以附请创设新规则，刑部在议覆或自主审拟案件时亦可申请创设新规则，皇帝在对案件做最终裁决时更可直接指示创设新规则。有必要说明的是，此时提议创设新规则并非是提议启动国家正式修例机制，而是在案件审理过程中声明相关条例应当进行修改。

一 地方督抚或将军提议

地方督抚或将军提议是因案修例机制启动的第一种方式。地方总督、巡抚将某一案件向中央移转时，在结案报告中附带申请创设新规则。比如，乾隆六年董宫拐卖嫡亲伯母一案，安徽巡抚陈大受就指出现有条例未对亲属和凡人进行区别，题请"敕议逐条指名定例"④。个别地区由将军或都统提出，因为这些地区不同于一般意义上的行省区划，而是将军辖区，如奉天、吉林等地。当然，在刑事法律专业水平较高且时机合适的情形下，也不排除在地方州县、府、道等低层司法审判过程中就已产生这种动

---

① 《清通典》卷八十二。
② 张晋藩：《中国法制通史》（清），法律出版社1999年版，第659—660页。
③ 参见［日］寺田浩明《日本的清代司法制度研究与对"法"的理解》，载王亚新、梁治平编《明清时期的民事审判与民间契约》，法律出版社1998年版，第116页。
④ 《清高宗实录》卷一百四十三。

议,但地方事务终究还是要通过督抚或将军向中央统一汇报,故仍可归属到地方督抚附请的序列。总体而言,由这种提议方式启动并最终导致修例的概率较小。以《读例存疑》为例,在225条因案所修的条例中,明确由地方督抚或将军附请所定条例仅有13条(具体情况参见表4-1),占比仅为5.8%。其中,在时间范围层面,绝大部分发生于乾隆年间,仅有一例发生在道光年间;在地域范围层面,多数集中于中南部地区省份,尤以安徽省最为突出。

表4-1　　　　　　　地方督抚或将军启动的因案修例

时间	提议主体	案由	相关条例
乾隆五年	安徽巡抚陈大受	蒋凡与卢秀两家互殴致使两人丧命一案	斗殴及故杀人例
乾隆六年	安徽巡抚陈大受	董宫强卖嫡亲伯母汤氏一案	强占良家妻女例
乾隆六年	云贵总督张广泗	刘四贵、刘三贵谋杀小功服侄刘先佑一案	谋杀祖父母父母例
乾隆六年	云贵总督张允随	者租等人捆绑者业并售卖一案	略人略卖人例
乾隆十七年	镶蓝旗满洲都统	朱隆阿佐领下参将石得家人拉哈指典者格等甲米钱粮一案	违禁取利例
乾隆二十五年	江西巡抚阿思哈	余昌河殴死郭伦炳之同居无服族叔郭定宙,被郭伦炳当时戳伤致死一案	斗殴及故杀人例
乾隆二十九年	贵州巡抚图尔炳阿	苗民雄讲等人因图财杀死刘锡升一案	谋杀人例
乾隆二十九年	安徽巡抚托庸	魏荣等差役押解发遣犯人崔国泰,犯人在途逃脱一案	囚应禁而不禁
乾隆三十年	河南巡抚阿思哈	蔡勤将家主之子阎松札伤致死一案	奴婢殴家长例
乾隆三十一年	两江总督高晋	泽县知县赵得基私放钱债获利并徇情袒护典商一案	违禁取利例

第四章　清代因案修例机制的运行程序

续表

时间	提议主体	案由	相关条例
乾隆三十一年	安徽巡抚冯钤	芮天明将缌麻兄芮观受咬伤致死一案①	殴大功以下尊长例
乾隆四十五年	盛京将军福康安	偷越边栅送米伐木人一案	盗田野谷麦例
道光二十三年	安徽巡抚程矞采②	宋忠因奸谋杀未婚夫查六寿并致死一案	杀死奸夫例

除这些明显因案提议创设新规则的情形外，地方督抚和将军，乃至内外大小臣工，亦有可能完全脱离案件，直接以条奏的方式提议创设新规则。清代著名文学家袁枚曾言："我朝所定《大清律》，圣君贤臣，尤加详审。今之条奏者，或见律文未备，妄思以意补之。"③而这些臣工条奏的背后，通常有着司法案件的支撑，只是这些提议主体并不直接参与司法审判，或者说即便参与了也选择以"私下与皇帝对接"而非"案件总结汇报"的方式来陈述修例建议。比如，"斗殴律"所附条例规定："及库刀、梭标、骟鸡尾、黄鳝尾、鲫鱼背、海蚌等刀、朴刀、顺刀，并凡非民间常用之刀，但伤人及误伤旁人者。"④其中的梭标伤人即是乾隆三十二年由广西按察使袁守侗条奏定例。查《清实录》所载原奏内容，袁守侗指出："粤西边隅，土苗猺獞杂居，每因小事争斗，动辄以刃相加，更有一种凶器，名曰梭标，最为锋利，致伤身死者甚多。"⑤显然，袁守侗条奏定例的背后，是基于其担任广西按察使期间接触到了大量的梭标伤人案件，进而建议将梭标列入刑法典规定的伤人凶器序列。再如，"私铸铜钱律"所附

---

① 薛允升在《读例存疑》中指出因该案修条例是安徽巡抚附请所定，但就全士潮在《驳案新编》中收录的该案材料来看，系由刑部议覆时提出。故只有两种可能：一是薛允升看到了安徽巡抚冯钤的原始奏疏，确系奏疏中就已提出创设新规则；二是薛允升所称的"附请"是指刑部附请。前一种可能性更大，因为薛允升在书中对刑部附请和地方附请通常会予以区分。
② 此处存疑，根据《清史稿·本纪十九》记载，道光二十三年，担任安徽巡抚的是程懋采（当年十一月调任浙江巡抚），程矞采为广东巡抚（道光二十二年十二月任命），此二人为堂兄弟，故应是薛允升在考察条例来源时混淆了二人，应为"安徽巡抚程懋采"或"广东巡抚程矞采"。
③ 《小仓山房文集》卷十五。
④ 《大清律例·刑律·斗殴》。
⑤ 《清高宗实录》卷七百七十五。

条例"私铸无字砂壳小钱，为首及匠人，均拟斩监候"，系乾隆六年由陕西道监察御史杨朝鼎条奏定例。但查阅杨御史的奏文内容，仍是立足于湖广巡抚印务严瑞龙题汉阳县黄君佐等人私铸钱文一案。①

地方督抚与将军之所以能够启动因案修例机制，得益于他们在地方层级拥有最高司法权。根据《清史稿》对总督和巡抚职掌权限的记载："总督从一品。掌厘治军民，综制文武，察举官吏，修饬封疆。标下有副将、参将等官。巡抚从二品。掌宣布德意，抚安齐民，修明政刑，兴革利弊，考核群吏，会总督以诏废置。"②这说明，地方一省的刑事司法事务主要由巡抚负责，即"刑名事件，例由巡抚办理"③。上表统计的因案修例，确实大部分是由巡抚向中央提出，《清嘉庆朝刑科题本社会史料辑刊》中收录的大多数刑科题本亦是由巡抚具题。总督作为巡抚的上级官员，虽不直接管辖地方刑事司法，但在特定场合下也能参与。如，未设巡抚的地区，其司法权力自然由总督兼行；与军务或洋盗相关的刑事案件由总督主导。④即便总督不直接参与，也可凭借行政级别上的优势了解或影响巡抚所办刑事案件，从而动议因案修例。至于将军，其权限本就包括一部分司法权。《皇朝通志》有载："吉林将军一人掌镇守吉林乌喇等处地方，缮固镇戍，绥和军民，秩祀山川，辑宁边境……黑龙江将军一人掌镇守黑龙江等处地方，均齐政刑。"⑤这也说明将军对其治所内的刑事案件有着当然的决断权。地方督抚与将军掌握的司法权，决定其有条件接触地方层级最为全面和系统的案件资料，从而基于某一案件提议创设新规则。

地方督抚与将军享有的建言权及其专门渠道，也为他们提议创设新规则创造了条件。雍正三年，雍正帝明确："题奏事例理应划一，令各省督抚提镇，嗣后钱粮、刑名、兵丁、马匹、地方民务所关大小公事，皆用题本，用印具题。本身私事，俱用奏本，虽有印之官，不准用印。若违题、奏定例，交部议处。"⑥可见，地方督抚有权就刑名事务用题本上达皇帝，即便是自身未参与的公务，也可将私人意见以奏本的形式向皇帝汇报。这

---

① 《古今钱略》卷首。
② 《清史稿·职官三》。
③ 《清高宗实录》卷三百四十八。
④ 乾隆六十年上谕："嗣后凡有审拟地方事关军务、及洋盗重案，俱著列总督衔于前，以符体制。"《清高宗实录》卷一千四百六十九。
⑤ 《皇朝通志》卷七十。
⑥ 《光绪朝钦定大清会典事例》卷十三。

无疑是地方督抚和将军提议创设新规则的可选渠道,通过题本或奏本,将自身基于某一案件所产生的修例想法如实告知皇帝。至于具体选择哪一种方式,则可视案件情况而定。若案件的影响甚广、审判过程备受关注,为新规则的直接产生奠定了外部基础,在汇报案件时提出就更有优势;若案件的影响力较小或主要局限于某一地区,选择不以具体案件为载体而直接提议创设新规则就更为合理,前文提到的梭镖凶器以及围猎误伤等即属该类。

相对而言,条奏的提议方式对臣工更为有利。一方面,条奏可突破案件审判的烦琐流程而直接题奏皇帝,更易受到皇帝关注;另一方面,条奏可规避案件本身对创设新规则的阻碍,若以具体案件为载体,势必涉及对现有律例的适用和案情分析,其中任何环节出错均会影响新规则的原始正当性。皇帝对此亦喜闻乐见,因为允许臣工条奏本就是加强皇权统治的创举。雍正二年,上谕:"凡督抚大吏,任封疆之寄,其所陈奏皆有关国计民生,故于本章之外准用奏折,以本章所不能尽者,则奏折可以详陈。而朕谕旨所不能尽者,亦可于奏折中详悉批示,以定行止。"① 自此,雍正帝在原有的公文体系基础上开创了另一种私密公文即奏折。通过奏折这种方式,皇帝既可感受到自身统治下的社会百态,又可通过奏折批示来实现更大的话语权。即便偶有官员对臣工条奏改例的现象表示反对和担忧,也被皇帝果断驳斥。乾隆十五年,太常寺少卿熊学鹏奏称:"近年臣工条奏,更改刑名律例,大概多尚严厉,请密降旨晓示内外臣工,办理一切刑名,不可刻核相尚,条奏增设科条者,概行禁止等语。"乾隆帝认为其奏文完全背离事实,根本不足为虑,"熊学鹏此奏甚属悖谬,……条奏律例,或比拟失当,经部臣议驳者,不一而足"②。

总体观之,由地方督抚和将军启动的因案修例的数量相当稀少,这显然是受启动主体的地方性所限。从刑事司法的发展程度来看,地方的刑事司法专业性无疑是低于中央司法机关的。刑部才是职掌天下刑名事务的第一主体,帝国最为精英的刑名人才主要集中在刑部。前述清代刑事司法著作的作者或编者,基本带有刑部任职背景。地方官员通常对律例较为生疏,甚至于从未学过,"律例不可不读,然官之读例非同幕友,幕友须全

---

① 《东华录》卷二十六。
② 《清高宗实录》卷三百六十五。

部熟习，官则初本未学。"① 即便有刑名幕僚的辅佐，但这些幕僚仍逃不过基层刀笔吏的末流定位，"虽熟于律，持平端恃乎官，设高下其手，意为重轻，则不失之枉，即失之纵"②。故此，地方督抚和将军对疑难刑案的判断通常是犹豫的，既难以确定自身对律例的理解和适用是否准确，更无法确定自身预拟的定罪量刑意见是否会得到支持，很多时候仍需要咨询刑部。而因案提议的新规则是以地方预判为基础，一旦预拟判决被驳回或否定，新规则将会变得毫无意义。在此情形下，地方督抚和将军自然不会在案件审转时轻易提出创设新规则的请求。他们内心可能更倾向于以臣工条奏的方式提出修例建议。

《大清律例》的政治地位，也是悬在地方督抚和将军心头的达摩克利斯之剑，迫使他们只有在绝对确定的情况下，才会基于个案提议修例。《大清律例》作为清代刑法典，历经顺治、康熙、雍正和乾隆四朝得以形成，象征着最高统治者的立法智慧与结晶。尽管其中的条例作为"因时制宜之良规"而被允许适时修改，但仍是为历任皇帝津津乐道的立法成果，是为"监成宪以布天下，民敢有弗欺"③。乾隆六年，奉天府府尹吴应枚奏请修改律例三条，被乾隆帝严加斥责："夫以已定之宪章，欲以一人之臆见、妄思更易，究竟不能尽民间之情弊。……嗣后毋得轻议纷更。"④ 深谙官场之道的地方督抚和将军，不可能不知悉其中的利害关系，从而在提议创设新规则时慎之又慎。比如，乾隆四十年，在甘三保之妻厄素尔氏将发遣奴赵应大随带之妻何氏殴伤致死一案中，黑龙江将军傅玉明知该案所涉问题是律例未明确规定的情形，但在咨询刑部时，也只是请求确认是否能将厄素尔氏照"殴雇工人致死"例问拟，"嗣后如遇似此案件，亦得办理有准"，并未提议创设新规则。该案送达刑部后，刑部认为有修例必要才呈请皇帝审批，明确提议创设新规则并将之"载入例册"。⑤

二 以刑部为主的中央机构提议

相对于地方督抚和将军的附请，中央机构提议创设新规则才是因案修

---

① 《明刑管见录》卷一。
② 陈锐：《清代的法律歌诀探究》，《现代法学》2017年第1期。
③ 《大清律例》卷前附《御制〈大清律例序〉》。
④ 《清高宗实录》卷一百五十二。
⑤ 参见《驳案新编》卷二十一"殴死为奴遣犯随带之妻新例"。

例机制最为常见的启动方式。其中，刑部扮演的角色最为突出，毕竟负责修例的律例馆就是刑部的下属机构，馆员亦多由刑部官员充任。少数因案修例由理藩院、步军统领衙门等中央机构启动。如，"厄鲁特回子逃走律"后附条例之一，即是由理藩院于乾隆三十八年审拟察哈尔都统拿获逃奴厄鲁特达理回子公处克即二小一案内奏请所定。此外，九卿亦可在特定情况下启动因案修例机制。① 总体来看，中央机构提议创设新规则主要发生于两种场合：一是作为案件复核机关，在议覆地方审转或咨询案件时提议；二是作为案件初审机关，在直接负责审判的案件中提议。鉴于该类型的实例着实过多，在此仅列举少数部分（见表4-2）。

表4-2　　以刑部为主的中央机构启动因案修例举要

时间	提议主体	案由	相关条例
康熙三十六年	刑部题议	太监刘进朝在外勒索敲诈李十等一案	恐吓取财例
康熙四十七年	刑部议覆	两江总督邵穆布审题旗人洪文焕戳死满自新一案	斗殴例
雍正元年	刑部议准	隆科多咨送山西民牛大等人将小制钱毁化一案	私铸铜钱例
雍正十二年	刑部议覆	四川巡抚鄂昌题徐良强奸趋氏未成，用菜刀砍伤趋氏及其子平复一案	犯奸例
乾隆十四年	刑部附请	刑部审拟廖以仪强奸十一岁幼女未成一案	犯奸例
乾隆二十年	刑部议覆	河南巡抚蒋炳题杨有图奸期亲服属雇工人曹三之妻赤氏未成，导致赤氏自缢一案	奴及雇工人奸家长妻例
嘉庆七年	刑部议覆	直隶总督颜检咨田雪子因石勇强奸其母李氏未成，登时将石勇殴伤致死一案	罪人拒捕例
道光二年	刑部议覆	陕西巡抚朱勋咨任潮栋将本夫纵容通奸之任袁氏拐逃一案	略人略卖人例
乾隆十四年	理藩院议覆	黑龙将军傅森咨称巴尔虎等窃马一案	盗马牛畜产例

---

① 九卿虽不属于一种机构，但是机构的组合体，"六部、都、通、大理，皆系九卿"，故本书将之纳入中央机构提议的范围。

· 75 ·

续表

时间	提议主体	案由	相关条例
乾隆三十四年	步军统领衙门审奏	店伙胡永祚等人趁兴隆当失火偷盗未烧衣服一案	费用受寄财产例
嘉庆十三年	九卿议准	广东巡抚吴熊光题吴阿堂因侄女吴阿娥被强奸未成，打伤缌麻兄吴耀川致死一案	杀死奸夫例

以刑部为主的中央机构得以启动因案修例，源于其自身具备的司法审判职能。刑部为天下刑名总汇之所，本职工作的核心部分便是进行全国的刑事审判。"外省刑案，统由刑部核覆。不会法者，院寺无由过问，应会法者，亦由刑部主稿。在京讼狱，无论奏咨，俱由刑部审理，而部权特重。"[1] 这意味着京畿地区的刑事案件（主要是徒刑以上案件）由刑部直接审理，外省的刑事案件也会咨询刑部或者转由刑部核覆。其中，外省涉及人命的徒刑案件、流刑案件直接呈报刑部，死刑案件须先题奏皇帝，后转交刑部。刑部通过这一内一外的两种司法机制，得以广泛参与刑事案件审判，进而有机会通过具体案件指出现有律例存在的问题并主张修例。

理藩院是清代较有民族特色的机构，主要掌管内外藩蒙古、回部及诸番部的爵禄、朝会、刑罚等事务，其内设理刑一职，专掌"蒙古、番、回刑狱狱讼"[2]。既然职掌一部分刑事审判业务，理藩院也就获得了启动因案修例机制的权限。《读例存疑》记载了理藩院因案提议修例的典型事件。如，乾隆十四年黑龙江将军傅森咨称巴尔虎等窃马一案、乾隆五十四年蒙古贼犯萨都克等人盗窃牛马一案，均由理藩院提议修例。

步军统领衙门即提督九门步军巡捕五营统领，是一个兼具"军队"与"警察"双重性质的机构。"军队"系指其隶属兵部，是京城地区的卫戍部队。"警察"是指其负责京城地区的治安事务，包括缉捕盗贼等，而断狱恰恰是其作为警察机关的重要职能之一。《清史稿》载："统领掌九门管钥，统帅八旗步军五营将弁，以周卫徼循，肃靖京邑。总兵佐之。郎中各官掌勾检簿书，平决讼诉。"[3] "京师笞、杖及无关罪名词讼，内城由步军

---

[1] 《清史稿·刑法一》。
[2] 《清史稿·职官二》。
[3] 《清史稿·职官四》。

统领，外城由五城巡城御史完结。"①《皇朝通志》亦指明"旧设有协理刑名事务部臣一人。"②既然有权参与特定区域的刑事案件审判，即获得了结合案件提议创设新规则的基础。

至于九卿，本就属于修例事务的主要执行者。康熙十八年，"著九卿、詹事、科道会同详加酌定议奏，遵旨将更改条例缮册奏请"③。彼时九卿最终刊定的条例，就是康熙年间的《刑部现行则例》。另一方面，如遇斩监候、绞监候等类型的"非常大狱"，九卿又被皇帝赋予了特殊的司法审判职能，"其外省之案，康熙十六年始命刑部覆核，九卿会议"④。刑部也须将原案卷宗以及法司督抚的勘语一并送予九卿、詹事、科道各一份，由其定期全面复核。因此，九卿在参与覆核重大刑事案件的过程中，针对现有律例的漏洞提出补救之法也就在情理之中了。有学者专门指出，"九卿定议"就是清代的一种特殊性的司法程序，它相当于在既有规则体系之外来处理特殊服制命案，其判决经皇帝确认后极有可能转化为条例，故又具有准立法的性质。⑤

每个基于具体案件提议创设新规则的中央机构，亦有着其专门的内部工作程序。以刑部为例，外省刑事案件到达刑部之后，通常先由司务厅将相关案件文书材料编号登记，然后交由相应的清吏司处理。刑部下设直隶司、奉天司、江苏司、安徽司等十八个清吏司⑥，"各掌其分省所属刑名"⑦，"凡各省刑名咨揭到部，各司具稿呈堂，以定准驳"⑧。清吏司经复核后，就案件如何处理出具说帖交刑部堂官（即尚书与侍郎）决策。刑部堂官若仍存疑问，亦可交律例馆进一步核对提出意见，"刑部核覆分隶

---

① 《清史稿·刑法三》。
② 《皇朝通志》卷六十八。
③ 《皇朝通志》卷七十六。
④ 《清史稿·职官一》。
⑤ 俞江：《论清代九卿定议——以光绪十二年崔霍氏因疯砍死本夫案为例》，《法学》2009年第1期。
⑥ 刑部初设江南等十四司，康熙三十八年，改兵部督捕衙门为督捕前司、后司并转隶刑部，故变为十六司；雍正元年增设左右现审司，故为十八司；雍正十二年，江南司改为江苏司和安徽司，取消督捕前司和督捕厅，与后司合为督捕司；乾隆二年又将右现审司改为直隶司，乾隆七年将左现审司改为奉天司。参见《清史稿·职官一》。
⑦ 《清史稿·职官一》。
⑧ 《清史稿·刑法三》。

各司，其情罪不符者，则交由律例馆议驳"①。待刑部内部形成统一意见后，即可由刑部堂官上奏皇帝。奏书的内容通常包括四个部分，即新规则提议、案情简介、现有律例规定及漏洞分析。如，乾隆五十四年，刑部关于"犯罪存留养亲"例的奏书："臣等谨按：乾隆五十四年十月内，直隶总督刘题，陈相、卜中殴伤贼人韩晚成受伤身死一案，……查，独子留养之犯，例应查明死者之家是否独子，此自专指斗殴致毙平人者而言。若擅杀之犯，死系为匪罪人，与殴毙平人有间，……奉旨允准在案，应纂辑遵行。"② 审视该奏书内容，刑部按顺序先后陈述了陈相、卜中殴伤贼人韩晚成受伤身死一案的基本案情、现有律例规定、现有规定的漏洞、提议创设的新规则等内容。在这整个过程中，可能提议创设新规则的包括三个主体，即刑部堂官、清吏司、律例馆，亦可能是由三者集中讨论决定。其中，刑部尚书作为刑部主官，"掌折狱审刑，简核法律，各省谳疑，处当具报，以肃邦纪"，③ 应是刑部提议修例的最终决定者。清吏司与律例馆作为刑部的内设机构，相关司官与馆员的提议势必经堂官的审核与确认，方能添加到案件奏本之中。这就是"主稿"和"画稿"之别，"根据制度要求，司官的职责是对案件的审理、核拟提出建议，表现形式是'主稿'……堂官的职责是对司官的建议进行决策，表现形式是'画稿'。"④

相对于地方督抚或将军启动因案修例机制的次数而言，以刑部为主的中央机构启动的次数无疑更多。究其缘由，莫过于中央机构对案件的研究深度、与权力核心的距离以及法律人才储备远甚于地方。从案件审转流程来看，经过地方州县、府道、臬司、督抚、刑部五个层级的审理，除非低层司法机关刻意隐瞒，案件事实通常已极为清晰，审级愈靠后的司法机关关注的更多是案件事实之外的问题。当刑部等中央机构介入复核时，整个司法系统对案件的研究已经到达一种相当深的层次，其重点需要负责的事项是对案件的疑难点、律例的适用、地方的官员定罪量刑作出评价。这种情况下，最容易产生创设新规则的想法，毕竟案件暴露出的问题已昭然若揭。从提议主体与权力核心的距离来看，以刑部为主的中央机构与皇帝

---

① 《清续文献通考》卷一百二十七。
② 乾隆六十年内府红格抄本《纂修条例》。转引自郑秦《清代法律制度研究》，中国政法大学出版社2000年版，第59页。
③ 《清史稿·职官一》。
④ 郑小悠：《清代刑部之堂司关系》，《史学月刊》2017年第1期。

之间的距离可谓"天子脚下"。很多案件本就是地方督抚题奏皇帝后,再由皇帝指派给刑部等中央机构复核。这些机构往往被赋予了建言立法的权力,主官多为皇帝的亲信重臣,他们提议创设新规则的机会更多并易于获得核准。从法律人才储备来看,刑部等中央机构有着明显的优势。地方官员虽兼具行政与司法职能,但重心仍在于行政,科举考试并未要求他们充分掌握律例及司法实务的相关知识。刑部等中央机构则不同,它们有着国家最为齐备的刑事司法机构和最为精英的法律人才。沈家本曾在《大清律例讲义序》中指出:"独是律例为专门之学,人多惮其难,故虽著讲读之律,而世之从事斯学者实鲜。官西曹者,职守所关,尚多相与讨论。"[①] 可见,刑部官员是清代社会少数真正从事律例之学的群体,既不同于一般的行政官员,亦区别于在基层司法中积累经验的刑名幕吏。"但凡刑部官员,均系在法律知识上训练有素的人员。张佩纶之'然六部中,惟秋曹尚能以律学自见'表明,与其他各部官员相比,刑部官员具有法律知识上的优势。"[②] 他们对律例立法背景、设计初衷、体系结构、内容建构的熟悉程度相当之高。这便为创设新规则夯实了基础,他们更有可能发现问题的症结并总结出解决症结的办法。

三 皇帝提议

除地方督抚或将军、以刑部为主的中央机构因案提议创设新规则之外,皇帝亦可在其接触到的案件中直接提议创设新规则,从而启动因案修例机制。这种启动方式兼具常规性与特殊性。常规性是指皇帝作为清代司法机关的核心构成,有权在案件终审意见中提议创设新规则;特殊性则是指皇帝的身份背景决定着其提议就相当于直接立法,是君王口含天宪的具体表现。皇帝因案提议创设新规则是一种常态,以《读例存疑》中明确因案所修的225条条例为例,其中涉及皇帝旨意的便有107条(包括钦奉上谕、钦奉谕旨、奉旨、遵旨等表述),占比高达47.5%。虽然"谕旨定例"这一表述不能证明某一条例的修纂系由皇帝因案提议,也确实有很多因谕旨修纂的条例实际上是由刑部先行提出,但这一数据至少能说明皇帝在刑事立法方面的参与度之高。在此仅列举部分实例以兹研习(见表4-3)。

---

① 《寄簃文存》卷六。
② 杜金、徐忠明:《读律生涯:清代刑部官员的职业素养》,《法制与社会发展》2012年第3期。

表4-3　　　　　　　　皇帝启动的因案修例举要

时间	提议主体	案由	相关条例
康熙五十七年	皇帝	两江总督常鼐题副都统俞章言隐匿罪犯俞文言入官财产一案	隐瞒入官家产例
康熙三十一年	皇帝	刑部题覆刘二和行劫拒伤营兵一案	强盗例
雍正四年	皇帝	山东巡抚题郑封荣因薄责家人而被家人杀死一案	奴婢殴家长例
乾隆十七年	皇帝	船厂将军傅森题杜学良殴毙小功族兄杜学勉一案	犯罪存留养亲例
乾隆四十四年	皇帝	湖北巡抚郑大进题曾志广谋产而殴死期亲胞叔曾生迥一案	立嫡子违法例
嘉庆五年	皇帝	台湾镇总兵爱新太等奏叛犯陈锡宗等纠众结会冀图谋逆一案	谋叛例
嘉庆十年	皇帝	山东巡抚全奏梁玉太商同于凤来毒死胞叔梁文奎并误毒亲姑马梁氏、胞妹举姐身死一案	谋杀祖父母父母例
道光二十一年	皇帝	刑部审办刘盛泰违例存贮粗米一案	市司评物价例
道光二十八年	皇帝	刑部审办在逃太监郭洪鹏持刀砍伤葛大平一案	斗殴例
咸丰九年	皇帝	刑部具题杨同居儿等人共殴降服胞兄杨梅身死一案	殴大功以下尊长例

皇帝作为帝国最高领导人，集立法权、行政权、司法权等诸多权力于一身，可以随意介入任何一桩案件以启动因案修例机制，即便是针对民间细故发表的意见也依旧会被奉若神明。但从现有史料来看，清代皇帝并未如此肆意妄为，皇权在法律创制过程中显得突出又保守。"突出"体现于每一条条例均可追寻到皇帝的身影，"保守"则表现为皇帝因案提议修例总有着相对合理的基础。恰如学者所言："作为封建社会末期专制权力极端强化的清代，皇权对于司法的作用，又有其独特之处：概括起来说，就是清代大多数皇帝始终牢固地把国家最高司法权掌握在自己手中，保证亲自行使，但又大体上能使其权力的行使'符合'法定的程序。"[①] 因此，

---

① 郑秦：《皇权与清代司法》，《中国法学》1988年第4期。

第四章 清代因案修例机制的运行程序

清代皇帝启动因案修例机制基本是在正当的司法权限范围内完成的。一方面，皇帝坚守最高司法权的行使标准，保持着最高司法者应有的格调，不会过多地去干涉本不应由自身介入的轻微案件，只会就需要自身核准的重大刑事案件作出指示。如，地方督抚题奏的死刑案件、刑部议覆的死刑案件、皇帝指定办理的重大案件等。另一方面，皇帝在提议创设新规则的过程中，既充分尊重刑部堂官、九卿等律学专家的建议，又严格遵循固定的修例程序，通常不会在案件判决后强令立刻将某一新规则纂入例册。

皇帝因案提议创设新规则存在直接与间接两种形式。直接形式是指以皇帝名义直接确定新规则的内容，强调之后的相关情形均如此办理，是为"钦奉谕旨，恭纂为例"。如，乾隆四十年，逆犯吕留良之孙吕懿兼和曾孙吕敷先捐纳监生一案，乾隆帝认为户部错误理解了自身关于"将发遣之曾为职官、及举贡生监出身者，免其为奴于成所，另编入旗，出户当差"的谕令，直接在该案中限定了优惠待遇的主体条件，要求"嗣后如遇办理此等大逆缘坐之案，不特举贡生监，不应减免，即官职甚大者，既为逆犯子孙，罪在不赦，亦不当复为区别"[1]。当然，皇帝的意见不一定是其本人的创举，亦可能是先由内阁票拟，后以圣谕的方式颁行。间接形式则是由皇帝指定刑部或其他中央机构拟定新规则，受命机构草拟规则条文后呈交皇帝确认，是为"奉旨纂辑为例"。如，道光十二年，孟六等人学习红阳会一案，道光帝即"著刑部酌定章程具奏"，最终将白阳、白莲、八卦、红阳等邪教的首犯纳入了常赦所不原的对象。[2] 又如，乾隆三十九年，虎枪护军[3]在围场内误伤蒙古兵，乾隆帝随即令军机大臣就此情形拟定新规则，军机大臣奉旨后以该案为基础，最终奏准定例。[4] 这两种形式并不存在绝对意义上的适用情形，多是由皇帝自主决定。若皇帝对该类型案件有较深了解、对于如何处理产生了较为成熟的想法，自然选择直接创设新规则。若涉及的法律问题专业性较强或皇帝并无兴趣过多参与，由刑部等机构来

---

[1] 《清高宗实录》卷九百七十四。
[2] 《清宣宗实录》卷二百四。
[3] 虎枪护军是清代的禁卫军之一，康熙二十三年设立，负责护从皇帝围猎，如在塞外皇家围场的狩猎活动。
[4] 参见《驳案新编》卷十六"鸟枪误伤比照捕户致死人命满徒"。新例为"戏杀误杀过失杀伤人律"所附条例："围场内射兽兵丁，因射兽而伤平人致死者，照比较拳棒戏杀律，拟绞监候，仍追银给付死者之家。如系前锋护军、亲军领催，及甲兵等，追给银一百两。系跟役，追给银五十两。"

· 81 ·

完成工作亦是不错的选择。

皇帝启动因案修例机制的次数较多，与皇帝自身的尊崇地位息息相关。皇帝作为最高司法者，不同于一般司法者只会单纯考虑个案的案情，往往会将社会动向、政策走向、政治统治等其他因素等列入考量范围。多重因素的综合作用下，司法案件就成为最合适的立法突破口。恰如著名社会学家韦伯对中国司法的论述，他将中国司法定位为一种由皇帝主导的并介于司法和行政之间的父权家长制类型，皇帝在参与司法审判时不会简单地受制于既有法律形式的约束，而是追求其个人认为的实质公平，"因此以形式的标准和经济的'期望'来衡量，它是一种异常非理性的和具体的'公平'司法"①。其次，《大清律例》作为清代的刑法典，其所附条例的与时俱进本就是皇帝应当完成的历史使命。法律是帝王实现国家治理和社会控制的必要统治工具，其中刑事法律尤为突出，涉及整个帝国权威的维护和秩序的稳定。皇帝必将亲身参与到这项制度的建设工程之中，将立法权牢牢掌控在自己手中，而具体案件审判恰恰是其向臣下发表意见的重要渠道。再者，皇帝在案件中提议创设新规则通常是以谕旨的形式进行的，这意味着此类新规则自始就有着至上的法律效力。此时的提议相当于决议，无须其他主体核准，只需等待正式修例时由律例馆吸收即可。无论从哪一方面来看，皇帝钦定的条例均是所有条例中地位最突出的，后世修例时往往会将其视为"祖宗之成宪"，强调先帝立法之功德。乾隆帝就曾赞誉康熙帝、雍正帝在立法上的贡献："圣祖仁皇帝至仁如天，化成久道，德洋恩溥，涵浃群生。皇考世宗宪皇帝际重熙累洽之运，振起而作新之。"② 因此，这一类条例保留在《大清律例》中的可能性明显更高，数量自然累积变多。

第二节　核准：核定新规则内容

法律创制是一项系统有序的工程，相关主体提议创设新规则后，并不意味着该规则立刻生效，仍需其上层司法机关的核准和正式立法程序的最

---

① ［德］韦伯：《经济与社会》（下卷），林荣远译，商务印书馆1997年版，第170页。
② 《大清律例》卷前附《御制〈大清律例序〉》。

第四章　清代因案修例机制的运行程序

终确认。这也是为何《大清律例通考》和《读例存疑》频繁使用"议覆""奏准""题准""议准""遵旨"等词汇的根本原因，它们都代表着启动环节之后的核准环节。其中，"奏本经皇帝批准称为'奏准'，题本经皇帝批准称为'题准'，奏本、题本由有关部门讨论通过后上奏而被批准的则称为'议准'"①。由于案件本身性质和启动主体在行政层级等方面的区别，每种启动方式面临的核准环节亦不同。地方督抚启动的因案修例，需要面临皇帝与刑部（或由地方直接咨询刑部，或先题奏皇帝再由皇帝转付刑部）的双重核准；刑部等中央机关启动的因案修例，只需要经过皇帝的核准；皇帝本人所启动的因案修例无需再核准，等待正式修例程序将之纳入即可。

一　刑部初核

刑部作为中央司法机关，肩负着核准地方案件判决的重要职能。《大清律例》"有司决囚等第律"后附条例规定："外省徒罪案件，如有关系人命者，恒照军流人犯解司审转，督抚专案咨部核覆，令年终汇题；其寻常徒罪，各督抚批结后即详叙供招，按季报部查核。"②地方督抚或将军审拟的徒刑、流刑案件本就应咨部或报部复核，其随案提议创设的新规则亦在复核范围之内。而内外大小臣工向皇帝直接题奏的因案修例，一般会交由刑部复核，少数由皇帝直接核定。若案件较为特殊，则由军机大臣、理藩院、九卿等参与复核；如涉及蒙古、回部及西藏等少数民族，则由理藩院主导。在此，仅阐述刑部核准的主体、内容及其基本原则。

（一）刑部初核的主体与内容

刑部承载复核工作的具体内部机构，应是以律例馆为主。清末大理院曾奏称："从前刑部为全国刑名总汇，特设秋审处、律例馆以备覆核议驳各省案件。"③这说明律例馆的职责之一就是对各省案件进行覆核，其中自然也包括对地方提出的修例动议进行核准。

刑部复核案件以及新规则的步骤和内容，可从因案修例的实例中得见。以前文提到的乾隆六年安徽省董宫使用暴力手段将嫡亲伯母汤氏拐卖

---

① 吕丽：《例与清代的法源体系》，《当代法学》2011年第6期。
② 《大清律例·刑律·断狱》。
③ 《清续文献通考》卷二百五十二。

一案为例。安徽巡抚陈大受将案件基本情况奏达皇帝，认为相关条例并未对犯罪主体与被害人的关系进行区分，亲戚关系和凡人关系应区别对待，故附请敕议逐条指名定例。刑部在复核该案时，主要分为四个步骤。第一步，全面了解案情，核实地方督抚适用的律例是否与案件相契合，若适用错误则直接驳回。第二步，是对现有相关律例的规定进行排查。"查例内，有强夺卖为妻妾者，拟绞奏请一条；又有聚众伙谋抢夺路行妇女，或卖或自为奴婢者，为首斩决，为从绞候一条。"第三步，对现有相关律例的漏洞进行分析，认为现有的强夺卖为妻妾例和聚众伙谋抢夺路行妇女例不仅设定的刑罚罪名悬殊，而且未对亲属和凡人进行区分，易导致援引比照错误。第四步，在地方督抚提议的基础上进一步确认新规则，并建议纂入例册，即"请嗣后聚众伙谋、抢夺路行妇女，或卖或自为奴婢者，仍照为首斩决，为从绞候之例；其聚伙未众抢夺非路行妇女，但强卖与人为妻妾并疏远亲属图财强卖者，均照拟绞奏请之例；至亲属内有期功卑幼、谋占资财，将伯叔姑等尊属用强抢卖，逆伦背理尤为可恶，应照强夺良家妻女，卖与人为妻妾之例，量为加重拟斩监候。请将此案强卖嫡亲伯母之董宫即拟斩候，并请移咨律例馆载入例册，永远遵行。"① 由此可知，刑部在复核地方督抚启动的因案修例时，基本遵循了"核实案情与适用律例的正确性—排查现有相关律例—分析漏洞并找出问题—确认和完善新规则并建议推广适用"的复核步骤。

对于以臣工条奏为表现形式的因案修例，刑部的复核相对简单。如，嘉庆六年，安徽按察使恩长条奏提议就"未婚妻（童养媳）本夫之父母、伯叔、兄弟有服亲属捉奸，杀死奸夫"的情形制定新规则。恩长作为安徽按察使，主管安徽一省的刑名事务，其提议此项新规则应与安徽童养媳风气盛行相关。据有关学者统计，"明清徽州六县的地方志皆有童养媳的记载，只不过其民俗称谓可能有所不同。"② 故可合理推测，恩长应是在担任安徽按察使期间遇到了该类案件。刑部在议覆这一条奏时，先是排查现有律例对条奏情形是否有明确规定，在确定"部例向无明文"后，便建议以后将童养媳的该类情形"照已成婚例办理"。③ 从整个复核流程来看，刑部

---

① 《清高宗实录》卷一百四十三。
② 朱琳：《明清徽州女子婚龄浅探——以地方志资料为中心的考察》，《安徽史学》2005年第6期。
③ 《清仁宗实录》卷八十五。

复核的内容主要包括两个部分：一是核实是否存在针对该问题或可以用来解决该问题的律例；二是审视臣工提议的新规则内容，决定是否推广。新规则所依托案件的数量、判决内容以及法律适用等问题都不是刑部复核的对象。

（二）刑部初核的标准

对于地方审转的重大刑事案件，包括在案件中附带提出的修例动议，刑部的复核是相当严格的。有学者指出："稍有拟律不当，即遭刑部严驳，如在刑科题本中常可看到内阁刑科的一种批红：'刑部所驳甚是。余依议'。这样一种司法体制，不管是否在客观上得到了公正的结果，但从主观意图上说，这种体制对下级官吏抱有严重的不信任态度，它试图严格控制下级官吏的司法行为，杜绝官吏在案件处理中高下其手的机会，以保证案件结果的公正性。"① 那么，刑部复核到底存在哪些标准？这可以从刑部核准以及刑部自身提议创设新规则的现实案例来进行推测。

第一，案件的典型性和影响力。典型性是指某一案件虽属个案，但却能映射整个社会族群中一些具有普适性的问题，它又包含新颖性和概括性等内涵。影响力强调的是案件辐射范围和关注程度，辐射范围越广和关注程度越高，代表着案件越有研究价值。从地方督抚、将军以及刑部自身提议创设新规则的案件类型来看，基本属于重大刑事案件，或是在全国范围内具有高频率发生的可能性，如强盗类案件；或是具备引领某种社会价值追求的效果，如杀死奸夫类案件。这些案件由于其典型性和影响力，逐渐成为催生新规则的最佳沃土。刑部在复核新规则时，案件的典型性和影响力始终是其优先考虑的因素。如，刑部复核广西巡抚成林题准的"有司决囚等第律"后附条例时，就曾考量"其罪应斩绞凌迟人犯，在监病故"这一情形发生的概率。经查阅资料后，刑部发现该情形在全国频有发生，如广东省梁亚引行劫案、山东省曹曰琦行劫案的主犯均于取供后在监病故。②基于此，刑部核准了成林提议创设的新规则。

第二，创设新规则的必要性。除案件本身的因素外，刑部会进一步考量创设新规则的必要性。必要性主要是从现有律例的覆盖程度出发，着重探讨现有律例对此问题是否有相关规定、规定是否足够完善、无规定的情

---

① 俞江：《论清代九卿定议——以光绪十二年崔霍氏因疯砍死本夫案为例》，《法学》2009 年第 1 期。
② 《刑案汇览》卷十四"斩枭盗犯病故咨结毋庸具题"。

况下又是否可通过比附其他规定解决等方面。法律总是滞后于现实的，无论立法者如何高瞻远瞩，仍无法制定出一部穷尽所有犯罪情节而永葆青春活力的刑法典。康熙年间的刑部尚书王掞亦曾指出："夫定例法也，成案事也，由定例而观则知律中之法有尽而法外之意无穷，由成案而观则知以法断事而事有不符，以事拟事而法无不尽。"① 面对法外之无穷情形，若现有律例对案件所反映出的问题无明确规定，又无法通过比附解决，或即便有规定但不够具体、易产生歧义，刑部便会考虑核准新规则。这也是为何刑部向皇帝的奏书中经常提到"查例载""部例向无明文"的原因。

第三，新规则内容的合理性。刑部作为最为专业的刑名机构，当认定案件符合前两项标准时，则会开始着手核定新规则的具体内容。一方面，地方督抚或将军因案提议创设的新规则往往较为简单，甚至只是一个想法的萌芽，需要刑部进一步抽象和规范。另一方面，即便地方提议的新规则已然相当具体和规范，刑部亦有必要结合整体需要进行复核。新规则的文字表达、逻辑结构、调整对象等均属于复核的范围。以乾隆三十一年的芮天明将缌麻兄芮观受咬伤致死一案为例。安徽巡抚冯钤在上奏案件时，指出芮观受被咬伤后系在保辜期限的余限内死亡，② 并非卑幼殴死尊长例所规定的限外死亡（限外死亡只科伤罪），从而附请定例。刑部在复核后承认"其在余限内身死者，原奏未经议及，与限外身死之犯同一减流，未免轻重无别"，最终明确了新规则的内容，即"臣等公同酌议卑幼殴伤缌麻尊长余限内果因本伤身死，仍拟死罪奏请定夺，如蒙恩准减等，限外身死者酌加为边远充军"③。

第四，提议主体的身份背景。除前述三种法律专业层面的考量因素之外，刑部通常还会将一种非法律因素纳入考量范围，即提议主体的身份背景。愈是背景显赫之人，其提议创设新规则愈是容易被认可。这一标准的存在与中国古代社会存在的皇权专制以及行政科层制密切相关。当某一主体与权力核心有着更近的距离或者行政级别较高时，其能支配的政治资源也就明显优于旁人，其提出的任何建议均会在体系内备受关注。以前文提议创设新规则的地方督抚或将军为例，他们在提议时的身份背景均是朝廷重臣，或是与皇帝有着特殊关系的皇亲贵族，或是在担任地方主官前有过

---

① 《定例成案合镌·王掞序》。
② 清代保辜期限区分为正限二十日，余限十日。
③ 《驳案新编》卷十九"咬伤缌麻兄至辜限外余限内身死"。

中央任职经验。刑部在复核该类群体的提议时，应该会充分考虑到他们的身份背景，尽可能地作出肯定式判断。

表 4-4　　　　　　　　　　臣工的身份背景举要

提议主体	身份背景
安徽巡抚陈大受	中央下派，此前曾任乾隆帝的侍读、内阁学士、吏部侍郎、经筵讲官。①
云贵总督张广泗	历经康雍乾三朝，鄂尔泰亲信，此前曾任贵州按察使、湖广总督等职，更曾平定西北，先后受雍正帝与乾隆帝的宠信。②
署理云南总督张允随	历经康雍乾三朝，鄂尔泰亲信，此前曾任云南按察使、云南巡抚，多次受到雍正帝和乾隆帝的嘉奖与赏赐。③
江西巡抚阿思哈	中央下派，满洲正黄旗，此前曾任内阁中书、刑部郎中、军机处章京、吏部员外郎、内阁学士。④
贵州巡抚图尔炳阿	中央下派，满洲正白旗（佟佳氏），此前曾任吏部郎中、云南布政使、云南巡抚，即便隐瞒灾情和私藏禁书，仍被乾隆释放任用。⑤
安徽巡抚托庸	中央下派，满洲镶黄旗（富察氏），此前曾任户部郎中、浙江织造、安徽布政使兼江宁织造等要职，后更任兵、工、刑、吏四部尚书。⑥
吉林将军恒鲁	中央下派，和硕简亲王福存之孙，此前曾任散秩大臣、正红旗汉军副都统、工部侍郎、宗人府左宗人。⑦
两江总督高晋	大学士高斌之侄，乾隆帝慧贤皇贵妃的堂兄弟，此前曾任安徽布政使兼江宁织造、安徽巡抚、江南河道总督、内大臣、太子太傅。⑧
安徽巡抚冯钤	中央下派，此前曾任吏部郎中、湖广道御史、刑科给事中、贵州按察使、山东布政使。⑨

---

① 《清史稿·列传九十四》。
② 《清史稿·列传八十四》。
③ 《清史稿·列传九十四》。
④ 《清史稿·列传一百二十四》。
⑤ 《清史稿·列传一百二十四》。
⑥ 《钦定八旗通志·人物志二十三》。
⑦ 《清史稿·列传二》。
⑧ 《清史稿·列传九十七》。
⑨ 《国朝御史题名·乾隆十年》。

续表

提议主体	身份背景
盛京将军福康安	中央下派，满洲镶黄旗，乾隆帝嫡后孝贤皇后之侄，大学士傅恒之子，此前曾任御前行走侍卫、户部侍郎、镶黄旗副都统、内大臣。①
安徽巡抚程焘采	中央下派，此前曾任礼部郎中、江南道御史等职，官至云贵总督、湖广总督，与兄弟程懋采、程焕采被称为"一门三督抚"。②

第五，刑部主官的利益诉求和个人喜好。传统社会的官僚政治极为复杂，皇帝与官僚集团之间、官僚集团内部之间总充斥着各种利益纠葛。官场的钩心斗角，与其说是官员私人之间的相互倾轧，不如说是利益集团之间的来往争斗。刑部提议和复核新规则的结果，在一定程度上也取决于刑部主官的利益诉求和个人喜好。若新规则与其个人利益和喜好相符，获批的概率自然高；反之若相悖，则可能被驳回。如，"违禁取利律"后附条例"监临官吏于所部内举放钱债，典当财物者……"，该条例系乾隆三十一年两江总督高晋在震泽县知县赵得基一案中附请定例。彼时的刑部尚书为舒穆禄·舒赫德（满尚书）和李侍尧（汉尚书）。查《清实录》，高晋与此二人渊源匪浅，多次同时进封。乾隆二十八年，三人同时进封太子太保、太子太傅，"刑部尚书舒赫德、秦蕙田、工部尚书阿桂、俱加太子太保。……河道总督高晋，晋加太子太傅，……湖广总督李侍尧……俱加太子太保。"③乾隆四十一年，三人又同时受嘉奖优待，"第念大学士舒赫德等，或赞襄机要，兼统部曹；或扬历封疆，勤劳懋著，均能敬公称职，宜加优叙，以昭恩眷。舒赫德、高晋、于敏中、李侍尧、俱著交部议叙。"④李侍尧在湖广总督任上时曾上奏湖广地区的淮盐售价问题，清廷派出两淮盐政使高恒前往核查，而高恒正是高晋的堂弟⑤，他与李侍尧更是乾隆朝出了名的贪官。故此，高晋提议的就监临官吏放贷获利问题创设新规则，更易于受到刑部的认可。

---

① 《清史稿·列传一百十七》。
② 《国朝御史题名·道光二年》。
③ 《清高宗实录》卷六百九十六。
④ 《清高宗实录》卷一千二十八。
⑤ 参见《清高宗实录》卷六百九十一。

二　皇帝终核

于皇帝而言，修例无疑是值得亲自审核的重大事件。它不仅意味着创设具有普遍约束性的新规则，更是对先皇所确立制度体系的突破与完善。因此，新规则无论是由地方督抚或将军提议，抑或由刑部、理藩院、九卿等提议和奉旨拟具，最终均须由皇帝终核，"是否有当，伏候皇上睿鉴训示"①。这是帝国最高立法权与最高司法权的竞合体现。清代诸帝也认真践行了这一原则，极为重视《大清律例》的建构与完善。顺治帝"再三覆阅，仍命内院诸臣校订妥确，乃允刊布"；康熙帝将"所有条例，应去应存，著九卿、詹事、科道会同详加酌定，确议具奏"；乾隆帝"运际昌明，一代法制，多所裁定"。②雍正帝更是"宵旰励精，勤求至治，而于刑狱尤加详慎。凡有所降谕旨及诸臣条奏，经由廷议者，必悉心斟酌，然后颁行。"③

（一）皇帝终核的程序

皇帝作为帝国最高领导人，每日需处理的国家大事不胜枚举，势必难以做到事必躬亲，故其对新规则的终核有一套内部辅助程序。这套辅助程序通常由皇帝直辖的秘书机构即内阁来完成，他们相当于将奏疏上的简答题转化成了选择题，以此来减轻皇帝的工作量。

根据《清会典》的记载："各部院及直省题疏到内阁大学士票拟进呈，得旨转下六科钞发各部院施行，以副本录旨，送皇史宬存贮。如原疏折出未定处分，俟衙门听证时，满学士一人敷奏折本，大学士面奉谕旨，如前施行。"④《文献通考》亦有载，内阁"掌赞理庶政，奉宣纶音，则内外诸司题疏到阁，票拟进呈，得报，转下六科，抄发各部院施行"⑤。《皇朝通志》亦载内阁"内国史院掌记注诏令，编纂书史及拟撰表章之属，……学士兼礼部侍郎衔，掌覆奏本章，传宣纶綍……曰满票签处曰汉票签处，专司缮写清汉票签记载谕旨及撰文之事"⑥。从上述史料记载可知，内阁负责的重要事项之一就是处理臣工的奏章，在梳理相关事实和逻辑关系的基础

---

① 《驳案新编》卷二十二"故杀小功侄拟绞减等"。
② 《清史稿·刑法一》。
③ 《读例存疑·总论》。
④ 《乾隆朝钦定大清会典》卷二。
⑤ 《清文献通考》卷八十。
⑥ 《皇朝通志》卷六十四。

上票拟意见,供皇帝决策后再向下传达。有学者将清朝题本的上呈下达程序进行了梳理,即"题本交通政司—汉本房(贴黄翻译满文)—满本房(校阅、缮写)—票签处(部本直交票签处)中书草拟票签—侍读校阅—大学士审定—满汉票签处缮写满、汉正签—满中书送内奏事处—进呈御览—批本处成红本—满本房交红本处—六科给事中承领—至各科抄发执行。"① 不出意外,地方督抚、将军、刑部关于因案修例的题本、奏本或奏折,应当也是经此程序完成终核。现存大量的清代内阁刑科题本便是实证,经内阁处理过的文件呈送御前,皇帝需要做的就是审阅内阁的意见,作出肯定或否定的决断。

在特定情形下,不排除皇帝本人直接复核的可能,只不过这种可能兼具偶然性和必然性。偶然性是指皇帝突发兴趣对某一案件极为关注或偶有空闲想直接处理奏本。必然性则是指皇帝为了防止内阁、军机处等秘书机构架空自身而大权旁落,要求直接复核。嘉庆四年正月初八,嘉庆帝发表上谕:"内阁、各部院衙门文武大臣,及直省督抚藩臬,凡有奏事之责者,及军营带兵大臣等,嗣后陈奏事件,俱应直达朕前,俱不许另有副封关会军机处。各部院文武大臣,亦不得将所奏之事,预先告知军机大臣,即如各部院衙门奏章呈递后,朕可即行召见,面为商酌,各交该衙门办理。"② 事实上也不乏皇帝本人核准新规则的事例。乾隆五十四年五月十三日,刑部上奏河南省镇平县张文义杀死范守用之子范狗等一家三命并砍伤范造一案。刑部在奏疏中先是陈述案情和初拟判决,然后就该情形提议创设新规则:"臣等公同酌议,应请嗣后凡遇此等杀一家三命又伤一二人以上者,令该印官于相验时务将受伤人之伤痕详验是否金刃、有无破骨,明立案宗。一面将正犯招解该督抚提请正法,一面将其子严行监禁,依律例正余各限保辜。如受伤者死于限内,即将其子按所杀之数照例拟斩,题请正法;如受伤者果能医痊,再将其子同其妻照例发遣。如此明立限期,庶有所遵循,而定议不致参差。"刑部的提议实质上是在第四人生死未定的情形下,在"杀一家三命"例和"杀一家四命"例之间寻找合适的缓冲地带,从而确保对罪犯儿子的惩处轻重适宜。③ 若第四人在保辜期限内病发

---

① 冯元魁、程塱康:《略论清朝内阁的职掌与机制》,《上海师范大学学报》1989年第2期。
② 《清仁宗实录》卷三十七。
③ 若据"杀一家三命"例,张文义的儿子应发遣;若据"杀一家四命"例,张文义的儿子则应斩决。

身亡，该子拟斩；若第四人在保辜期限内痊愈，该子即与罪犯之妻一同发遣为奴。应该说，刑部创设的新规则是符合现有律例规定的，相当于综合运用了三条法律来解决杀一家三命又伤人的特殊情形。但乾隆帝从传宗接代的宗法角度而非人命抵偿的角度考虑了这一问题，认为绝人之嗣者亦当被绝嗣，当日即予以复核并下旨："嗣后凡杀死一家三四命以上者，不拘死者之家是否绝嗣，其凶犯之子无论年岁大小，俱著送交内务府一体阄割，以示惩创。所有张文义一案即著此办理。"①

（二）皇帝终核的标准

相较于刑部的复核标准来说，皇帝的终核标准更为简单又特殊。从现有材料来看，凡经刑部核准的新规则，皇帝基本表示同意，并不会过多干预和否定，"依议，钦此"是最常见的终核结果。但在刑部审核标准之外，皇帝考量的因素又具有特殊性，除法律本身因素外，还兼具政治、伦理等因素。

第一，新规则是否符合政治需求。皇帝终核的标准带有明显的政治性，他更多的是考虑皇权统治管理的需要而非法律体系调整的需要。这源于皇帝的个人身份地位，他并不像刑部官员们对《大清律例》那般了解，但又希冀通过创设行为规范来实现某种政治目的，故在新例创设时会融入政治因素。雍正元年，隆科多咨送山西平民牛大等人将小制钱毁化一案，经刑部议准后纂为"私铸铜钱律"后附条例。② 这明显符合雍正帝对民间私铸铜钱的态度，终雍正一朝，雍正帝多次明令禁止民间私铸铜钱的行为。雍正三年，上谕："……是必有销毁官钱、以为私铸者。且闻湖广河南等省，私铸之风尤甚。著直隶及各省督抚，申饬该地方官，密访查拿，严行禁止。"③ 雍正六年，雍正帝再次强调："朕于雍正二年即闻直隶沧州地方有偷铸私钱之匪类。……观此，则沧州奸民私铸之弊由来已久，而地方大吏漫无觉察，今始败露。夫私铸钱文，大干法纪。"④ 再如道光元年，直隶总督方受畴上奏指出邪教犯人枷号定例的漏洞，认为将邪教犯人因于犯事之处永远枷号示众无法达到惩处戒鉴的效果，并以刘孔厚等邪教犯人以及嘉庆十八年间钜鹿县大乘教案为例，证明愚民一旦进入邪教组织便很

---

① 《驳案新编》卷十四"杀一家三四命阄割新例"。
② 《读例存疑》卷四十二。
③ 《清世宗实录》卷三十二。
④ 《清世宗实录》卷六十五。

难完全脱离的事实，建议"以后拿获邪教人犯审明应发者，即行解配，如有情节较重者在于配所永远枷号，毋庸酌留本地监禁枷示，以息事端。"道光帝经审核后，从政治统治角度高度肯定了方受畴对邪教犯人的定性，指出不知悔改的邪教犯人对社会秩序所产生的负面影响，"自不若投之遐荒，免滋煽惑"①。

第二，新规则是否符合伦理要求。通常而言，司法判决应严格遵循律例规定而非情理，但皇帝在扮演最高司法者角色的时候又往往从一个非理性法律人的角度去思考问题，这为情理的适用开创了相当大的空间。如，乾隆四十二年八月二十日，刑部、都察院、大理寺合词上奏王锦用毒谋杀苗赵氏一案，认为苗赵氏为王锦的继外祖母，二者之间不存在服制关系，故将王锦按照"谋杀人"律拟斩监候。乾隆帝在审核后认为，王锦因继外祖母未阻挠继母出嫁而故意谋杀，"理既甚曲，性复凶顽，其情罪实为可恶。刑部乃因其无服辄行改拟，岂为情法之平？顷询之刑部堂官，此例系乾隆二十一年所定。阅其例本，惟事拘牵文义；而揆之天理，人情均未允当。又岂明刑弼教之义？著刑部将此例悉心斟酌更定。"②该案从侧面反映出皇帝会将伦理纲常作为判断规则是否科学合理的标准。而诸多新规则的内容确实带有明显的伦理性。从因案所修条例的分布情况来看，"强盗律""杀死奸夫律""殴大功以下尊长律""斗殴及故杀人律"等律文后附的条例是最多的，这些律文均与社会伦理高度相关。

第三，新规则设定的假定情形是否具有普遍性。新规则作为普适性的行为规范，首先需满足的基本条件之一便是其假定的情形具有普遍性，否则新规则便失去了实际适用的可能。皇帝贵为九五之尊，仍无法摆脱普通人类共有的情感直觉，他可能会在特定的案件中基于个人情感需求作出特殊处理，但也可能在随心所欲的同时保持根本的理性。换言之，皇帝会考虑到个案的特殊性，进而申明该判决系针对个案所出，毋庸修例。嘉庆五年，皇帝复核刑部所奏直隶省侯鹤子图财杀死刘二小和康喜得一案，认为该案犯的犯罪手段极其残忍，竟因图取衣被而连杀十三岁的刘二小和十五岁的康喜得，将二人推入井内后又抛掷石头，谕令刑部将侯鹤子"问拟斩决"修改为"著即处斩，于犯事地方枭示数日"。嘉庆帝的改判，完全是受到该案犯罪情节的触动而突破了既有律例的规定，希望通过严惩的方式

---

① 《刑案汇览》卷十"情重邪教改为配所永远枷号"。
② 《驳案新编》卷二十二"毒死继母之母按照新定服制斩决"。

来警示社会。但嘉庆帝也同时强调："此系因侯鹤子情节较重，随案示惩，刑部不必引以为例。"① 由此可知，若皇帝认为某一情形重复发生的概率较小，会否定创设新规则的必要。

第四，新规则牵涉的官员及其可能引发的社会效果。如前所述，从案件中衍生出来的新规则，自始就牵涉到多个部门多个层级的官员。皇帝在进行终核时，就不得不考虑官僚集团的利益均衡，也须兼顾新规则推广实施后可能引发的社会效果。如，"人户以籍为定律"后附条例"安徽省徽州宁国、池州三府民间世仆"，该条例系因嘉庆十四年安徽宁国县民某等赴京具控柳姓捐监系其世仆一案所修。该案涉及的主要官员为安徽巡抚董教增、礼部尚书王懿修（皇帝指定礼部评议新规则）、刑部尚书金光悌。查《清史稿》，王懿修为安徽青阳人，"甚被仁宗眷遇"；② 金光悌为安徽英山人，"为长官所倚"③。显然，嘉庆十四年对安徽省徽州、宁国、池州三府的世仆予以开豁，是由安徽巡抚联合两位在京的安徽籍尚书共同推动的。嘉庆帝不可能不知悉三者之间的联系，只会予以政策关照，这也是条例将地域范围限定为安徽一省的主要原因。此外，嘉庆帝对礼部议定和董教增建议的新规则进行了比对，认为董教增的建议"立论甚为允当"，社会效果更佳。"（礼部）以立案之日起限，俟三代后所生子孙、方准捐考，恐纷纷查办，胥吏从中揩勒，转滋流敝□大。著仍照董教增所奏，该处世仆名分，统以现在是否服役为断，以示限制。"④

第五，提议主体的身份背景。在刑部的复核标准中，笔者已陈述过提议主体的身份背景对于新规则获得认可的重要性，这一标准在皇帝终核的过程中同样适用。以乾隆朝的傅恒为例，《读例存疑》中共有十二条条例明确与傅恒相关，其中既包括傅恒直接条奏提议定例，如"冲突仪仗律"所附条例之一由傅恒于乾隆十八年条奏；亦包括傅恒议覆他人奏疏附请定例，如"盗田野谷麦律"所附条例之一由傅恒于乾隆十四年议覆船厂将军永兴条奏所定；还包括傅恒奉旨定例，如"官文书稽程律"所附条例之一由傅恒于乾隆十四年奉旨所定。缘何傅恒参与的条例如此之多？莫过于其显赫的身份背景。查《清史稿》，"傅恒，字春和，富察氏，满洲镶黄旗

---

① 《清仁宗实录》卷六十。
② 《清史稿·列传一百三十八》。
③ 《清史稿·列传一百三十九》。
④ 《清仁宗实录》卷二百二十三。

人，孝贤纯皇后弟也"①，历任侍卫、户部侍郎、军机处行走、户部尚书、川陕总督、保和殿大学士等职。傅恒不仅出身贵族，为乾隆帝原配孝贤纯皇后之弟，更有卓越的政治和军事才能，先后指挥了准噶尔、大金川、缅甸战役，亦有《钦定旗务则例》《西域图志》等文化建树，故深受乾隆帝器重。乾隆帝曾在上谕中明确承认："且不思朕之加恩傅谦兄弟者，乃因皇后加恩，并不因其为大学士公傅恒之兄弟也。即大学士公傅恒之加恩，亦由于皇后。"②

第三节　修例：新规则纂为条例

由地方督抚或将军、以刑部为主的中央机构乃至皇帝本人提议创设的新规则经核准确认后，虽已具备实质上的法律效力，但不会被立刻纂入《大清律例》。真正纂入《大清律例》还需经过最后一道程序，即"修例"。如前文所述，顺治、康熙、雍正年间均进行了大规模的律例修订活动，但并未形成固定的修例机制，自乾隆朝始才确立定期修例机制。而绝大部分因案创设的新规则，基本发生在每次修例的间隔期，故这些规则必须等到下一次修例时才能正式纂入法典，是为"俟下届修例时纂入例册"。这说明因案所设的新规则即便在案件审结后就已获得实质法律效力，但仍需国家法律层面的再次确认，类似于当今社会司法解释被吸收为刑法条文的过程。

一　常设性的专业修例机构——律例馆

《周礼》有云："各有所职，而百事举。"③任何一项国家事务均有相应的机构承载，作为国家立法的修例活动更是如此。从整个修例程序来看，律例馆是主导修例的专业机构。《皇朝通志》有载："律例馆总裁无定员，提调一人，纂修四人，收掌四人，翻译四人，誊录六人，掌修明法

---

① 《清史稿·列传八十八》。
② 《清高宗实录》卷三百五十一。
③ 《周礼·天官·冢宰》。

令，刊定条式。"① 清代相关史料中亦随处可见相关表述，如"命下之日，交送律例馆载入律例，通行直隶各省一体遵行"②。可见，修法是律例馆的本职工作之一。无论是进行修例前相关案卷材料的分类，还是进行现有刑部通行章程和其他五部则例的整理，以及最终条例内容的确定，均属于律例馆的职责范围。

（一）律例馆的历史演变

律例馆作为清代极为重要的立法机构，其产生、组织方式、职能定位经历了一番曲折演变。清朝建立后，面临着朝代更迭的乱局以及未曾管理过的广袤国土，迫切需要确立一套管理制度，宣告国家重新进入有序状态。但制度建构是一项极其烦琐的工作，特别是新王朝相当于从零开始，既需要考虑对于前朝制度的承继，又需保障新朝制度的特色。这一历史使命势必由专业机构来承担，律例馆也因此应运而生。据《清通典》记载："初顺治二年特置律例馆，敕修律官撰定律书，四年书成，名曰《大清律集解附例》，其后次第刊修，皆特简王大臣为总裁，以各部院通习法律者为提调、纂修等官。"③ 结合《大清律例》卷前所附《世祖章皇帝御制〈大清律〉原序》的时间落款（顺治三年五月），可以佐证律例馆至少在顺治三年之前就已设立。它是顺治帝为拟定律书所特置，馆属人员自总裁以下，皆为熟悉法律之人。这一时期，律例馆的职能基本以立法为主，负责撰定律书和修例工作，但尚未介入到司法领域。如同《清史稿》所述："又国初以来，凡纂修律例，类必钦命二三大臣为总裁，特开专馆。维时各部院则例陆续成书，苟与刑律相涉，馆员俱一一厘正，故鲜乖牾。"④

乾隆初年，律例馆迎来了新的历史发展阶段，它被划归到刑部，成为刑部的内设机构。关于律例馆划归刑部的具体时间，存在两种不同的说法。《清通典》定为乾隆七年，"凡额设十有八人，乾隆七年始以其馆并隶刑部，复改定员额如今制焉。"⑤《清史稿》则认为是乾隆十一年，"（乾隆）十一年，内阁等衙门议改五年一修。由是刑部专司其事，不复简派总裁，律例馆亦遂附属于刑曹，与他部往往不相关会。"⑥ 本书认为应是乾隆

---

① 《皇朝通志》卷六十五。
② 《新例要览·刑部新例上》。
③ 《清通典》卷二十五。
④ 《清史稿·刑法一》。
⑤ 《清通典》卷二十五。
⑥ 《清史稿·刑法一》。

七年，因为乾隆八年五月十七日刑部尚书来保的奏书明确指出了"（律例馆）今归隶臣部"①，这是最直接有力的证明。律例馆划归刑部有着充足的理由。它与刑部的职能本就有重叠关联之处，属于一体两面，前者掌修律例，后者负责司法审判和适用律例。雍正帝曾谕令"诸臣将律例馆旧所纂修未毕者，遴简西曹（刑部），殚心搜辑稿本进呈"②。这反映出律例馆与刑部的密切关系。律例馆的工作人员亦有相当一部分来自于刑部。律例馆的提调、纂修等岗位的担任者，历来要求是熟悉律例的专业法律人才，而六部之中基本只有刑部官员才能满足此资质要求，是故"（律例馆）总裁以本部尚书侍郎充之，提调纂修以本部司员充，收掌等官以本部笔帖式充"③。

乾隆初年确立的定期修例机制，进一步推动了律例馆并入刑部的进程。定期修例意味着律文不再属于修改的范围，条例亦只能在限定时间进行修整，这实际上限缩了律例馆的权限。在此背景下，还不如将其划归刑部，如此既有利于律例馆平时充分接触司法审判而积累修例材料，又便于刑部在适用律例过程中进行权威的官方解读。划归刑部后，律例馆的职能相较于前一阶段有了明显变化，不仅需要承担定期的修例工作，在平时还负责案件的核覆、案件的咨询、成案的归档管理等事务。"凡各司案件有应驳及应更正者，呈堂交馆稽覆"④，就呈现了律例馆的职责转变。

（二）机构的常设与临时之争

在顺治朝初设之后到乾隆年划归刑部之前的这段时间，律例馆到底属于常设性的立法机构抑或临时性的工作专班？学界尚存在争议。持临时性工作专班意见的学者通常认为：顺治二年设立的律例馆专为修律，只在修律的特定时期才会开馆，律书形成后即裁撤组织；乾隆五年确立定期修例机制后，才转变为常设性的修例机构。⑤ 该意见多以史书中所载的"开馆纂辑""律成即裁撤"等表述为依据。持常设性立法机构意见的学者则认为：律例馆自顺治二年设立之后便一直存在，不仅负责律书的修纂，还承

---

① 刑部尚书来保：《奏为律例馆馆务移归刑部其官房亦应统归刑部及按年奏销支取心红纸张请旨事》（乾隆八年五月十七日），中国第一历史档案馆藏朱批奏折。转引自李明《清代律例馆考述》，《清史研究》2016年第2期。
② 《大清律例》卷前附《世宗宪皇帝御制〈大清律集解序〉》。"西曹"是刑部的别称。
③ 《皇朝通志》卷六十五。
④ 《乾隆朝钦定大清会典》卷五十七。
⑤ 参见陈新宇《〈大清新刑律〉编纂过程中的立法权之争》，《法学研究》2017年第2期。

第四章　清代因案修例机制的运行程序

担了六部则例的编修工作，所谓"裁撤"和"解散"系针对临时由其他机构抽调到律例馆的人员，而非律例馆本身。①笔者认为，律例馆就机构本身而言是常设性的，保持着基本的人员配备，但每次大型修律活动时均会组建临时性工作专班，公开吸纳精通律例的法律人才。

首先，现存清代奏折的部分内容可证明律例馆之常设性。雍正元年，巡视东城陕西道监察御史汤之旭奏请委派熟悉律例的大臣专任律例馆总裁，刑部尚书佛格的奏书对此回应："今律例馆现有总裁、提调、纂修等官修辑，其该御史所奏特简大臣专管律例馆总裁之处，毋庸议。……嗣后雍正元年起，每年仍令律例馆陆续咨取，逐一纂修增入。"②若非常设机构，何来每年令律例馆咨取一说？乾隆八年五月十七日，刑部尚书来保奏称："自顺治二年开设律例馆以来，迄今并未裁撤，……除现今在馆各员原系现任兼充者，毋庸置议外，效力各员内，其熟悉刑名、谙练部务者，臣等现在酌量保题，另折具奏请旨外，余咨回各该旗籍。"③可见，律例馆自顺治二年产生之后始终存在，常年留有熟悉刑名律例知识的专职工作人员，这些人员平时应主要负责案卷管理以及则例等行政法规的核查。

其次，从现有史料来看，关于开馆、任命总裁、征选馆员属官的记载随处可见，这又说明律例馆在大型律例修改活动期间会扩大规模（谓之开馆）。④开馆之时，不仅总裁可能被更换，相关官员亦可能从外调取。雍正元年九月十七日，雍正帝下旨："朱轼、卢询、阿锡鼐、伊都立著充为总裁官，……至纂修、誊录官，著派出总裁于各部官员内酌取，指名具奏。"⑤乾隆元年，三泰被钦点为律例馆总裁后，奏称："允尚书傅鼐陈奏，特命臣三泰等为总裁，臣等奉命遴选提调臣何瞻、纂修臣岳泰等逐条考正，重加编辑。"⑥从这一角度来看，律例馆又具有临时性，它的工作人员极有可能是从其他部门临时借调或征集而来，立法活动结束后复归原单

---

① 参见李明《清代律例馆考述》，《清史研究》2016年第2期。
② 《大清律例》卷前附《佛格奏疏》。
③ 刑部尚书来保：《奏为律例馆馆务移归刑部其官房亦应统归刑部及按年奏销支取心红纸张请旨事》（乾隆八年五月十七日），中国第一历史档案馆藏朱批奏折。转引自李明《清代律例馆考述》，《清史研究》2016年第2期。
④ 结合相关史料，"开馆"一词并不是指重设律例馆，而是指律例馆开展律例修改活动。如乾隆三十一年正月，此时律例馆早已划归刑部成为其内设机构，但东阁大学士、礼部尚书刘统勋仍"奏准开馆纂修律例"。
⑤ 《大清律例》卷前附《佛格奏疏》。
⑥ 《大清律例》卷前附《三泰奏疏》。

位。对该部分人员的管理机制被称为"留馆开缺",他们回到原部门后只能候补岗位,是所谓"遇有缺出,不入班次,即行补用"①。

二 律例馆的修例程式

律例馆修例的具体程式,从《大清律例》卷前所附的臣工奏疏可以得知。乾隆三十二年五月初六日,东阁大学士、礼部尚书管理刑部事务刘统勋奏称:"钦遵臣等随督率提调、纂修等官上紧赶办,所有历年钦奉上谕及议准内外臣工条奏,并吏、户、礼、兵、工等部议准有与刑名交涉应纂为例者,各详细覆核,分类编辑,并将全部条例逐一比较,其中或新旧不符,或词意重复,或文义未甚明晰,俱详加酌核,增删改并,以归画一。今已依限办就,督令供事缮写黄册,缘此次卷帙繁多,臣等分为三次陆续进呈。"②刘统勋上奏的时间恰恰为条例五年一修的时间节点,上一次修例为乾隆二十六年。从奏疏的内容来看,律例馆修例基本可分为三个阶段:一是由律例馆全体工作人员对修例材料进行整理和分类,即"各详悉覆核,分类编辑";二是在材料整理的基础上对《大清律例》进行具体的条文设计与编排,即"逐一比较,详加酌核,增删改并";三是在形成系统正式的书面文件后上呈皇帝审阅,即"缮写黄册,陆续进呈"。

(一)积累和整理修例材料

修例作为一项国家立法活动,前提是有丰富的立法材料支撑,故律例馆修例的第一个阶段为积累和整理修例材料。修例材料无疑是相当繁杂的,以因案所修的条例为例,律例馆至少要收集案件判决、地方督抚或刑部的往来公文、皇帝批示和谕令等材料,形成一份完整的成案卷宗。这些材料在正式修例时至关重要,直接影响到新例的内容设计以及正确与否。

律例馆积累修例材料的方式,可分为平时积累和临时收集两种。所谓平时积累,是指律例馆在日常运作中就肩负着一种职责,将被明确认可的新规则及其案件载体及时归档备案。每次修例均有一定的时间间隔,"凡岁五周,则汇辑而排次之,谓之小修;比十年乃重编新格,增删定勒为宪典,颁行天下,谓之大修,皆月给餐钱,期年而毕"③。在间隔期内,一旦

---

① 《清高宗实录》卷一百五十六。
② 《大清律例》卷前附《刘统勋奏疏》。
③ 《钦定历代职官表》卷十三。

发生能够催生新规则的案件,律例馆便有必要在第一时间将这些新规则及案件存放到资料库,待下一次修例时,即可迅速运用。《清实录》中有多处因案修例提到了律例馆的跟进义务,诸如"移咨律例馆""仍咨行律例馆""并移律例馆补载"等表述即属此类。乾隆帝亦曾明令:"如果所言实属有当,该部(刑部)亦止可议存档案。"① 这些都说明律例馆具有积累修例材料的权力和条件,律例馆也不太可能错失这么好的提高工作效率的契机。临时收集是相对于平时积累的材料而言,主要指律例馆在正式修例机制启动后,临时查阅历年所办成案及说帖,从中收集具有代表性的修例材料。相对来说,临时收集方式的使用率不高。受修例的时间和劳动力限制,律例馆根本无法临时应对堆积如山的历年成案和说帖。只有在上级机关指出某一问题需要特别关注、某类型案件频发、某条新规则需要成案论证等情形下,才可能临时收集相关材料。

在律例馆正式修例之前,因案修例的材料以多种表现形式存在。其一,定例形式。此处的"定例"是刑法条例语境下的使用,刑事案件判决被"著为定例"后,就意味着成为了具有普遍约束力的行为规则。它们以定例的形式存在,表现为较为抽象的条文,即判决中"嗣后……"的那一部分表述。定例在性质上相当于准条例,有很大的可能在正式修例时转变为条例。但也存在少数定例未能完成进化。如,乾隆九年关于澳门地区外国人谋害斗殴等刑事案件的定例,系乾隆八年夷人晏些卢戳伤民人陈辉千致死一案中被皇帝"著为令",之后也"被广泛适用于澳门地区外国人杀死中国人案件的司法审判"②。但这一定例始终未被纂入例册。其二,通行形式。刑部通行的表现形式通常可分为两种:"一是与案件无关的单纯论述,系由官吏就某一问题的奏本衍生而来;二是围绕具体案件所产生的论述,系在办理某一个案时的创举,历年通行成案即属该类。……有些'通行'依附于案例,是从案例到条例的过渡形态。"③ 因案所生的通行就是指第二种通行,它尚未完全摆脱案例的特征,抽象程度较低。但从《刑部通行条例》来看,通行提到案件只是为了说明新规则的来源和载体,并非要求司法官员对案件进行比对,故所载案件事实并不具体而是偏重

---

① 《清高宗实录》卷一百五十二。
② 王巨新:《乾隆九年定例研究》,载邱少晖主编《法律文化研究》第八辑,中国人民大学出版社2015年版,第85页。
③ 陈兴良:《我国案例指导制度功能之考察》,《法商研究》2012年第2期。

于判决说明。咸丰三年五月通行记载的江苏省宜兴县拿获逃军裴阿九一案即是如此。① 其三，说帖和成案形式。说帖应是律例馆收集的重要修例材料之一。以《刑案汇览》为例，该书共记载了十三份说帖纂为条例的情形。如，"徒流迁徙地方"律所附关于绿营兵丁吃酒行凶的条例，源于道光三年刑部陕西司关于伊犁革兵张恭酗酒滋事一案的说帖；嘉庆十八年刑部关于张淳财致伤嫁母之弟邹仕贤身死一案的说帖亦得以纂例。成案则历来是律例馆修例的重要参考。《说帖类编》有载："始将积年成案付律例馆查核旁参。"②

（二）设计和编排条例

在收集和整理完材料后，律例馆即开始条例的内容设计与体系编排。相较于第一阶段的工作而言，这一阶段的工作更为繁杂和专业。律例馆必须先将案件判决、条奏或谕令抽象简化成条文，然后将之与原有律例进行整体划一。这意味着律例馆的工作不是简单的创设新条例，还涉及对旧条例的删、改、增等一系列庞大工程。所幸的是，修例权力集中于律例馆，每次开馆均委任品阶较高的官员担任总裁，又可广泛吸纳各部乃至全国各地的刑名人才，"从而造就了一只专业化很强的律例专家队伍。迨至清末，刑部成为六部中比较特殊的一个部，即所谓的专家掌部，先后涌现了薛允升、赵舒翘、沈家本等一批刑官法学家"③。

《清会典》对律例馆的设计和编排条例工作进行了生动描述。"凡钦奉谕旨，及议准内外臣工条奏，除止系申明例禁，无关拟议罪名者，毋庸编辑外，若关系罪名轻重，应行修改，及新旧条例不符，应修应删者，必悉心参校，照奏定章程分修改修，并移改续纂删除各名目，开列本例之首，黏贴黄签，并于本条之下，各加按语，分析陈明，有原例者，先叙原例于前，次叙新例于后，使眉目犁然不紊。"④ 可见，律例馆对条例的设计与编排相当复杂。律例馆首先需要对条例的内容进行调整，包括新例的表达、旧例的修改、旧例的删除等。随后即须着眼于法典全局，将与被调整条例相关的例文予以统一规范，并对变动的条例黏贴黄签进行按语说明，确保律例体系的有条不紊。其中，删除旧条例最为简单，相当于直接将滞后的

---

① 参见《刑部通行条例》卷一。
② 《说帖类编·序》。
③ 苏亦工：《明清律典与条例》，商务印书馆2020年版，第277页。
④ 《光绪朝钦定大清会典》卷五十七。

法律条款直接剔除，只需在按语中充分陈述删除的理由即可。增设新条例有一定难度，至少涉及新条例内容的设计、新条例与其他律例的衔接等问题。律例馆既要充分尊重创设初衷以保留原貌，亦须考量条例的抽象性而适当精简。但新例在体系编排上相对简单，只需将其置放到相应的律文之后。修改旧条例的难度和工作量最大，毕竟牵一发而动全身，需先确定调整的部分内容，然后与上下文衔接，合并多条则还涉及体系变动等问题。

比如，"略人略卖人"律后附条例："奴及雇工略卖家长之妻女及子者，照卑幼强抢期亲尊属嫁卖例，拟斩监候。其因略卖而又犯杀伤奸淫等罪，仍各照本律分别斩决凌迟，从重科罪。至略卖家长之期功以下亲属，仍照例拟绞。和者改发云、贵、两广极边烟瘴充军。"① 薛允升对此条备注为乾隆二十九年广西按察使袁守侗条奏附请定例，道光五年改定。而道光五年的改定，正是基于江西省鲁申拐卖主家小妾汪许氏一案。《刑案汇览》明确记载了该案经江西巡抚咨部并最终纂例的过程。② 从该案案情来看，系奴仆鲁申先与主人小妾汪许氏合谋外逃另嫁，后起意将之拐卖，最终鲁申被判处发配云贵两广极边烟瘴充军，面刺"烟瘴改发"四字。律例馆基于案件修例应是增加了"和者改发云、贵、两广极边烟瘴充军"的内容。可以想象，律例馆在修改过程中面临的困难，既须以凡人诱拐之例为参考，又有必要考虑奴仆、雇工犯罪与凡人的区别，毕竟前者属于以卑犯尊，理应加重处罚。

（三）奏请皇帝批准和印发新例

待条例的设计和编排完成后，修例便进入最后一个阶段，即将新例呈报皇帝批准和刊印，是为"缮写成书，进呈御览，请旨刊刻，颁行各省，俾知遵守，以昭画一之会"③。这类似于当今最高立法机关审议某部法律草案，审议通过后方可正式印发施行。当新例印发颁行于天下时，也就意味着因案修例机制在程序上的完结。基于案件创设的新规则，终于具备了国家法律形式和实质法律效力的双重要件。

在不同的历史阶段，律例馆呈送御览的文件表现形式不尽相同。顺治、康熙、雍正年间，由于定期修例机制尚未确立，新帝往往选择在登基后组织大型的立法活动。这便导致每次修法的范围较广，既包括条例，还

---

① 《大清律例·刑律·贼盗下》。
② 参见《刑案汇览》卷二十"奴及雇工和诱家长之妾同逃"。
③ 《大清律例》卷前附《傅鼐奏疏》。

包括律文。在此情形下，律例馆进呈的只能是体系完备的整本律书或样章，如顺治朝的《大清律集解附例》、康熙朝的《刑部现行则例》、雍正朝的《大清律集解》以及乾隆五年的《大清律例》均属此类。乾隆朝确立定期修例机制后，律例馆每次开馆是针对条例进行修订，最终交皇帝审批的就不是完整的律书而是修订的条文，即《修改条例》和《续纂条例》。"如原有条例只须增删字句，毋庸另立专条者，即就各原例酌量修改，以归简要。其本无原例及虽有原例而头绪纷繁难以并入者，仍另编为续纂新例，列入修改各条之后，……各照律目次第分别门类列入卷内，并于各条之首注明'修改'、'续纂'字样。"① 遇到十年的大修时期，律例馆还有可能在前两种文本之外附带呈送其他文本。如，乾隆四十三年，律例馆呈送皇帝审批的文本除《修改条例》和《续纂条例》之外，还包括《毋庸纂辑条例》和《删除条例》。值得注意的是，无论是哪种文本，律例馆均须将其分为满文和汉文各一份，即"清、汉黄册"，这是清朝统治者的民族背景使然。

律例馆将成稿进呈御览后，只有两种结果。一种是发回或留览未发（即未被允准）。如，康熙三十四年进呈的名例篇四十六条，"三十六年，发回刑部，命将奏闻后更改之处补入。至四十六年六月，辑进四十二本，留览未发"②。另一种便是依议准奏，确定进入刊刻印发环节。据《大清律例》卷前所附奏疏记载："再查律例全书自乾隆二十年以后，虽经两次修辑，均只就现纂新例另为一编，并未归入全书……此次增删改并既经厘正，应请将前两次续纂并此次编辑各条以及总类，均按照律目逐一归入清、汉全书，以便查阅引用。"③ "臣馆仍照向来旧例，一面先行刊刷草本通行，内外问刑衙门一体遵照。"④ 由此可见，律例馆在文本正式刊刻之前，会提前刊刻草本印发地方。印发的内容通常限于纂修的条例，经过一定年份后才会将《大清律例》整体更新以再次印发。毕竟若每次都全面更新法律版本，工作量巨大且难度较高，这也是为何律例馆在决定将新例并入全书时经常会申请展期的原因。⑤

---

① 《大清律例·凡例》。
② 《清史稿·刑法一》。
③ 《大清律例》卷前附《刘统勋奏疏》。
④ 《大清律例》卷前附《英廉奏疏》。
⑤ 如乾隆三十一年，修例申请展限四个月；乾隆四十一年，修例申请展限两个月。

第四章　清代因案修例机制的运行程序

《清史稿》曾否定统合全书现象的存在："惜后世议法诸臣，未尽明世轻世重之故，每届修例，第将历奉谕旨及议准臣工条奏节次编入，从未统合全书，逐条厘正。"① 这未免与实际相悖。从律例馆的修例史料来看，统合全书的次数虽少但确实存在。可见《清史稿》诚如其主编赵尔巽所言，为"急救之章"而非成书，诸多论断仍值得商榷。至于具体刊刻的地方，应为武英殿。该殿地处紫禁城外朝熙和门以西，左、右直房设修书处，专门负责官方文书的印刷装订。刘统勋的奏疏中亦提到"送交武英殿刊刻，颁发遵行"。

从启动到核准再到修例，清代因案修例机制的整个运转程序即告终结。所有程序，"其实是一个能够把个人理性选择汇集起来并使之升华为制度化的公共选择的开放性的循环系统，而程序机制的主旨就是在于限制恣意，保证人类做出富有理性的公正选择"②。试想，某个主体基于某一案件所衍生出的对现行法律的完善意见，若最终得以体现在帝国法典之中，是何等荣耀，又是何等贡献？毕竟与之对应的法律会被用来约束整个帝国的人群，其时间纵向层面的影响力甚至可能延续成百上千年。基于此，无论最开始的那项提议如何理性与高明，但出于对人性主观恣意的预先防范，以及对新规则涉及主体的基本尊重，均有必要为之设置层层考验。只有经过考验和打磨的修例提议，方能成为正式的国家法律。除皇帝提议创设新规则具有口含天宪的效力外，地方督抚、刑部、理藩院乃至九卿等主体提议创设的新规则，必须经过比之位阶更高的主体核准，并在修例阶段由律例馆从立法技术层面进行最终校对。而在研究过程中，笔者发现地方督抚、刑部、皇帝等主体在提议或复核新规则时，会在法律之外考量其他非法律因素，如个人喜好、地方特色、提议主体的身份背景等。这再次证明了因案修例机制运转程序的必要性，它至少可以将新规则可能引发的风险，控制在一个相对较小的范围内。经此程序的规范和调整，一种个人的意见或想法被该领域最具权威的群体多重论证与修正（某种程度上可以说是那个时代所能做到的最高级别的立法听证活动），最终成为国家法律条文，相当于完成了从个人理性选择到公共理性选择的华丽转身。

---

① 《清史稿·刑法一》。
② 刘武俊：《立法程序的法理分析》，《中外法学》2000年第5期。

第五章　清代因案修例机制的成果类型与技术详解

任何机制的存在，均有其特定的追求目标。于清代因案修例机制而言，它的目标就在于生成国家正式的刑事法律条文，也就是《大清律例》中的条例。作为这一机制运行的直接成果，因案所修的条例在既有律例适用的过程中产生，既针对着既有律例的漏洞，具有天然的补充性，又调整着全新的刑事法律关系，具有一定的原生性。兼具原生性和补充性的条例，不断地将社会行为纳入或剔除出刑事法律调整的范围，逐步建构起清代社会的行为规范系统。若以发挥的法律功能为划分标准，可将因案所修之条例分为"解释性条例"和"修补性条例"两种基本类型。① 再结合其运用的具体法律方法，又可在两种基本类型之下划分出文义解释型、体系解释型、目的解释型、类推适用型、目的性限缩与扩张型、创造性补充型等多种子类型。② 这些方法虽是现代西方法学意义上使用的话语表达，但依然凝聚着整个人类社会法治文明共有的方法论经验，在清代亦可找寻到与之对应和相似的概念。

---

① 当前学界主要是从整体出发对《大清律例》中的条例进行的分类。或以历史时间为标准，分为前明旧例和本朝新例或原例、增例、钦定例；或以生成方式为标准，分为臣工条奏定例、臣下奉上谕定例、谕旨定例，参见吕丽《例与清代的法源体系》，《当代法学》2011 年第 6 期；或以调整对象是否与律文重复为标准，分为重复调整条例（又可细分为绝对排斥和相对排斥）、各自调整条例，参见苏亦工《明清律典与条例》，商务印书馆 2020 年版，第 319—327 页。
② 本书对清代因案修例机制的运行成果的类型划分，受孙斌博士一文的启发。参见孙斌《因案生例：从〈驳案汇编〉看清代条例的生成》，《苏州大学学报》（哲学社会科学版）2017 年第 2 期。

第五章　清代因案修例机制的成果类型与技术详解

第一节　解释性条例

受法律条文本身的抽象性、社会关系的易变性等因素的影响，法律在适用过程中往往需要法官进行解释。德国著名法学家拉伦茨就曾指出："当案件事实适合法律规定时，法官必须将法律适用于该案件。如若不然，则法律将不能'贯彻'，亦无法达成其于团体中之引导任务。因此，仍然须要解释法律；而因为借解释是希望使立法者——在考量规定的目的及受规范的事实关系之下——合理的意愿或命令得以实现，所以解释者不应恣意而为。"[1]

清代因案修例机制运转生成的第一种类型的条例，即为解释性条例。该类型的条例偏重于对原有律文或条例进行解释，以求立法者的意愿得到最精准的理解和适用。值得说明的是，法律解释的现实需求，并不会必然导致解释性条例的数量占绝对优势，大部分的法律解释工作早在注解律文、案件审判等阶段即已完成。康熙三十四年二月初九，律例馆总裁、户部尚书张玉书曾上奏："臣等汇集众说，于每篇正文后，增用总注疏解律意，期于明白晓畅，使人易知。"[2] 这一记载，就表明了以作注来解释律例的方式。在此情形下，真正以条例形式存在的法律解释的数量并不多。

一　文义解释型

文义解释又被称为语义解释，是指根据法律条文使用文字表述的本身含义及其通常使用语境对其进行解释。此处的"通常使用语境"需要结合具体情形来分析。既有可能是指日常生活中的惯用语境，如最高人民法院对合同法中的"交易习惯"进行的解释，即是从日常生活的角度出发，将之认定为交易当地、某一行业领域公知的做法或当事人之间的习惯做法；亦有可能是指特定范畴内的常用语境，如对物权法中的"善意第三人"进行解释，就必须从特定的法律层面而非日常理解层面进行解读。"善意"

---

[1] ［德］卡尔·拉伦茨：《法学方法论》，陈爱娥译，商务印书馆2003年版，引论。
[2] 《大清律例》卷前附《张玉书奏疏》。

在法律层面通常强调不知情，日常生活中则泛指善良、好心好意。"第三人"在法律层面泛指合同相对方之外的任意主体，日常生活中则指特定两人之外的第三个人。文义解释是最原始、最直接的法律解释方法，只有在使用这一方法仍无法确定文字的具体含义或存在多种歧义选择时，方可继续使用其他解释方法。该方法与传统社会的训诂学存在一定的相似之处，均是选择从文字本身切入进行解读。

虽说文义解释是位序最优先的解释方法，但确切而言，真正体现于解释性条例之中的文义解释极少，往往是条例的附带性提及。以"老小废疾收赎"律为例，该条律文规定："九十以上，七岁以下，虽有死罪，不加刑。"其所附乾隆四十四年条例又规定："十岁以下斗殴毙命之案，若所长止三岁以下，一例拟绞监候，不得概行双请。"① 该条律例的问题明显，一方面律文设定的法律后果存在模糊地带，"不加刑"的具体指代和操作并不明确；另一方面律文和条例之间相互冲突，律文明确七岁以下虽有死罪不加刑，条例却又规定十岁以下杀死年龄相差三岁以内之人，一律绞监候。这一问题于嘉庆十一年得到解决，在山东省德州杜七过失杀死阎狗一案中，杜七与阎狗均年仅七岁，二人于捕虫打闹中发生意外。嘉庆帝在终审时诠释了律文的目的和条例的适用情节，认为杜七理当依律免罪，并在原条例中纂入"七岁以下致毙人命之案，准其依律声请免罪"②。这就相当于对律文中的"不加刑"进行了解释，即免罪，但应由司法机关为该等犯人依照相关法律规定声请免除。嘉庆十七年，奉天司在回复黑龙江将军咨询的哈尔呢（六岁）戳伤致死玛勒塔玛勒（九岁）一案中，就同时引用了律文和条例作为判断依据，认为"是该犯年止六岁，与七岁以下虽有死罪不加刑之律相符。该司将该犯依律免罪，恭候钦定，系属照例办理，应请照办"③。此等表述相结合即可明确"七岁以下，虽有死罪亦可依律声请免罪"的规则。

为何专门进行文义解释的条例如此稀少？一是大多数文义解释在注律的过程中就已完成。如，"老小废疾收赎律"之中的"笃疾"就在顺治年间注为"瞎两目、折两肢之类"。二是文义解释大多发生在案件审判的讨论环节，即便最终因案修订了新规则，也只是由文义解释衍生得出而已，

---

① 《大清律例·名例律·老小废疾收赎》。
② 参见杨一凡主编《历代判例判牍》（第6册），中国社会科学出版社2005年版，第572—573页。
③ 《刑案汇览》卷四"六岁致毙九岁题请免罪"。

形式上与文义解释无关。

二 体系解释型

当文义解释无法解决法律适用的问题时，法官就会进一步选择其他更为复杂的解释方法。事实上，由于中国文字表述的多面性，司法实践中进行文义解释的结果总是呈现出非唯一性，即存在两种以上的解释结论而无法直接确定，故论理解释适用的概率较高。论理解释涵括的范围较广，体系解释、法意解释、比较解释、目的解释、合宪解释均属其列。鉴于中国古代社会并不存在宪法，天朝上国又几无可能参考外国的立法与判例来促进自身法制建设，故合宪解释与比较解释可排除在外。剩余的体系解释和目的解释，是解释性条例的常用方法。

所谓体系解释，是指以文义解释为基础，将法律视作一个整体，结合某一法律条文所处的章节位置、上下文关联及其体系地位对其进行解释的方法，具体又可分为扩张解释、限缩解释、反对解释与当然解释。[①] 该解释方法的重心在于"体系"二字，强调在整个法律体系中综合判断某一法律条文或某一法律概念的意指，在相关章节或条文的佐助下，将文义解释留下的复数选择精确到单个选择。

嘉庆十五年，在巨野县姚文珂捏控伊堂伯、知府姚鸣庭等私拆姚学瑛入官房墙并侵占地基一案中。刑部奏准的条例即为典型的体系解释型条例。该条例规定："内外问刑衙门审办案件，除本犯事发在逃，众证明白，照律即同狱成外，如犯未逃走，鞫狱官详别讯问，务得输服供词，毋得节引众证明白即同狱成之律，遽请定案。"[②] 查条例附属律文"犯罪事发在逃律"之内容，仅规定了犯罪嫌疑人在逃，若证据充分就可定罪结案，不需要审判对问，但未明确犯罪嫌疑人在未逃走的情况下能否直接根据证据定罪。条例相当于进行了体系解释中的当然解释，既然犯罪嫌疑人在逃情况下强调了"不须对问"可据众证定罪，那么未逃情况下自然应当进行对问环节，由"鞫狱官详别讯问，务得输服供词"。律文还对二人共同犯罪有犯罪嫌疑人在逃的情形有相关规定，明确要求被抓获的在逃犯罪嫌疑人应当"鞫问是实"，这说明刑部在拟定该条例时也参考了关联条文。又如乾

---

① 参见杨仁寿《法学方法论》，中国政法大学出版社2013年版，第143页。
② 《大清律例·名例律·犯罪事发在逃》。

隆十三年，刑部在议覆安徽巡抚纳敏题盗犯林宗等行劫一案时附请定例："凡亲属相盗，除本宗五服以外，俱照无服之亲定拟外，其外姻尊长亲属相盗，惟律图内载明者，方准照例减等，此外不得滥引。"① 查该条例附属律文"亲属相盗律"的内容，确实将本宗和外姻亲属均纳入了亲属相盗的范围，即"凡各居（本宗、外姻）亲属相盗（兼后尊长、卑幼二款）财物者"。但在传统社会，本宗与外姻亲疏有别，宗法体系下的法律自然向本宗倾斜。因此，条例相当于对外姻亲属的范围进行了限缩解释，即必须是《大清律例》中"服图"所明确载明的尊长亲属，其余外姻亲属不属于律文规定的"外姻"之列，不得援引减等。

三　目的解释型

目的解释主要是指根据某一法律规范本身的目的来释疑，它与法意解释可搭配使用。二者在方法重心方面存在部分交叉，均注重从立法者最初的价值判断和追求目标来解释法律。尤其在刑法领域，鉴于刑法的特殊功能，无论采取何种解释方法，得到的结论均应与刑法的目的相契合。②

以乾隆三十六年河南巡抚何煟审题林朱氏与林朝富通奸而商谋毒杀儿媳黄氏一案为例，作为尊长的婆婆林朱氏与林朝富因通奸而合谋杀死卑幼儿媳黄氏，这本应适用"谋杀祖父母父母律"关于尊长谋杀本宗及外姻的卑幼亲属的规定。但该律文明显偏向于保护尊长，即便是尊长犯下杀人大罪，也可基于服制层面的优越地位享受减等处罚的待遇。若已实施犯罪行为，依故杀罪减二等；若造成伤害，依故杀罪减一等。因此，有必要追溯该条律文的立法初衷，寻找否定其适用的充足理由。乾隆帝首先是在案件判决中采用了法意解释，指出之前制定尊长故杀子孙的法律时，皆是出于"子孙先有违犯，或因其不肖"等情形的考量，目的是在子孙以卑犯尊时保护尊长的权益，维护尊长爱幼的传统孝道。随后，乾隆帝指出，该案主犯林朱氏的杀人动机和具体情节，已完全背离法律的本意和目的。"使伦常风化之大闲，罔知惩创，而坚贞之烈妇，无人抵命，含冤地下，将明刑弼教之谓何？嗣后凡有尊长故杀卑幼案件内，有似此等败伦伤化，

---

① 《大清律例·刑律·贼盗》。
② 张明楷：《罪刑法定与刑法解释》，北京大学出版社2009年版，第154页。

恩义已绝之罪犯，纵不至立行正法，亦应照平人谋杀之律。"① 最终的案件判决相当于运用目的解释，将这一情形按照凡人谋杀律科罪。新条例亦由此而生："凡尊长故杀卑幼案内，如有与人通奸，因媳碍眼，抑令同陷邪淫不从，商谋致死灭口者，俱照平人谋杀之律，分别首从拟以斩绞监候。"②

四　解释性条例的特征与功能

受各方面因素的综合影响，因案所修的解释性条例在总体数量上并不突出，但这仍不影响它是清代刑事条例的有机构成部分。这一类型的条例依然保持着明显的自身特色和法律功能，以此区别于其他类型的条例。

（一）解释性条例的主要特征

从外在特征来看，结合文字表达、条例内容、表现形式等因素，清代因案所修之解释性条例具有法律效力的高阶性、产生的偶然性、内容与案件核心问题的高度重合性、地位的从属性等四个方面的特征。

其一，法律效力的高阶性。解释性条例虽是对于既有律例的解释，但其并非是效力低于律例的司法解释，而是跻身于条例之列。《大清律例》作为清代的刑法典，在刑事领域具有极高位阶的法律效力，解释性条例位列其中自然同等享有，甚至于在特定场合还能优于律文适用。这说明经过因案修例机制的淬炼，司法解释已然具备了立法解释的性质。究其缘由，莫过于因案修例机制的终端是皇帝，兼掌帝国最高司法权与立法权，其在司法审判过程中确认的法律规则，法律效力优于一般的法律解释。

其二，产生的偶然性。偶然性是指解释性条例的产生受多方面因素共同作用而无法预测，并非客观必然。在阅读《大清律例》及相关资料时可以发现，大部分的法律解释工作在注律以及律例适用时就已经完成，通常不会再产生专门的解释性条例。若非在特定历史时期偶然发生了某一案件，该案件又碰巧受到地方督抚、刑部乃至皇帝的关注，与之相应的解释性条例就难以产生，只能像绝大部分案卷一般，逐步走向沉寂湮没。可以大胆推测，在某一解释性条例产生之前，极有可能已经发生过类似案件，只是这些案件被法官采取其他适当的方式予以解决，或者根本未能进入司

---

① 参见《清高宗实录》卷八百九十八。
② 《大清律例·刑律·人命》。

法高层的视野范围。如前文提到的乾隆三十六年河南林朱氏与林朝富通奸而商谋毒杀儿媳黄氏一案,该类型的案件在此前不在少数,但偏偏此案受到了乾隆帝的关注,最终得以生成新例。

其三,内容与案件核心问题的高度重合性。法律解释的对象是案件中最为核心的问题,其余无关痛痒之问题无解释之必要。从解释性条例的内容表述来看,既与原有律例密切相关,又与其源头案件的核心问题高度重合。这种重合不是说条例内容仍以案件为载体来进行表述(只有极少数的条例还能见到案例的些许痕迹),而是指条例在隐去案件的具体信息后,又保留了案件事实最为核心的问题,这部分恰恰是解释的必要性存在。通过解释核心问题,法官即能明白相关律例的本意和目的,进而在司法实践中妥善运用。

其四,地位的从属性。解释性条例重在解释而非创造,故其处于从属地位。这种从属地位体现于两个方面:一是解释性条例可能只是某一条例的构成部分,其他部分可能是其他非解释性的内容;二是即便解释性条例构成某一条例的全部内容,但相较于其解释的律例而言,依旧属于从属性的法律条款,注重对原有律例规定的解释而非重构。受从属地位的影响,解释性条例在法律后果设定方面也主要体现为三种方式:沿用原有律例的规定、否定适用原有律例、嫁接适用其他律例,基本不会设定全新的法律后果。

(二)解释性条例发挥的法律功能

从功能观之,因案所修的解释性条例具有多重法律功能。作为法律解释的一种,解释性条例具有法律解释的功能;作为刑事法律的一种,解释性条例带有刑事法律的部分功能;作为最高司法机关的法律创制成果,解释性条例又对整个司法系统的运转有着潜在影响。

第一,厘清法律文义,破除模糊规范。成文法是立法者根据社会现实、政治需要、合理预测等基础因素,综合运用自身的法学专业技巧和语言表达能力,将具有清晰逻辑结构和普遍约束力的法律规范用文字表达出来。在这过程中,所有法律条文的假定、行为模式、法律后果都被高度抽象,极易产生理解困难或歧义等问题,若是文言文语境则难度更甚。晚清文人孙兆熊曾在《中西律例繁简考》一文中指出:"律文至细,律义至深,有一句一意者，有一句数意者，有一字一意者，有一字数意者。"① 解释性条例恰是针对该种情形所制定，它要做的是对法律的模糊地带进行释疑，既包括某一概念应该如何理解，也包括某一情形是否应被涵括在法律的调整范围内。经解释性条例的作用，原先存在多种含义选择的概念被精准确定。

第二，还原立法目的，统一法律适用。"在对待编纂法或制定法时，我们从普遍的经验中获知，一条法规的语词往往不能完整地或准确地反映该法规制定者的意图和目的。当立法者试图用简洁但却一般的术语表达其思想时，那些在过去曾属于整个意图范围中的情形，在当今则几乎被完全切割出去了。"② 这在极其注重目的的刑法领域，无疑给法官适用法律造成了阻碍。面对同一条存在疑问的法律条文，不同的法官极有可能得出不同理解和结论。而解释性条例是由清代高层司法机关在具体案件中作出的，它更贴合司法实践的需要，可以很好地还原那部分被隐藏或切割的立法目的，为法律的统一适用明确一种标准。甚至在正式成为解释性条例之前，它已借由皇帝对司法系统的权威影响而取得了实质上的法律效力。

第三，预防与规制犯罪行为。解释性条例是刑法典条文而非一般的解释性文件，它充分运用了各项法律解释的方法并受过因案修例机制的程序洗礼，"从而保证法律解释结果及其所支持的法律决定或法律判断是理性的"③。因此，解释性条例也具有刑法的预防与规制犯罪行为的功能。从现有解释性条例的具体内容来看，解释性条例有着较为完整的法律条文逻辑结构，能将某一类主体或某一类行为明确纳入刑法所调整的范围。这便会给社会大众带来实质上的事前预防、指引和事后评价，强制他们按照法律规定来决定自身的行为模式。一旦行为满足了解释性条例的设定，自然受其规制。恰如康熙帝所言："向因人心滋伪，轻视法网，故于定律之外复设条例，俾其畏而知儆，免罹刑辟。"④

---

① 《清经世文三编》卷六十。
② 参见［美］E. 博登海默《法理学：法律哲学与法律方法》，邓正来译，中国政法大学出版社2004年版，第556页。
③ 王夏昊：《论法律解释方法的规范性质及功能》，《现代法学》2017年第6期。
④ 《清通典》卷八十。

第二节　修补性条例

清代因案所修条例的第二种类型为修补性条例。这一类型的条例，类似于拉伦茨所说的法的续造，主要偏向于对原有律例的漏洞进行修补，从而使得单条律文乃至《大清律例》整体趋向于高度完善。该类型的条例是因案所修条例的主要构成部分，单就数量而言，就远甚于解释性条例。这与条例本身的定位息息相关，条例很大程度上就是为了应对"无穷者情伪"①，是所谓"律为一定不易之成法，例为因时制宜之良规。故凡律所不备，必藉有例，以权其大小轻重之衡。使之纤悉比附，归于至当"②。同解释性条例一样，修补性条例对法律漏洞的修补也有着特定的方法，具体可分为四种：类推适用、目的性扩张、目的性限缩、创造性补充。这四种方法处于同一位序，不存在先后适用顺序之分，但它们各自对应着专门的法律漏洞类型。漏洞的不同，适用的修补方法亦不同。

一　类推适用型

顾名思义，类推适用是指在法律未对某一事项进行规定的情况下，通过类推，援引适用与该事项性质相类似的规定。"其中的内在的'逻辑机制'，就正是透过类推思维的运作，而在两个不同的'事态'之间，建立类同性或相似性关联，以使新的伦理情境得以出现，以构作或应用此种伦理情境。"③ 可见，类推适用的关键在于找到待处理事项与法律已规定事项的连接点，从而确保二者在性质上具有共通性。根据同案同判原则，对于同一类或者相似度较高的事件，就应在处理结果上保持一致，否则将引起不必要的争议。

在因案所修的条例中，不乏类推适用型的条例。如，"激变良民律"后附条例规定："山陕刁恶顽梗之辈，假地方公事，强行出头，逼勒平民，

---

① 《大清律例》卷前附《御制〈大清律例序〉》。
② 《读例存疑·序文》。
③ 张斌峰：《荀子的"类推思维"论》，《中国哲学史》2003年第2期。

第五章　清代因案修例机制的成果类型与技术详解

约会抗粮，聚众联谋，敛钱构讼，抗官塞署，或有冤抑，不于上司控告，擅自聚众至四五十人者，地方官与同城武职，无论是非曲直，拿解审究，为首者，照光棍例拟斩立决。"① 该条条例系因康熙五十三年四川总督鄂海题蒲州、朝邑两处人因争地界殴毙数命一案所修纂（雍正三年纂例），属于典型的类推适用型条例。根据光棍例的规定，② 它调整的主要是恶棍"设法索诈官民，或张贴揭帖，或捏告各衙门，或勒写借约吓诈取财，或因斗殴纠众系颈，谎言欠债逼写文券，或因诈财不遂，竟行殴毙"③ 等行为，并不包括聚众对抗官府的行为。但二者有着明显的类同性，如行为主体均是刁恶之徒，主观方面均带有滋事恶意，行为本身均带有聚众闹事的性质，行为后果均严重破坏社会统治秩序。刑部极易建构起二者同类性质的关联点，进而将山西陕西地区的这类行为按照光棍例类推处理。

无独有偶，雍正二年，刑部又面临了另外一桩类似案件，即福建巡抚黄国材奏惠安县童生纠众辱殴典史一案。虽然该案发生在福建而非陕西和山西，但案件指向的行为却与康熙五十三年条例规定的犯罪行为极其类似。从行为主体来看，童生是尚未考取秀才的学子，虽不属于刁恶顽梗之辈，但在实施相关行为时已具备了一定程度的刁蛮凶恶性；从行为内容来看，聚众辱骂殴打县衙的典史虽与"强行出头，约会抗粮"不同，但亦明显属于聚众闹事、挑战官府的行为，甚至略重于"抗官塞署"。故此，刑部在处理该案时类推适用了康熙五十三年条例，并确立了新例，即"福建地方，如有借事聚众罢市、罢考、打官等事，均照山陕题定光棍之例，分别治罪。其不行查拿之文武官弁，亦照例议处"④。这一条例显然也属于类推适用型，修补了原有律例规定在适用地域范围、行为模式等方面的漏洞。

再如，"给没赃物律"后附条例："州县有盗劫库项，除失事之员照数补还者，无庸另议外，或本人身故、产绝、力难完缴者，即照州县亏空之

---

① 柏桦编纂：《大清律例汇编通考》，人民出版社2018年版，第732页。该条条例于乾隆五十三年与另两条条例修并。
② 据苏亦工教授考证，清律中的光棍例就是指这一条。参见苏亦工《清律"光棍例"之由来及其立法瑕疵》，《法制史研究》2010年第5期。
③ 《大清律例·刑律·贼盗》。
④ 柏桦编纂：《大清律例汇编通考》，人民出版社2018年版，第732页。该条条例于乾隆五十三年与另两条条例修并。

· 113 ·

例，令该管各上司分赔。"① 该条源于乾隆二十五年浙江巡抚庄有恭题豁句容县知县周应宿至死仍未赔完盗劫库银一案，经刑部议覆声请定例。查该案案情，句容县库银被劫，知县周应宿守护不力，自应承担赔付被劫之银两的法律责任。一如乾隆帝所强调："库贮系县令专责，既经被劫，该员方有疏防之罪，其所失银两，自属分内应赔。"② 但周应宿直至去世仍未赔付完毕，这就出现了一个新问题，即赔付责任人去世，赔付义务是就此豁免还是延伸至其他主体？刑部最终选择将州县亏空的惯常做法类推适用于这一问题，即由管辖知县的上司分赔。综观知县因身故、产绝或家庭困难无法赔付的情形，与州县亏空存在明显的相似之处：一是犯罪主体均为国家官员；二是客观情况均为国家资产缺失；三是犯罪主体均基于各种客观原因无力填补；四是行政层级均为州县即基层一级。这应是刑部在明知盗窃与侵吞挪移存在区别的前提下，仍坚持类推适用的根本原因。

二 目的性限缩型

类推适用是在法律对某一事项缺乏规定的背景下所使用的修补方法，但若是法律已对某一事项或其归属的某类事项进行了明确规定，那就有必要择选其他的方法予以修补。通常而言，是结合法律的目的对原有规定的适用范围进行限缩或扩张。所谓目的性限缩，主要是指某一类型事项若按法律文义进行理解，本应被纳入该法律的调整范围，但结合其目的和价值追求来看，实际上应区别对待并将之排除在该法律适用范围外。③ 它与限缩解释的区别在于判断的标准，限缩解释立足于法律文义本身，是对文义进行切割；它立足于法律规范的目的，将原本无法通过文义切割的某一事类剔除在外。

目的性限缩型条例在因案所修条例中可谓较为常见。以"老小废疾收赎律"为例，该律文规定："八十以上，十岁流下，及笃疾（瞎两目、折两肢之类），犯杀人（谋故、斗殴）应死（一应斩绞）者，议拟奏闻，（犯反逆者不用此律）取自上裁。"④ 这相当于为笃疾人群设定了特殊的刑

---

① 《大清律例·名例律·给没赃物》。
② 《清高宗实录》卷六百二十三。
③ 参见杨仁寿《法学方法论》，中国政法大学出版社2013年版，第200页。
④ 《大清律例·名例律·老小废疾收赎》。

第五章 清代因案修例机制的成果类型与技术详解

事诉讼救济渠道，即笃疾者触犯死罪，除谋反大逆之外，皆应在呈报案件时如实陈述笃疾情形，由皇帝裁断。乾隆三十九年，四川总督文绶题奏了一起案件，双目失明的何腾相与妹夫董联珩因事发生口角，双方相互拉扯跌倒。跌倒时，何腾相的膝盖跪在董联珩的身上，致其受伤死亡。根据上述律文规定，何腾相双目失明属于笃疾，其犯杀人罪也应当随案上请。刑部在核覆该案时，认为律文的调整范围过大，将笃疾杀人的所有情形都囊括殆尽。考察该条律文的设定初衷，"原属国家法外施仁，曲加矜宥之意"，故能获得上请资格的笃疾者应结合这一目的进行限定。凡是笃疾者并非有意逞凶，或被人挑衅、欺负而顿生仇恨还击等行为，应适用律文声请；若笃疾者蓄意谋害或有心故杀，则不属于上请的范围，直接依律定罪。最终，刑部奏准新例："凡笃疾杀人罪犯应死者，实系斗杀及戏杀、误杀，方准依律奏闻，取自上裁。其蓄意谋害及有心故杀者，俱依律拟罪，不准声请。"① 这一条例就属于典型的目的性限缩型条例。

又如，"亲属相盗律"规定了发生在亲属之间的窃盗行为应减等处罚，即"凡各居（本宗、外姻）亲属相盗（兼后尊长、卑幼二款）财物者，期亲，减凡人五等。大功，减四等。小功，减三等。缌麻，减二等。无服之亲，减一等，并免刺"②。乾隆五十八年，在两江总督惠麟审奏江苏省溧水县陶仁广盗窃无服祖叔祖陶宇春典铺银两并潜逃一案中，乾隆帝对于无服之亲减等处罚的范围进行了目的性限缩。乾隆帝认为："夫律设大法，理顺人情，亲属相盗较之寻常窃盗得邀末减者，原因孝友睦姻任恤之道，本应鬬急。"③ 这阐明了律文内容设定的初衷，就是为了鼓励亲属之间相互扶持帮助。从这一目的出发，若无服亲属之间，平日感情淡漠又不存在接济体恤行为，意味着富有亲属未尽到孝友睦姻任恤的道德义务，贫困亲属盗窃其财物可对应获得法律层面的适当优待，即减等处罚。但若是富有亲属履行了道德义务，平日对贫困亲属一直有所关照或者为其提供有酬职业，贫困亲属再行偷盗之行为就属于恩将仇报，应当按凡人盗窃罪处理。此时的无服贫困亲属处于道德评判上的低点，违背了国家力图建构的礼义秩序，自然不具备法律优待的合理基础，理应将其排除出法定的减等处罚范围。基于这一考量，新条例对律文的内容明确进行了限缩："各居无服

---

① 参见《清高宗实录》卷九百六十三。
② 《大清律例·刑律·贼盗》。
③ 《清高宗实录》卷一千四百三十。

亲属相盗财物，除因尊长漠视卑幼，素无周恤，致被卑幼窃其财物者，照旧律分别减等办理外，若尊长素有周恤，或托管田产，经理财物，卑幼不安本分，肆窃肥己，贻累尊长受害者，……系无服之亲，即以凡人窃盗计赃科断，至满贯者，拟绞监候，秋审时入于缓决，俟缓决三次后，遇有恩旨，再行减发充军。"①

此外，"罪人拒捕律"后附的一条条例也属于目的性限缩型，即"如实系被事主及应捕之人扭获，情急图脱，用刀自割发辫、襟带，以致误伤事主、捕人者"②，均减等处罚。该条例源于道光二年刑部议覆的一桩案件，湖南赃犯曾三因行窃被抓获，为脱逃而拔刀割发辫，无意划伤事主。查原有条例规定，只要是拒捕而刃伤事主或捕快，不分具体情由，一律严惩。该条例相当于结合立法目的将刃伤中的误伤情形剔除出原有条例的适用范围，并设定了新的处罚标准。

三　目的性扩张型

目的性扩张，即根据法律规范之目的，将法律文义原本未涵盖的某一事项纳入该法律的调整对象，相当于对法律原有的适用范围进行了扩张。③目的性扩张与目的性限缩相对应，二者均是以法律目的为修补依据，属于同一类漏洞修补方法的两面，只不过前者追求吸纳，后者追求排除。它的逻辑推论结构亦较为简单，若甲事项须按乙模式处理，而丙事项属于甲事项，那么丙事项亦应按乙模式处理。这一推论过程与类推适用略有相似，但二者的关键区别在于，目的性扩张是要求待处理事项属于法律已规定事项的范畴，类推适用则不要求事项之间存在从属关系，只要存在相似关联性即可。

由于目的性扩张可将法律的适用范围扩大，因此无形之中降低了立法成本而被广泛运用，故该类型的条例在因案所修条例中占据着相当比例。如，"恐吓取财律"后附条例规定："凡在内太监逃出索诈者，俱照光棍例

---

① 柏桦编纂：《大清律例汇编通考》，人民出版社2018年版，第1092页。该条条例于嘉庆六年被修改。
② 《大清律例·刑律·捕亡》。
③ 参见杨仁寿《法学方法论》，中国政法大学出版社2013年版，第203页。

治罪。"① 该条例系因康熙三十六年九月太监刘进朝逃出在外索诈李十等一案所修纂。太监刘进朝逃出宫廷，在山东李十家住宿时实施敲诈勒索行为，得银四十五两。刑部一开始将刘进朝拟徒，康熙帝审核后认为："太监系内庭执役之人，所关甚重，刘进朝逃出在外索诈，即属光棍，应照光棍例议罪。"② 所谓光棍例，就是"恐吓取财律"后附的顺治十三年题准定例。该条例规定："凡恶棍设法索诈官民，或张贴揭帖，或捏告各衙门，或勒写借约吓诈取财，……此等情罪重大，实在光棍事发者，不分曾否得财，为首者，斩立决。为从者，俱绞监候。"③ 从内容来看，光棍例对应的犯罪主体是民间恶棍，即胡作非为、作恶多端的人，并不包括宫廷之内的太监。康熙帝的意见无疑是结合光棍例的目的，对其适用范围进行了目的性扩张。既然实施光棍例是为了打击恶棍的不法行为，那么即便犯罪主体已超出一般意义上的光棍理解，也应按光棍例处罚。太监本是皇宫内院的奴役人员，一旦其外逃后实施敲诈勒索行为，就应该归入光棍的类属，将其按照光棍例惩处。

又如，"杀死奸夫律"后附有两条条例，对未婚妻与人通奸的情形进行了规定。一是乾隆三十四年，刑部在核覆广西巡抚宫兆麟审题的梁亚受与卢将未婚妻黄宁嫦通奸被卢将捉奸登时殴打致死一案时奏准定例，规定："凡聘定未婚之妻与人通奸，本夫闻知往捉时，将奸夫杀死，……其登时杀死，及登时逐至门外杀之者，俱照本夫杀死已就拘执之奸夫，引夜无故入人家已就拘执而擅杀律拟徒例，拟徒。"④ 二是道光二十三年，安徽巡抚程矞采在宋忠因奸谋杀未婚夫查六寿一案中附请定例，规定："聘定未婚妻，因奸起意杀死本夫，应照妻妾因奸同谋杀死亲夫律，凌迟处死。……至童养未婚妻，因奸谋杀本夫，应悉照谋杀亲夫各本律定拟。"⑤ 查该两条条例对应的律文内容，设定的行为主体均是已正式发生婚姻关系的妻妾，并不包括仅有婚约的未婚妻。这意味着条例对律文进行了扩张，将未婚妻也纳入到"杀死奸夫律"的调整主体范围。至于扩张的依据，仍然是结合律文本身的目的。"杀死奸夫律"的主要目的是保护正当婚姻关

---

① 《大清律例·刑律·贼盗》。
② 《读例存疑》卷三十。
③ 《大清律例·刑律·贼盗》。
④ 《大清律例·刑律·人命》。
⑤ 《大清律例·刑律·人命》。

系，维护基层伦理秩序的稳定。一方面，夫为妻纲，明媒正娶的妻妾对于丈夫负有法律层面和道德层面的双重忠诚义务。另一方面，在传统中国社会，个体家庭构成宗法族群中最基本的生活单元，每个家庭的和睦是保证基层社会统治秩序安定的重要元素。未婚妻虽尚未完成婚姻仪式，缺乏官方和公众的正式认可，但双方已通过聘礼等程序确定了婚约，忠诚义务自然随之附加。因此，将已聘定的未婚妻因通奸谋害未婚夫的行为纳入"杀死奸夫律"的适用范围，符合律文的基本目的，属于合理的目的性扩张。

四 创造性补充型

创造性补充型条例系针对原先法律所未规定的事项，结合法理和社会现实需要，设计的全新的法律规范。该类条例重在"创造性"，如果说类推适用、目的性限缩、目的性扩张等类型的条例，在其产生前均已有相关的法律规范存在，那么创造性补充型的条例就完全是在零的基础上的新创，前者是"从有到全"，后者是"从无到有"，弥补的漏洞类型也存在差异。它的产生源于司法实践中所出现的新事项或新情形，这些新事项和新情形的出现，既有可能是基于统治者的政策变化，也可能是基于社会结构和经济形势的自然变迁。但无论是哪种原因，它们都已进入司法管辖范围，客观上要求制定专属的法律规范予以调整，从而建构起新的行为模式。

在所有因案所修的条例中，创造性补充型条例不在少数，它们填补了原有律例所留存的空白。如，"罪人拒捕律"后附条例规定："强奸未成罪人，被本妇之子登时杀死者，勿论；若杀非登时，杖一百，徒三年。"[①] 该条例系因嘉庆七年，刑部议覆直隶总督颜检咨平泉州田雪子殴死石勇一案所修纂。石勇强奸田雪子之母李氏未成，登时被田雪子殴打致死。查该案发生之前已有之律例规定，"罪人拒捕律"规定的是罪犯拒捕或被抓后逃跑等情形，与该案强奸未遂但尚未拒捕或逃走的情形不符。"杀死奸夫律"后附条例亦有相关规定，但是本夫（即被奸女主的丈夫）杀死强奸未成的罪犯，犯罪主体未涉及被强奸对象的儿子。当现有律例无法满足案情的需要，创造性补充便获得了应运而生的良机。值得说明的是，虽然行为均是

---

① 《大清律例·刑律·捕亡》。

第五章　清代因案修例机制的成果类型与技术详解

杀死强奸未成的罪犯，但新例为儿子设定的法律后果与本夫存在巨大差别。本妇之子在强奸未遂时当场将罪犯杀死，勿论，即不构成任何犯罪，只有在非登时的情况下，才处以"杖一百，徒三年"。但本妇之夫的刑罚更加严重，无论是否登时杀死罪犯，只要杀人就按照"擅杀罪人律"拟绞监候。个中缘由，应是中国古代社会将母子之间的尊卑孝道置于道德伦理秩序的更高位阶，兼虑本妇之子可能年幼而需要适当优待。

又如，"殴期亲尊长律"后附条例："期亲尊长与卑幼争奸互斗，卑幼将尊长刃伤及折肢，罪干立决者，除卑幼依律问拟外，将争奸肇衅之尊长杖一百、流二千里。如非争奸，仍各依律例本条科断。"① 该条例系乾隆五十八年刑部在议覆江西省刘乞刃伤胞叔刘兆纶一案中，钦奉谕旨所定。该案案情特殊，刘乞先与无服族兄刘贤之妻喻氏调戏成奸，后喻氏又勾搭刘兆纶并约定于黄昏后相会，岂料刘乞先至，刘兆纶遂以捉奸的名义抓住刘乞殴打。刘乞为尽快逃离，情急之下用剪刀将刘兆纶戳伤。查相关律例，"殴期亲尊长律"规定的是卑幼殴期亲尊长以及期亲尊长殴卑幼的单向殴打行为，根本未涉及卑幼与期亲尊长因争奸互殴的情形。"犯奸律"亦仅规定父子与人通奸且子因奸杀父的情况下，奸妇应发配给驻防兵丁为奴。在此情况下，乾隆帝强调，"夫明刑所以弼教，似此有关风化之事，致侄于立决，而仅予薄惩完结，其何以肃伦纪而儆奸邪"②，认为应当就期亲尊长的该等行为创设新例。刑部最终进行了创造性补充，将争奸的情形单列条例，并明确争奸的期亲尊长杖一百、流二千里。

再如，"给没赃物律"后附条例："缘事获罪，应行查抄资产，而兄弟未经分产者，将所有产业查明，按其兄弟人数分股计算。如家产值银十万，兄弟五人，每股应得二万，只将本犯名下应得一股入官，其余兄弟名下，应得者概行给予。"③ 该条源于乾隆四十九年广西巡抚孙士毅奏永安州知州叶道和与岑照科场舞弊，蔑法营私，请将叶道和家产查抄入官一案。安州知州叶道和案发后，其资产被悉行查封，然其尚有兄长，即抚州府照磨叶道中④，兄弟二人未曾分家。根据宗族社会的乡土规则，兄弟未分家，意味着叶道和与叶道中的财产混同，共属一家。换言之，叶道和被查封的

---

① 《大清律例·刑律·斗殴》。
② 参见《清高宗实录》卷一千四百三十。
③ 《大清律例·名例律·给没赃物》。
④ "照磨"为知府属官，秩从九品，掌核对案卷诸事。

· 119 ·

资产中有一部分应当归属于叶道中。若全部查封，对未有过失的叶道中未免太不公平，毕竟其由始至终未参与犯罪。若允许分产，又缺乏具体的操作方式和标准。查原有相关律例，"给没赃物律"规定的主要是被查抄资产可获赦免的情形和例外情形，此外并无针对该情形的详细规定。在此情况下，只有专门进行创造性补充。乾隆帝最终因此案确定了新规则，即允许兄弟在查抄资产前按人数平均分赔，只将罪犯本人的那一份资产充公。"朕办理庶务，一秉大公至正，从不肯故为姑息，使墨吏无所儆畏，亦不肯稍事苛刻，以致波及无辜，所有叶道和一案，即照此办理。"①

上述三例虽属于创造性补充，但未突破原先律例规定的大范围，仍是在大范围内发生的新情形和新事项基础上结合法理进行的创造。这种创造具有偶然性，该类案件可能在任何时候发生并受到统治者的关注，并非社会时势发展所致。与之相对应的是另一种完全基于社会时势变化而产生的创造性补充型条例。如，"常赦所不原律"后附条例："传习白阳、白莲、八卦、红阳等项邪教，为首之犯，无论罪名轻重，恭逢恩赦，不准查办。并逐案声明遇赦不赦字样，其为从之犯，亦俱不准援减"②。该条例系道光十二年刑部会奏孟六等习教一案中奉旨所修纂，直接将白阳、白莲等邪教罪犯排除出恩赦政策的适用范围。另查《大清律例》中与白阳、白莲等邪教相关的条例，基本修纂于嘉庆、道光年间及之后。③ 这只能说明一个问题，邪教相关条例的出现，应与其在清代社会的发展过程密切相关。从史料记载来看，确实在清中期之后，白阳、白莲等邪教的发展态势愈演愈烈，最终成为严重威胁社会秩序的存在，统治者不得不加强立法以进行严格管控。有一例最能证明彼时白莲教发展之迅猛。嘉庆十八年九月十五日，"天理教逆匪七十余众，犯禁门，入大内，戕害兵役"。天理教（白莲教的分支）数十名教徒在林清的带领下竟然攻入紫禁城，甚至与时任皇太子的道光帝直接交锋。"有执旗上墙三贼欲入养心门，朕之皇次子亲执鸟枪，连毙二贼。"④ 该事件对于清廷统治者之震动可想而知，从而结合社会时势变化对白阳、白莲等邪教组织加大刑法调整力度。

---

① 《清高宗实录》卷一千一百九十六。
② 《大清律例·名例律·常赦所不原》。
③ 如"徒流迁徙地方"律文后附与邪教相关的条例修纂于同治九年，"禁止师巫邪术律""徒流人逃律"后附与邪教相关的条例修纂于嘉庆年间。
④ 《清仁宗实录》卷二百七十四。

五　修补性条例的特征与功能

根据功能主义法学的观点，任何一个宏观制度体系乃至每一条微观法律条文，均有其特定的指向与功能。而这些特定的指向和功能，又决定了它们相较于其他的法律条文有着不同的特征。与解释性条例相比，修补性条例在特征和功能上有与之重合部分，但更多的是自我的特色。

（一）修补性条例的主要特征

作为因案所修条例中最为主要的构成部分，修补性条例的特征相较于解释性条例而言更加突出。除兼具解释性条例的偶然性等特征外，还主要体现于新颖性、关联性、实体性、抽象性和形象性、伦理性等五个方面。

其一，新颖性。新颖性主要是指修补性条例的内容带有明显创新，这一特征是解释性条例所不具备的。清代因案所修的修补性条例，一部分具有绝对新颖性，它们调整的刑事法律关系是伴随着社会发展而逐渐产生的，属于原有律例完全未涉及的事项。另一部分具有相对新颖性，其调整的事项与原有律例略有关联，或是因类推适用而法律后果一致，或是因目的性扩张或限缩而以原有律例为基础，或是新事项本就属于法律已规定的某类事项的新情形。可以说，新颖性是修补性条例最突出的特征，这也是条例得以广泛适用的根本原因。

其二，关联性。由于条例的总体数量极多，产生于不同的时代又分别归属于不同的律文之后，彼此之间存在密切联系。这种关联体现为两个方面：一方面是互为辅助，即某些条例之间应该互相参看，从而确定立法本意。薛允升在《读例存疑》中共有930次提及"参看"，如前文提到的"给没赃物律"后附条例，就应"与仓库不觉被盗条例参看"[①]。条例之间的互相参看既证明了律例的整体协作性，也侧面反映了系统的紊乱性。另一方面是互相重复或冲突，薛允升在《读例存疑》中多次提及律例规定之间的"参差不齐"问题，"参差"一词共出现了465次，其中不乏与修补性条例相关者。这也印证了雍正帝在上谕中指出的问题："又念律例一书为用刑之本，其中条例繁多，若不校订画一，有司援引断狱，得以意为轻重，贻误非小。"[②]

[①] 《读例存疑》卷四。
[②] 《大清律例》卷前附《世宗宪皇帝上谕》。

其三，实体性。修补性条例规定的主要是实体内容，指向具体的权利义务，程序性规定则居于次要地位。以《读例存疑》中明确因案所修的225条条例为例，其中刑律部分最多，共计有161条，占比71.6%；名例律部分次之，共计33条，占比14.6%；剩余户律、兵律、礼律、吏律、工律共计31条，占比13.8%。而在刑律中，又以"贼盗""人命"和"斗殴"类的条例数量最多，共计118条，代表程序法的"捕亡""断狱"仅为27条。再结合修补性条例的具体内容及其案件基础来看，也明显偏向于实体法。这与传统社会重实体轻程序的习惯密切相关，"立法者关注的是绝对统治下的实益均衡，而非各项权益与事项的实施过程，因而传统立法存在着先天的结构性缺陷"①。当程序法先天就处于弱势领域时，即便其存在法律漏洞和需要完善之处，也往往被忽视。

其四，兼具抽象性与形象性。从律文和条例的编排体例和具体内容来看，条例虽附属于律文，但其结构并不像当代社会法律与实施细则那般严谨。其中最主要的原因便是条例兼具抽象性与形象性，既着力于弥补律文的缺陷和漏洞，又有可能突破律文的外延。一方面，修补性条例已然脱离了案例的形式，以一种抽象化的语言呈现于法律文本之中。另一方面，在抽象的同时，它又带有明显的具象表达。它毕竟是从一个个偶然案件中总结出来的经验规则，不是立法者严格根据立法逻辑和顺序进行的规则设计。这或许是自宋代以来，条例总被冠之以"因一事而定一例，因一人而定一例"的根本原因。

其五，伦理性。伦理性主要是针对修补性条例的内容而言。根据前文的数据统计，因案所修条例数量最多的基本集中于强盗、杀死奸夫、徒流迁徙地方、奴婢杀家长、殴大功以下尊长、斗殴及故杀人、戏杀误杀过失杀伤人、谋杀祖父母和父母等律文门类。细观律例调整的犯罪行为，均明显侵犯了传统社会的伦理纲常秩序。其中，强盗、斗殴及故杀人、戏杀误杀过失杀伤人等行为侵害了一般意义上的他人人身及财产权利，违背了社会基本的伦理道德；杀死奸夫、奴婢杀家长、谋杀祖父母和父母等行为的伦理性更加凸显，系对存在特殊身份关系的他人人身权利进行侵害，挑战着传统社会的宗法统治基础。即便是徒流迁徙地方这种刑罚执行领域，也涉及奴隶与主人、妻杀夫、鸡奸等诸多伦理事项。伦理性案件最易产生新

---

① 柳正权、黄雄义：《"形"与"实"的结合：论案例指导制度对传统判例文化的传袭》，《湖北大学学报》（哲学社会科学版）2017年第6期。

的条例有着特定的缘由，既因为统治者对社会伦理纲常的重视，也基于该类案件的案情更为复杂，往往非简单的法律条文所能全面覆盖，需要更多的规定予以调整。

（二）修补性条例发挥的法律功能

在推崇法律工具主义的传统社会，修补性条例的功能更加突出。作为帝国的刑事法律，修补性条例涉及名例、刑、户、兵、礼等诸多领域，发挥着法律本身具备的基础功能，不断为《大清律例》整体体系的建构和完善贡献力量。作为维护专制统治的工具，修补性条例又在法律功能的基础上承载了某种政治功能，代表着统治者的个人意志。

第一，填补法律漏洞。修补性条例最为主要的功能是填补现行律例的漏洞，逐步改善法律的不圆满状态。尤其是在中国古代社会，各种因素的综合作用，导致古代法律总是存在或多或少的问题。修补性条例综合运用各种修补方法，将律例原有的问题一一解决，从而较好地实现法律追求的价值目标。"第其始，病律之疏也，而增一例。继则病例之仍疏也，而又增一例"[1]，"法网益密，律不足以尽之间增条例，夫例者，不得已而佐律之穷者也"[2]，这都呈现出条例填补法律漏洞的功能。若某一事项未被纳入律例调整范围，但依照法律目的又应当被纳入，则采用目的性扩张的方法。若某一事项缺乏相应的规定，但与其相似的事项又存在规定，则采用类推适用的方法。若某一事项乃新生事物，尚无具体规定，则采用创造性补充的方法。

第二，完善刑事法律体系。清代的刑事法律体系是一种金字塔式的结构，最顶端是持久不变的律文，律文之下是附着于各律文之后的条例和各项单行法规（如《督捕则例》），条例之下有刑部通行章程，通行章程又以数量庞大的成案和说帖为基础。修补性条例恰恰是串联和衔接这些元素的重要纽带，它植根于生动形象的成案，与刑部通行又有着千丝万缕的联系，最终的内容又填补了律文所忽视或不及的真空地带。原本律例之间、律例与社会现实之间的矛盾均在修补性条例的作用下得到缓解或根除，法官在具体运用律例过程中所面临的困惑或产生的冲动亦得到了最为适当的排解。总而言之，修补性条例不仅丰富了刑事法律体系本身的血肉，使得法律规范的内容渐趋完备与科学，亦加强了不同层级之间刑事法律规范的

---

[1] 《读例存疑·总论》。
[2] 《清经世文三编》卷六十。

联系，确保律例、通行、成案之间的相互配合与协调。

第三，刑法的基本功能。修补性条例也具备刑法的基本功能。择其要者，一是行为规制功能，修补性条例有着较为完整的规范逻辑结构，涉及诸多主体、行为模式和法律后果，这便决定着它既能使民众清晰预知行为的后果，指引他们准确界定法律禁止与允许之间的界限，又能在民众实施行为后对其合法与否进行客观评价。如"窃盗律"后附的3条因案所修条例，就分别规定了协同贼匪盗窃勒索、盗窃现任官员财产以及捕役、兵丁、地保等特殊主体窃盗。二是法益保护功能，如"强盗律"后附的13条因案所修条例，涉及响马强盗白天于道路上抢劫、越城行劫、捉拿强盗等诸多行为，保护的法益即是财产所有权和人身权利。实现这一功能的关键在于修补性条例设定的法律后果，严厉的刑罚制裁无论是在事前、事中抑或事后均有强劲的压迫力。

第三节　条例使用法律方法的本土对译

借助当代法律方法论对清代因案修例机制的运行成果进行类型划分后，可充分得见其对法律方法运用之频繁。但值得说明的是，包括文义解释、体系解释、类推适用、目的性限缩与扩张在内的各种法律方法，均系当代法学所流行的法律方法论，属于西方语境下的表达范畴。清代乃至整个中国古代社会，并未使用这些概念，而是在传统的本土语境下形成了一种自我表达。尽管这些表达在字面和内涵上可能无法与西方语境下的法律方法论实现无缝对译，但"每个社会的法律在实质上都面临同样的问题"[1]，它们客观上确实属于同一种智慧，发挥着解决类似法律问题的同一功能。

一　"注解"与"法律解释"

中国古代有着丰富的法律解释实践活动，历朝历代"采用种种方法对

---

[1] [德] K. 茨威格特、H. 克茨：《比较法总论》，潘汉典、米健、高鸿钧等译，法律出版社2003年版，第47页。

第五章　清代因案修例机制的成果类型与技术详解

封建法典进行解释,如解释秦律的'答问'、汉律的'章句'、魏晋律的'集解'、唐律的'疏议'和宋律的'音赋'等。"① 及至清代,法律解释被称为"注解"或"律注",即对律文的备注说明。如,"亲属相为容隐律"之中的"同居",在顺治年间就被注为"谓同财共居亲属,不限籍之同异,虽无服者亦是"。《大清律例》卷前附载的奏疏和凡例多处提到"注解",如"但细查汉律内,或注解参差,字句讹误、遗落者尚多"②,"于每篇正文后,增用总注疏解律义,期于明白晓畅,使人易知"③,"律后总注,……或释正文而兼及小注,或诠本条而旁通别义"④,"律内小注,释难明之义,解达未足之语气"⑤。尽管总注后因"意在敷宜,易生支蔓"⑥ 而被乾隆帝予以删除,但外在表现形式的存在与否不应影响实质方法论的延续,其蕴含的法律解释具体方法仍客观存在。

　　清代注解运用的具体解释方法,与当代的法律解释方法有着异曲同工之妙。比如,文义晰明法与文义解释法相类似,注重对字词文字含义的解读,"揭示了传统律学和文义解释的高度一致性"⑦。所谓文义晰明法,即将律例文义不清晰之处予以释明。清人对律例文义不明晰的问题甚为关注,几乎在每次修订《大清律例》时均会提及,如,"并将全部条例逐一比较,其中或新旧不符、或词意重复,或文义未甚明晰,俱详加酌核"⑧,"并将全部条例逐一比较,其中或有新旧不符及词意重复并文义未甚明晰,俱详加参考,酌量修改,以期引用无讹"⑨,"至旧例内间有字句重复、文义不甚明晰及与新例不符易于混淆者,今并加参考,一并改正"⑩。针对"文义未甚明晰"的问题,自然需要运用文义晰明的方法,力求解释清楚各条律例的基本文字意义。这一方法在语言学上有着更为源远流长的方法论基础,即中国古代的"训诂"。"训诂"是传统语言学的经典方法,亦名"训故""诂训""故训"。其中,以通俗的话来解释词又叫"训",用

---

① 何敏:《清代私家释律及其方法》,《法学研究》1992年第2期。
② 《大清律例》卷前附《刑部奏疏》。
③ 《大清律例》卷前附《张玉书奏疏》。
④ 《大清律例》卷前附《雍正五年律凡例》。
⑤ 《大清律例·凡例》。
⑥ 《大清律例·凡例》。
⑦ 杨剑:《"辑注"在清律学中的方法论价值及意义》,《法学》2019年第9期。
⑧ 《大清律例》卷前附《刘统勋奏疏》。
⑨ 《大清律例》卷前附《英廉奏疏》。
⑩ 《大清律例·凡例》。

当代的词语解释古代词语，或用普遍流行的词语解释方言词语，叫"诂"。① 它的核心在于解释词义，让复杂、抽象、深奥的文字变得简单、具象、通俗，恰如孔颖达在《毛诗正义》中所云："然则诂训者，通古今之异辞，辨物之形貌，则解释之义尽归于此。"②

再如，画一法与体系解释法相类似，均注重从整体的角度对律例进行统一解读和设计。顾名思义，"画一"即一律、一致，追求律例上下文、相关条文的整齐统一性。清代刑部以及律例馆的主官在向皇帝汇报修律修例事务时对此常有提及。如，"义类繁多，经宸衷而画一"③，"将康熙六十一年以前之例并《大清会典》逐条互参，考订画一例款"④，"臣等将全书所载条例逐一校对，悉心参酌改正，务归画一"⑤，等等。这种方法内涵丰富，适用范围宽广，既涉及满汉文义差别的调整，也涉及重复性条例的删除、相关性条例的统一以及滞后性条例的删改等事项。但可以合理推断的是，画一法既然追求律例上下文、相关条文的整齐划一性，那么将其应用到法律解释工作时，自然也会要求司法官员结合某一法律条文所处的章节位置、上下文关联及其体系地位对律例存疑之处进行解释。通过画一解释，律例之间的概念、逻辑、内容以及价值追求均得以辉映，形成一部逻辑自洽、衔接紧密的法典。

二 "比附"与"类推适用"

面对某一新问题，援引类似问题的处理方式来应对，属于人类共同的基本思维习惯。中国古代社会在哲学方法论上很早就已体现出显著的类推思维。《周易》有云："引而申之，触类而长之，天下之能事毕矣"⑥，揭示了同类事物由此及彼的基本哲理。《尚书·吕刑》有载："上下比罪，无僭乱辞"，暗含类案推理的基本逻辑。荀子更是系统诠释了类推的各种方式，包括从一般推论个别，"以类行杂，以一行万"；从个别推论一般，"以近知远，以一知万"；从个别推论个别，"譬喻以称之"。⑦

---

① 参见冯天瑜主编《中华文化辞典》，武汉大学出版社2001年版，第142页。
② 《毛诗正义》卷一。
③ 《大清律例通考·奏疏》。
④ 《大清律例》卷前附《佛格奏疏》。
⑤ 《大清律例》卷前附《舒德赫奏疏》。
⑥ 《周易·系辞上》。
⑦ 参见张晓芒《中国古代的类推思想与中国古代宗族社会》，《中国哲学史》2003年第2期。

第五章　清代因案修例机制的成果类型与技术详解

当这一思维投射应用到法律层面后，西方法学产生了"类推适用"的方法，中国古代律学则生成了"比附"的方法。无论是司法实践中对案例的比附援引，抑或法律文本层面的拟制，都是类推思维的具化体现。关于"比附"的含义，明代学者张楷在《律条疏议》中的解释可谓相当精准明晰："谓如有人犯罪，律令条款，或有其事而不曾细开，是为'该载不尽'；或迹其所犯，无有正当条目以断，是为'无正条'。凡若此者，法司必当推察情理，援引他律，以相比附。如京城门锁钥，守门者失之，于律只有误不下锁钥，别无遗失之罪，是该载不尽也，则当以理推之，城门锁钥与印信、夜巡铜牌俱为关防之物，今既遗失，则比附遗失印信巡牌之律拟断。又如诈他人名字附水牌进入内府，出时故不勾销，及军官将带操军人，非理虐害，以致在逃，律无其款，是无正条也，则必援引别条以比附之。诈附水牌者，比依投匿名文书告言人罪律。虐害军人者，比依牧民官非理行事激变良民者律。"① 张楷对"比附"的界定，形象指明了该方法主要适用于"该载不尽（即规定不全面）"和"无正条（即没有规定）"两种情况，本质上是将某一情形的处理结果类推适用于类似情形。

《大清律例》在《名例律》中确立了"比附"的基本方法，即"断罪无正条律"——"凡律令该载不尽事理，若断罪无正条者，（援）引（他）律比附"。此处的"援引他律"绝非毫无原则和标准地适用其他的律例，必须是待处理的案情与他律规定的行为模式存在法律意义上的类似关系。这是比附的基准源点所在，只有存在可比的前提，方能附着于他律来定罪量刑。该条律文为清代司法官员处理疑难案件提供了一种合法合理的类推处理方法，使"比附"得以充分应用于司法实践中。从前文列举的清代因案修例中适用类推适用法的实例来看，在断罪无正条的情况下，司法官员均是先找到待处理案件事实与相关律例设定的行为类型的关键连接点，证明二者之间在行为性质、行为类型、行为表现、行为后果等方面的相似性，然后予以比附适用，填补既有律例的漏洞。"其中的内在的'逻辑机制'，就正是透过类推思维的运作，而在两个不同的'事态'之间，建立类同性或相似性关联，以使新的伦理情境得以出现，以构作或应用此种伦理情境。"②

---

① 杨一凡主编：《中国律学文献》第1辑第2册，黑龙江人民出版社2004年版，第245—246页。
② 张斌峰：《荀子的"类推思维"论》，《中国哲学史》2003年第2期。

三 "律意"与"法律的目的"

每一条法律规范均有其设计的初衷以及欲实现的愿景,这是法律规范的根本旨趣所在。在法律解释与漏洞补充的过程中,"主要的问题并不是法律的起源,而是法律的目标"[1]。法律的本意构成极为重要的考量因素,甚至直接关乎解释和补充的质量高低、正确与否。在西方的法律方法论中,围绕这一内容的解释被称为目的解释,围绕这一内容的补充则被称为目的性限缩或目的性扩张。然则,中国古代的司法官员在解释或补充法律时,多使用"律意"来指代和形容法律的真实目的。相较于"目的"一词而言,"律意"的内涵与外延无疑更为宽广,包含法律规范的根本目的、基本意义和价值取向等诸多内容。

有清一代,"律意"可谓在法律文本与法律实践中扮演了关键角色。一方面,清代的法典明确提及"律意"的重要性,强调条例是基于律意的合理延伸。《大清律例》在"凡例"中指出:"律后附例,所以推广律意而尽其类,亦变通律文而适于宜者。"[2] 更设有"讲读律令律"专条,将"通晓律意"作为百司官吏的法定义务:"凡国家律令,参酌事情轻重定立罪名,颁行天下,永为遵守。百司官吏务要熟读,讲明律意,剖决事务。每遇年终,在内在外各从上司官考校,若有不能讲解、不晓律意者,官罚俸一月,吏笞四十。"[3]《钦定大清会典》则提到"有例则置其律",而其前提就是"皆体会律意,参酌变通"[4]。另一方面,在清代的法律实践中,"律意"也被频频提及。乾隆四年,刑部议覆太仆寺少卿鲁国华奏留养例内需要增加"继母"的问题,提出"转与律意不符,应毋庸议"[5]。乾隆二十八年,在陕西省凤翔县知县李庄杖毙铺户李信一案中,乾隆帝指出"其事甚堪骇异,非寻常劣员情事所应有,而该抚仅援滥刑毙命之例为词,于律意失之远矣"[6]。嘉庆十六年,在新安县民谢张来谋杀冯九儿一案中,嘉庆帝斥责直隶总督温承惠"误会律意,其所引嘉庆七年饶阳县民刘虎谋

---

[1] [美]本·卡多佐:《司法过程的性质》,苏力译,商务印书馆2000年版,第63页。
[2] 《大清律集解·凡例》。
[3] 《大清律例·吏律·公式》。
[4] 《光绪朝钦定大清会典·刑部》。
[5] 《清高宗实录》卷一百六。
[6] 《清高宗实录》卷六百八十六。

杀旧案，系从前办理错误不得援引比照"①。道光十四年，在刘变庆因戏蹬伤王锦致其身死一案中，道光帝认为"刑部原奏，科以戏杀之罪，尚与律意相符"②。清末刑部尚书薛允升所著的考证类著述《读例存疑》，在深入考察每条律例的历史沿革变化时，也提及"律意"不下百余次。

翻检清人对"律意"的载述，可知其在清代的立法以及司法实践活动中主要是被广泛用作一种判断标准。当涉及创立新的条例等立法活动时，若与律意相符，通常会被皇帝核准；若与律意不符，说明相关的立法建议不具备基本的合理基础。乾隆帝就曾指出："近来各省臬司新任，辄于律令内，摭拾一二，奏请增改。其中固有旧例于情事未尽赅括，应随时酌量变通者，而未能通彻律意，或就一时之见，率请更易者，亦复不少。"③而当涉及刑事案件审判等司法活动时，"律意"是判断待决行为是否应纳入法律调整范围以及判决是否正确的重要依据。若某一行为或判决契合律意，则为"与律意相符"，自然应纳入法律的调整范畴或者肯定判决的正确性；若该项行为非律意所含，则为"与律意不符"，应排除相关法律的适用或者否定既作判决。如乾隆五十五年云南省宝宁县桂发科刨坟凿棺偷窃衣物一案，云南巡抚适用"发冢见棺"之例，判处主犯桂发科发配近边充军，面刺"发冢"二字。刑部详查案情后，结合律意对云南巡抚的法律适用和初拟判决提出了否定意见："乃该抚将该犯仅照'发冢见棺'例拟以近边充军，是拘泥'见尸'之字而未体会'开棺'之文，亦未明立法严惩为害死尸之义。不惟与律未符，……应令该抚细核案情，详参律意，另行妥拟具题。"④

四 "因时立制"与"创造性补充"

稳定性与适应性是人类社会法律的一组天然矛盾，毕竟总是会有一些超出立法者预测范围的新情形出现，而法律又不得不将这些新情形纳入调整范畴。为有效应对这一矛盾，中西方均采取了相应的举措。西方运用"创造性补充"的方法，以新的法律规范来填补既有漏洞。中国古代贯彻

---

① 《清仁宗实录》卷二百五十。
② 《清宣宗实录》卷二百五十一。
③ 《清高宗实录》卷六百六十三。
④ 《驳案续编》卷二"刨坟掘棺偷窃二次"。

"因时立制"之法,结合时势的变化来相应调整法律的内容和适用。虽"因时立制"与"创造性补充"在内涵等方面颇有差异,但二者在本质上趋于一致,均是通过对法律内容的修订来适应现实的变化。

"因时立制"之法,核心在于"因时",蕴含着中国古代顺应时势、因时制宜的博大智慧。《易经》有云,"凡益之道,与时偕行"①,"时止则止,时行则行,动静不失其时"②。《盐铁论》亦载:"明者因时而变,知者随事而制。"③ 这些论述均体现出古人对"因时"的科学理解和高度重视,是为"所遇不同,故当因时制宜,以尽事适今"④。"因时"的思想运用到刑法层面,变成刑法制定与适用的重要方法。"第刑罚世轻世重,自昔为然,而宽严之道,遂如温肃之异用而同功。时而崇尚惊大,禁令渐驰,道在整饬,不得不济之以严,时而振兴明作,百度俱张,道在休养,不得不济之以宽,宽严合乎大中,而用中本乎因时,盖所谓'中无定体,随时而在'。"⑤ 乾隆帝在《御制〈大清律例序〉》中也曾指出"因时"是制定刑法和适用刑法的基本准则:"洋洋圣谟,洵用法之权衡,制刑之准则也。朕寅绍丕基,恭承德意,深念因时之义,期以建中于民。"⑥

《大清律例》中附属的条例,恰是妥善运用"因时立制"之法的产物,这从清代的皇帝、刑部官员以及律学家对条例的论述即可得见。康熙帝曾发布上谕,指出:"国家设立法制,原以禁暴止奸,安全良善。故律例繁简,因时制宜,总期合于古帝王钦恤民命之意。"⑦ 清末刑部尚书薛允升有云:"律为一定不易之成法,例为因时制宜之良规。故凡律所不备,必藉有例,以权其大小轻重之衡。"⑧ 清末著名法学家沈家本亦言:"律者,一成不易者也;例者,因时制宜者也;于律例之外而有通行,又以补律例之未所尽也。"⑨ 在他们看来,条例是因时制宜的典型表现,是对既有律例未涉及的新情形的规则补充。当法律赖以存在的社会基础发生变化,导致法

---

① 《周易·益卦·象》。
② 《周易·下经·艮》。
③ 《盐铁论》卷二。
④ 《晋书·刘颂传》。
⑤ 《大清律例》卷前附《傅鼐奏疏》。
⑥ 《大清律例》卷前附《御制〈大清律例序〉》。
⑦ 《清圣祖实录》卷八十九。
⑧ 《读例存疑·序》。
⑨ 《寄簃文存》卷六。

律出现滞后于社会现实、未充分反映社会现实以及与社会现实相悖等问题时，就有必要运用"因时立制"的方法，设立新的法律规范来予以妥善应对。

五　中国古代法律方法的运用特性

"注解""比附""律意判断""因时立制"等法律解释和漏洞补充方法，充分证明中国古代在法律方法上已然积淀起相当深厚的经验基础，并形成了一套话语体系。这些方法虽与当代西学意义上的法律方法论体现同一智慧，在内在逻辑和本质思维方面表现得高度重叠，但它们终究属于不同法系的产物，专业称谓、内涵蕴意以及运用方式不尽相同。尤其是运用方面的特性，体现着中国古代的社会特色，透露出中国古人独特的法律智慧。

以法律解释为例，中国古代习惯用特殊的技巧，尽管运用这些技巧进行解释的方法最终仍然可以纳入文义解释、目的解释等方法的范畴。"引经决狱"即是这类特殊性技巧的典型代表。"引经决狱"又称"春秋决狱"，是"以儒家经典大义解释和适用法律，作为分析案情、定罪量刑的根据。……汉代及以后的引经决狱者通常引用的儒家经典有《诗》、《书》、《易》、《礼》、《春秋》等五经，其中以《公羊春秋》为主。"[①]中国古代司法官员将儒家经典视为"法学教科书"一般的存在而奉为圭臬，在决狱过程中将之引入来解释法律，包括字词的文义、规定的合法性与合理性等。这一现象与儒家在传统社会的地位以及司法官员的教育背景密不可分。儒家冠绝百家而身处独尊之位，司法官员亦多由儒生出任，自幼修习的学识皆是儒家经典。两相作用之下，以儒释法自是常态。

在目的解释的过程中，频繁运用"情理"也是中国古代法律方法运用的一大特色。所谓"情理"，简而言之即"天理"与"人情"，其在中国古代司法中扮演着不可或缺的角色。无论是官修实录，还是律学著作，抑或司法案例，对"情理"的提及和运用随处可见。以清代为例，明确提及"情理"的，《清高宗实录》共有498处，《读例存疑》共有22处，《刑案

---

① 张晋藩主编：《中华法学大辞典·法律史学卷》，中国检察出版社1999年版，第539页。

汇览》共有72处，这还不包括实质上运用情理而未使用此称谓的实例。确切而言，对情理的理解和运用水平，已然成为考核中国古代司法官员能力以及评判案例审判质量的重要标准。只有做到"天理、国法、人情"三者有机统一，方可称之为一名"理直刑正"的合格司法官员。若是"情理未为允协"或"情理殊未得平"，则说明司法官员在审判司法案件过程中存在巨大瑕疵。恰如南宋胡石壁所言："殊不知法意、人情，实同一体，徇人情而违法意，不可也；守法意而拂人情，亦不可也。权衡于两者之间，使上不违于法意，下不拂于人情，则通行而无弊矣。"[1]

第四节　条例纂修过程中体现的立法技术

如果说清代因案所修条例得益于各种法律方法的综合运用，进而呈现为不同的规范类型，那么这些条例的具体编排和内容表达就体现出中国古代成熟的立法技术。在很长的一段时间里，中国古代社会的立法技术被刻上了落后和单一的烙印。其实不然，《唐律疏议》《宋刑统》《大明律》《大清律例》均代表着相当高的立法水准，不仅在结构上有着独树一帜的体例与条目，在遣词造句上亦有"以、准、皆、各、其、及、即、若"八字律母和"杂、但、并、依、从、重、各、尽"等律眼[2]，条文逻辑与结构编排也有章可循。

一　条标技术

条标即法条标题，系对法条内容的高度概括。条标的主要功能在于为律条代名，使得受众闻条标即可知律条内容的基本指向，既有利于形成清晰简明的法典结构，亦便于使用人员进行检索。传统社会的法典通常设有条标，《大清律例》亦莫能外。这些条标，"是运用简要的语言，全面、忠实地表达所含律条的内容"[3]。最简短的条标仅为两字，如"斗殴"；略微

---

[1] 《名公书判清明集·户婚门》。
[2] 《读律佩觿》卷一。
[3] 王立民：《〈大清律例〉条标的运用与启示》，《中国法学》2019年第1期。

第五章　清代因案修例机制的成果类型与技术详解

复杂的条标字数稍多，但主要是因为涵盖多种犯罪行为，如"狱囚脱监及反狱在逃"和"戏杀误杀过失杀伤人"。

清代因案所修条例分为解释性和修补性两种类型，均是对既有律例的补充，故没有专设条标，而是与律文共用同一条标。前文表2-2的225条条例就分别归属于"犯罪免发遣"等91个条标。如，"奴婢殴家长律"后附条例中有8条系因案所修，但均使用的是"奴婢殴家长"这一条标，并未逐条设计新的标题。因案所修条例与律文共用条标，意味着它在法律结构上依附于律文，呈现为一种类似于当今社会法律及其实施细则的总分关系。综观《大清律例》的基本结构和形式，除首篇"名例律"之外，分为吏律、户律、礼律、兵律、刑律和工律等6篇，各篇之下又分职制、公式、户役、田宅等三十门，各门下共计436条律文，律文之后又附有各式各样的条例千余条。因案所修之条例与其他类型的条例一样，均依附于相应的律文之后，逐条排列。

这项立法技术可以节省巨大的工作成本。由于条标固定，因案所修之条例能迅速地结合自身内容在法典体例中找到相对合适的位置，毋庸额外组织人力对法条标题进行命名。这就好比自动售货机，货柜上的商品名称是永远固定的，新增的货物只需按照既有的商品名称和类型填充到相应的供货轨道，操作简单又便于更换。

二　法律修改技术

如前所述，因案修例的"修"，是广义上的纂修。在清代因案修例机制运行过程中，广泛采用了包括增加、删除、替换、修并等在内的文本修改技术。正如薛允升在《读例存疑》中所指出："其应删除者，即行删除。应增入者，即行增入。应更正者，即行更正。应仍照旧例行者，亦即酌复旧章。"[1]

增加是指在原有条例的基础上添加新的字词或直接增设条例，从而使得条例的内容发生变化或总体数量增加。因案所修之条例的大部分采用了这一修改技术，尤以增设最为突出。这是因为，能触发修例机制的案件，大都是出现了超出原有律例调整范围的新情形。或是主体特殊，如"谋杀

---

[1] 《读例存疑·总论》。

· 133 ·

人律"后附苗人图财害命之条例,是因为源头案件的当事人牵涉到苗人;①或是案情特殊,如"谋杀祖父母父母律"后附旁人同谋之条例,是因为源头案件中发生了子孙与他人共同谋杀尊长的情形。② 因此,只能结合新情形,在相关律文后单独增设新例。这是一个从无到有的过程,律例馆借此不断将司法实践中发现的新问题纳入刑法典的调整范围。此外,因案在原有条例基础上添加新的字词亦是一种做法。如,前文提到的"老小废疾收赎律"后附条例,其中关于"七岁以下致毙人命之案,准其依律声请免罪"的内容,就是基于嘉庆十一年山东省杜七过失杀死阎狗一案所增加③,并未形成单独的新条例。

删除较为简单,系将原有条例的部分字词进行删减甚至于整条删除。"其目的是使法律的条文由多变少,缩小范围,淘汰陈旧,以去芜存菁,有效可行。"④ 应该说,"删除"这一方法使用的频率较低,因某一案件直接将某一条例予以删除的概率更是极小。乾隆五年之后的二十三次修例活动,累计删除条例219条,数量远远低于增加条例的1193条和删改条例的1061条(参见表3-2)。立法者通常会选择替代和修并的技术来进行调整,或者干脆将已滞后的条例保留在法典中。如,"贡举非其人律"后附雍正五年和六年的两条条例,因涉及重复调整本应删除,但均"奉旨不必删去,仍行纂入"⑤。这是条例体积愈来愈大的原因之一。薛允升在《读例存疑》中亦多次提到,某某例"无关引用,似应一并删除"。真正删除整条条例或删减字词的情形,基本发生在整体性的修法过程中,即结合时势变革和新例内容,对某些旧例或不适当的内容予以剔除,但这并非因个案所删。

替换是指针对原有条例规范的对象设计新的内容,从而以新条例或新的字词表达来替换旧条例,原有的内容不复存在。替换这一法律修改技术使用频率较高,它既不会更改法律原先调整的对象范围,亦能保证法律内

---

① 具体内容参见《大清律例·刑律·人命》,该条例系乾隆二十九年,贵州巡抚图尔炳阿审题苗民雄讲等人图财杀死刘锡升一案,附请定例。
② 具体内容参见《大清律例·刑律·谋杀祖父母父母》,该条系乾隆三十九年,广西巡抚熊学鹏审奏李老冈因行窃败露,与苏观谋死母亲梁氏一案,钦奉上谕,纂为定例。
③ 参见杨一凡主编《历代判例判牍》(第6册),中国社会科学出版社2005年版,第572—573页。
④ 罗传贤:《立法程序与技术》,五南图书出版公司2002年版,第370页。
⑤ 参见《读例存疑》卷七。

第五章 清代因案修例机制的成果类型与技术详解

容的与时俱进。如,"老小废疾收赎律"原先附有条例:"凡笃疾杀人,罪犯应死者,实系斗杀及戏杀、误杀,……俱依律拟罪,不准声请。"① 嘉庆八年,在彭启良等行窃黄文盛家银物、赃逾满贯一案中,嘉庆帝"恐嗣后身有笃疾之人,恃有宽典,均得肆意妄行",谕令大学士、九卿针对笃疾人犯如何量减罪名重新拟定条例。② 新例规定,凡是笃疾犯人犯有死罪,直接按相关律例规定问拟,不再随案声请,待秋审时再根据情节分实缓办理。这相当于就同一问题作出了新的规定,旧条例被完全替代。条例部分字词的替换偶有发生。如,"犯罪存留养亲律"后附条例曾有"凡曾经忤逆父母犯案,并素习匪类"之表达,但在嘉庆时期,"忤逆"一词被替换为"触犯"。嘉庆元年,嘉庆帝在审阅山西省已结未解军流各犯的案卷材料时,发现有很多"忤逆祖宗及父母"一类的语句,认为"此奏措词殊未妥协,……嗣后此等人犯,止应摘叙犯触犯字样,不得仍前概以忤逆开写"③,条例中的原词因此被替换。

修并是指将涉及重复调整内容的数条条例修改合并成一条,由此实现法律简化的目的。查《读例存疑》,由其他条例修并而来的条例共有115条之多,这足以说明该技术使用之频繁。通过修并,既能在一定程度上对繁杂的条例体系进行瘦身,亦有效地保证了条例的适时更新。如,"谋叛律"后附条例:"叛案内,律应缘坐流犯,改发新疆,酌拨种地当差。如本犯未经到配以前身故,妻子免遣。至叛犯之孙,如有年幼,不便与父母拆离者,听其母随带抚养。"④ 该条例系由两条条例修并而成:一系康熙二十三年定例,"凡叛犯之子孙,如有年幼,不便与父母拆离流徙者,一并交与该管衙门";一系雍正三年定例,"叛案内干连流犯,流徙乌拉地方,如本犯身故,妻子免流"⑤。嘉庆三年,陕西巡抚秦承恩在查办商州逆犯家属缘坐一案中,发现逆犯贺登丰之妻张氏需要哺乳幼子和尚儿,遂随案声请将和尚儿由其母亲贺张氏随带抚养,最终将上述两例修并为一例。查修并之新例,对原有的两条旧例兼有沿袭与修改,沿袭的内容主要是犯人的年幼子孙随父母一起流徙、罪犯本人死亡则妻子免流,修改的内容是将发

---

① 柏桦编纂:《清代律例汇编通考》,人民出版社2018年版,第177页。
② 《清仁宗实录》卷一百一十九。
③ 《清仁宗实录》卷十一。
④ 《大清律例·刑律·贼盗》。
⑤ 柏桦编纂:《清代律例汇编通考》,人民出版社2018年版,第851页。

遣地区由"乌拉"（即黑龙江）改为"新疆"。发遣地变更的原因较为有趣，竟是因为清朝兴起于东三省，故统治者并不希望将罪犯集中到东北地区以耗损"龙脉"。嘉庆十七年，上谕内阁："东三省为我朝龙兴之地，……百千群聚，故习未悛，甚或渐染风俗，于根本重地，尤属非宜。……均酌拟改发新疆、及烟瘴等处。"①

三 文字表达技术

作为国家法律规范的一种，条例最终还是要以书面文字的形式呈现在公众眼前，这就涉及最基本的文字表达技术。参与因案修例的各级司法官员乃至皇帝，必须慎重考虑如何妥善组织和运用文字，以此确保新条例本身具备科学性、逻辑性、周延性、专业性、可适用性等特征。

（一）崇尚细致描述

细究因案所修条例的文字表达内容，基本坚持客观性的原则，尽可能地用书面文字来还原或描述案件中具有立法价值的内容，包括各式各样的犯罪主体和行为情境。这与清代条例的功能定位密切相关。清代著名文学家袁枚曾指出："若夫例者，引彼物以肖此物，从甲事以配乙事也。"② 既然条例的主要功能在于将物与物、事与事相串联和比照，司法官员在因案修例时自然会尽可能地将条例表达得更为客观具体，以尊重案情原貌和便于引用。

以犯罪主体为例，因案所修条例中的主体与来源案件中的主体高度一致，既包括苗人、回民、八旗子弟等有着特殊民族背景的人员，也涉及各省团练、官役、地方官、家长、僧人等有着特殊身份背景的人员，还涵盖未成罪人、已革兵丁、缌麻亲属等特殊限定的人员。这些主体构成相当复杂，按理不应如此成群、混乱地出现在法律条文之中，但他们又恰恰反映着案件现实情况，故条例只能如实吸纳。

至于犯罪情境的描述，更为微观具体。甚至可以说，如果没有现实生动的案件存在，立法者几无可能主观设想出这些情境。如，"盗田野谷麦律"后附条例规定的一种极为具体的犯罪行为，系将他人自建蓄水工程中的水偷偷用来灌溉自己田地。"民间农田，如有于己业地内，费用工力挑

---

① 《清仁宗实录》卷二百六十四。
② 《皇朝经世文统编》卷四十三。

第五章　清代因案修例机制的成果类型与技术详解

筑池塘，潴蓄之水，无论业主已未车戽入田，而他人擅自窃放以灌己田者。"① 该例因乾隆五十二年河南省的一桩人命案件所修，正阳县潘毓秀因无服族孙潘土德私窃其所蓄塘水，将潘土德砍伤致死。审视该例内容，保护对象着重于田主在己业地内储蓄的非自然性灌溉水源，相当于将这部分水源视为田主通过自身努力获得的私人财产。但若是公共江河等自然水源或公共地内蓄水，则非该例的适用范围。无论是"己业地""公共地""费用功力""挑筑池塘""车戽"等文字表达，抑或整体行为的描述和法效果的设定，均极为客观细致。如同学者所说："事项具体而微，情节曲折详尽，试图最大限度地排除办案官员运用自由裁量权。"②

（二）重视逻辑构成

任何法条均有其内在逻辑结构，就像人类的骨架一般。德国著名法学家拉伦茨认为法条是由一系列语词根据一定规则组合起来的，"以一般方式描述的案件事实（构成要件）被赋予同样以一般方式描绘的'法效果'。赋予意指：当构成要件所描述的案件事实存在，法效果即应发生，易言之，即应适用于该具体事件"③。可见，在拉伦茨眼中，法条的逻辑结构通常由构成要件（即所描述的案件事实）和法效果两要素构成。因案所修的各项条例，并非胡乱表达、毫无章法的冗词赘语，反而在逻辑层面井井有条，高度契合拉氏所称的法条逻辑结构。

以"奴婢殴家长律"后附条例为例。乾隆五十三年，刑部核覆江苏巡抚闵鹗元题徐二姐与陈七通奸、勒死婢女素娟灭口一案中，皇帝谕旨定例。查乾隆五十三年三月十八日谕旨，原内容为："徐二姐因与陈七通奸，恐婢女素娟说破，起意致死灭口，主婢之分已绝。且素娟年止十二，徐二姐乘伊熟睡用绳收勒毙命，实为淫凶可恶。徐二姐著改为绞决。嗣后遇有奸淫起衅，任意凶残婢女、年在十五岁以下者，俱照此办理。余依议。钦此。"④ 经律例馆设计编纂后，《大清律例》中的该条被表述为："凡家长之期亲因与人通奸，被白契所买婢女窥破，起意致死灭口之案，除婢女年在十五以上，仍照定例办理外，若将未至十五岁之婢女起意致死者，拟绞

---

① "车戽"指用水车戽水（即取水灌溉）。参见《大清律例·刑律·贼盗》。
② 张田田：《清代法制中的"事出有因"》，《人民法院报》2019年1月18日第5版。
③ ［德］卡尔·拉伦茨：《法学方法论》，陈爱娥译，商务印书馆2004年版，第133—134页。
④ 《驳案新编》卷二十一"奸淫起因凶残幼婢绞决"。

·137·

立决。若系为从，各依本例科断。"① 两相对比可以发现，律例馆在对谕旨创设的新规则进行编纂的过程中，严格遵循了"构成要件+法效果"的法条逻辑结构。先是将案情转化为构成要件，即家长的期亲因与他人的奸情被未满十五岁的婢女发现，将其杀人灭口。再是将皇帝判处的刑罚转化为法效果，即绞决。而且，律例馆实质上修改了谕旨所定的新规则，包括扩大犯罪主体范围（案中的女儿改为期亲）②、限定侵害对象范围（婢女限定为白契所买）③、处理共同犯罪（从犯依本例科断）、区分侵害对象年龄（婢女分为十五岁以上和以下两个年龄阶段）。这进一步体现了刑部是天下刑名之总汇，汇聚了大量的律学专业人才，有着相当高的专业水准。

"自然法学派的立法理论认为，只要通过理性的努力，法学家就能够塑造出一部作为最高法律智慧而由法官按一种机械的方式加以实施的完美无缺的法典。"④ 这一想法，早已被人类法治文明的历史演绎证明是天方夜谭。受立法者学识与背景、社会现实复杂多变以及语言文字本身表达等因素的限制，任何成文法均无法实现尽善尽美，总会存在或多或少的法律漏洞和缺陷。《大清律例》亦如是。面对《大清律例》之缺漏，参与因案修例的各级司法官员乃至皇帝充分运用了各种法律方法和立法技术，形成了诸多解释性条例和修补性条例。这些因案产生的新条例与原有律例合编一体，以相当生动形象的文字和严密的逻辑层次呈现出来。它们相辅相成，互为犄角，有效完善了《大清律例》的整体体系建构。而条例数量的增加与内容的调整，也意味着清代统治者控制社会的欲望不断增强。伴随专制统治的深入，社会生活中的大小事项不断被纳入条例的调整范围，"成千条例就如同成千触角将整个社会包裹严密，并不断向更深层面渗透"⑤。

---

① 《大清律例·刑律·斗殴》。
② 期亲指依丧服制应服齐衰期年之服的亲戚，包括本宗为祖父母、伯叔父母、兄弟、嫡孙、在室姑、姊妹、众子、长子妇、侄、在室侄女，以及夫父母在者为妻、妾为其父母、正妻子、在室己女等。
③ 白契系相对于红契而言，指未经官方认可的契约。律例馆限定为白契所买婢女，相当于比照杀雇工，这似乎是在迫使民间使用红契，因为红契购买婢女即为奴仆，家长杀奴仆是为以尊犯卑，处罚较轻。
④ ［美］罗斯科·庞德：《法律史解释》，邓正来译，商务印书馆2013年版，第21页。
⑤ 参见姚旸《"例"之辨——略论清代刑案律例的继承与创新》，《故宫博物院院刊》2010年第1期。

第六章 清代因案修例机制的文化机理

无论是人类社会哪一种法治文明，司法与立法之间总是有着极为密切的联系。只不过在不同的法治文明之中，二者联系的方式不尽相同，也因此产生了"法官造法""司法造法""司法续造""法律续造"等诸多称谓不同的机制。其实，这些机制在本质上是一致的，体现的都是司法对立法的反作用。而司法官员修改法律的原始冲动，也都肇始于"人类对新事物采取新应对方式"的自然反应。这就像亚里士多德所说的语言的共同点："全人类的书写标记是不相同的，他们的有声语言也是不相同的。但它们首先都是灵魂的情感符号，在这一点上都是一样的。"① 清代因案修例机制，正是中国古代社会司法作用于立法的典型代表，反映着中华法系与人类法治文明的共性。但它的法源结构基础、运行程序、实施方式乃至价值追求，又无不映射出传统中国社会特有的文化规则，彰显着中华法系的文化特性。因此，从法文化的视角对清代因案修例机制进行深入分析，既是将其与西方判例法加以区别的正本清源之举，亦是探寻其内在文化机理的追根问底之策。

第一节 作为一种规则体系的法文化

"从文化的视角展开研究"，本就属于审视问题的一种方法或者说思维方式。它不受历史时间跨度的限制，也不受地理空间范围的约束，只要研

---

① ［瑞士］E. 霍伦斯坦：《人类同等性和文化多样性》，《哲学译丛》1999年第3期。

究对象处于一定文化的辐射范围，使用该分析方法就具有科学合理的基础。然而，恰如谢晖先生所说："由于对象的广博性和复杂性，研究者只能借各自的视角表述文化，如史学家眼中的文化为历史遗存或传统；文化家视野中的文化则是主体的生活，人生即文化；社会学家将文化看做主体的社会规则和行为方式；新近活跃的信息论者和结构论者则分别认为文化是信息的保存和传播，或文化是结构——显结构和隐结构的关系……"①法文化亦是如此，视角和出发点不同，不同主体理解的法文化瞬呈百态。因此，在对清代因案修例机制的文化机理集中进行分析之前，有必要对法文化的基本理论进行阐述，确定本书采用的法文化研究视角和基本立场。

一 法文化之概念解读

作为形容和界定"某一事物是什么"的关键表达，概念本身的形成就是一个极其不易的过程，特征概括、观察视角、语言形容等均可能对其最终的呈现造成影响。尤其是"文化"这种相当抽象又无处不在的事物，其概念更是难以精准定位。早在20世纪50年代早期，人类学家A.L克房伯和克莱德·克拉克洪从学术文献中搜集的"文化"概念就超过100个，更勿论近七十年来出现的新的文化概念。②法文化作为文化的下位概念之一，在概念总数方面虽难以与文化匹配，但仍保持着相当大的体量。

根据现有研究表明，"法文化"的概念大约出现于20世纪60年代，其中在美国的出现时间为1969年，在苏联的出现时间为1962年，日本虽在概念出现时间上略早，但系统研究仍始于这一期间。③美国法学家劳伦斯·弗里德曼认为法律文化一词泛指一些有关的现象，如公众对法律制度的了解态度和举动模式，又如律师、法官等法律专业人员的价值观念、思想意识和原则，它是与整个文化具有有机联系的有血有肉的习惯。④英国著名法律社会学家科特雷尔认为"法律文化"的本身表述就带有模糊性，它强调了包容当代国家法律制度的社会本体所具有的高度复杂性和

---

① 谢晖：《法的思辨与实证》，法律出版社2016年版，第304页。
② 参见[美]威廉A.哈维兰等《文化人类学——人类的挑战》，陈相超、冯然译，机械工业出版社2014年版，第27页。
③ 参见刘作翔《法律文化理论》，商务印书馆2013年版，第32页。
④ 参见[美]弗里德曼《法律制度》，李琼英等译，中国政法大学出版社1994年版，第226—228页。

第六章　清代因案修例机制的文化机理

多样性①。苏联学者对于法律文化的定义主要分为两个方向，一是将法律文化与社会法律生活发展程度相关联，如西米特柯和罗卡斯希娃所持观点；二是将法律文化视为一种广泛存在但又复杂的社会现象，包括主客观两方面的内容，这一观点持有者以克拉萨切柯夫、切克伐兹等人为代表。②日本学者关于法律文化的看法主要为三种：一是将法律文化的内容分为两个层面，即外在的法律制度和法律设施以及内在的基本精神，持该观点的如川岛武宜、大木雅夫等人；二是将法律文化定位为一种社会现象，实质上是指法律本身所依赖的历史文化基础，主张从历史文化背景出发进行研究，田中茂树、石井紫郎的观点即属此类；三是以思想意识形态为核心，认为法律文化是所有与法律相关的思想意识形态的综合体，囊括社会各界人士对法律的意见、态度和价值判断等要素，矢崎光圀就持这一观点。③

视角切换至国内，自 20 世纪 80 年代末开始，"伴随中国学界对文化问题的特别关注、深入讨论和激烈争论，作为舶来品的'法律文化'一词不无神秘地开始在法学界走红。于是法理学、比较法学和法律史学领域的许多学者纷纷上阵参与讨论，颇有言必称'法律文化'之势。"④回顾三十余年的法律文化研究成果，不可谓不丰富，其中关于"法文化"之概念界定更是不胜枚举。孙国华教授认为法律文化具有多重含义，是人们从事法律活动的思维方式和行为模式，与现行法、法律实践、法律意识等法律现实联系颇深。⑤郑成良教授将法律文化定位于具有一定普遍性的生活方式，这些生活方式与某一群体所处社会法律秩序密切相关，或构成法律秩序的一部分，或关乎法律秩序的性质和状态。⑥武树臣教授认为，法律文化从某种程度而言，应该是一种宏观的研究方法，包括法律精神和法律样式。⑦刘作翔教授认为，法律文化包含多层面的含义，首先是社会精神文化的重要构成，其次是法律实践活动的智慧结晶，再者是法律意识形态以及与之

---

① [英] 罗杰·科特雷尔：《法律文化的概念》，沈明译，载 [意] D. 奈尔肯编《比较法律文化论》，高鸿钧、沈明等译，清华大学出版社 2003 年版，第 48—49 页。
② [美] 范思深：《苏联的法律文化观点》，郭宝平译，《中外法学》1989 年第 1 期。
③ 何勤华：《日本法律文化研究的历史与现状》，《中外法学》1989 年第 5 期。
④ 高鸿钧：《法律文化的语义、语境及其中国问题》，《中国法学》2007 年第 4 期。
⑤ 参见孙国华、朱景文主编《法理学》，中国人民大学出版社 2015 年版，第 172—173 页。
⑥ 参见郑成良《论法律文化的要素与结构》，《社会学研究》1988 年第 2 期。
⑦ 参见武树臣《从"阶级本位·政策法"时代到"国、民本位·混合法"时代——中国法律文化六十年》，《法学杂志》2009 年第 9 期。

相对应的法律制度、法律设施、组织结构等元素的总和,最后是法制发展的水平以及社会公众对法律现象和活动的认知、价值观念、态度。① 张中秋教授认为,法律文化是观念和价值,它体现于法律思想、法律规范、法律设施以及行为模式之中并发挥着引导和制约作用。② 高鸿钧教授亦从价值和观念出发,认为"法律文化是指特定社会中植根于历史和文化的法律价值和观念"③。陈晓枫教授认为,法律文化是"一定民族从历史传习中获得的、要求个体按特定模式进行法律实践和法律思维的指令系统"④。

综上可见,学界为"法文化"这一概念注入的内涵颇丰,它既涉及法律制度、法律规范、法律设施、组织机构等外在内容,也涵盖态度、认知、价值观念、思维方式等内在精神,还包括法律的社会发展水平、历史发展规律等元素。形形色色的法文化概念之间虽有差异,然存异的同时亦有着明显的重叠区间或关联,它们为法文化理论的系统建构奠定了基础,也为分析法文化的内容、特征、实质等指明了方向。

二 成果观与规则观之辨

由国内外学者对"法文化"这一概念的解读,可以发现,百家之言可分为两种基本观点:"成果观"和"规则观"。"成果观"将法文化归结于社会群体创造的事与物(即成果),法律制度、法律设施、法律实践、法律组织机构、法律思想等事物乃至法制本身发展程度均构成法文化的基本内容。"规则观"则是在物质成果的基础上进一步深入到精神层面,强调法文化应是某一民族在历史发展过程中积淀起来的法律观念和价值,而成果只不过是这些观念和价值的外在体现。其中,"规则观"又存在两种层次的理解,浅层次的规则观主要停留于法律观念、态度、思想本身,尚未突出其作为意识形态对人类的规范、引导或指令作用;深层次的规则观已注意到法文化对人类法律实践的特有规范功能,这意味着法文化在某种程度上已然成为潜在的指引规则。

---

① 参见刘作翔《法律文化理论》,商务印书馆2013年版,第118—135页。
② 张中秋:《法律文化与政治文明和社会发展——概念、经验、原理和意义的探讨》,《法学》2004年第3期。
③ 高鸿钧:《法律文化的语义、语境及其中国问题》,《中国法学》2007年第4期。
④ 陈晓枫主编:《中国法律文化研究》,河南人民出版社1993年版,第18页。

关于"成果观"与"规则观"孰是孰非，笔者认为应基于两种观点的区别和联系进行双重审视。从区别来看，"成果观"强调社会群体所创造的法律成果，"规则观"注重成果背后隐藏的能对族群和个体行为产生指令作用的价值观念。由成果到规则，应是一种递进的顺序，由表及里，由浅入深，由物质到精神。成果使得研究者窥探法文化的内核成为可能，而规则又不断地依靠成果得以证成，二者缺一不可。基于此，可以说法文化的内在核心或实质，就是历史积淀而成的规则，成果就是这些观念和价值的作用效果及其外在表现形式。这就好比"爱情"，"爱情"的表达方式有很多种，包括关心话语、礼物、生活水平等，甚至于一首诗，但"爱情"的实质还是人类的一种基本情愫，这种情愫催动着人类对他们所爱的对象作出种种代表爱意的行为。从联系来看，"成果观"与"规则观"存在一定区域的交集，二者都提及了法律思想等精神层面的存在。只不过前者是将精神放在与物质并列的位置，或者说是物质成果的构成部分；后者是直接将精神置于比物质成果更高的序列，强调社会意识形态的反作用。概言之，"成果观"与"规则观"是基于两种不同研究程度的视角，"成果观"立足于法文化的浅层表现形式，希冀通过物质成果的罗列或总和来诠释法文化的丰富内涵。"规则观"立足于法文化的深层实质核心，力图穿透物质成果直击最为关键的精神领域，从而解决诸多"成果观"所不能解析的文化问题。但二者均提及了精神存在，反映了透过事物看本质的长远追求，故可通过它来搭构两种观点的沟通桥梁。或许这便是诸多学者在界定法文化概念时兼采"成果观"和"规则观"的主要原因。他们在提到某一社会群体创造的物质成果的同时，往往会指出其中蕴含或与之对应的精神观念。

伴随法文化研究的深入，其在精神层面发挥的影响和作用愈加被重视，这也意味着天平开始向"规则观"一端倾斜。其实，这在某种程度上属于一种自然规律趋向。当研究者看到或了解的法文化成果愈来愈多时，问题意识便逐渐由"这种东西是什么或代表什么"向"为什么会产生这种东西"转变。比如，研究传统社会的某一项法律制度，此前关注的是该项法律制度的内容和历史背景，现在关注得更多的是为何会产生该项法律制度？其背后的文化根源是什么？一旦问题意识完成转变，理所当然地就会朝着"规则观"的方向前行，毕竟观之表也，不见其本。

反观文化学学者对"文化"的定义和描述，也早已预示"规则观"将大行其道。英国著名人类学家泰勒在提出复合整体的经典文化定义后,强调"每个特定的时期都是其前期历史的产物,并对将来的历史的形成起到了特定的作用"①,"只需看一下日常生活中琐碎的细节,我们就能发现,在很大程度上,我们自己仅仅是昔日习惯的传播者和修正者"②。他在对文化的具体研究过程中,确实也是借助实地考察等方式,穿透表面价值去揭示和剖析其历史根源。美国著名人类学家本尼迪克特也指出,文化是一种思想和行动的模式并有着特有的特征性目的,它驱使着各民族的人民严格遵照这些文化目的,将"各种异质的行为"转化为"融贯统一的形态"。③此外,心理学学者亦认可文化对人们思维方式的影响,包括价值观和对事物认知的潜在假设。④

三　立场的选择：规则观

"成果观"的式微与"规则观"的日盛,使得法文化的规范指引作用不断得以凸显,尤其是将法文化作为方法论研究某一历史法现象时,"规则观"越来越具有竞争力和便捷性,它更能较无障碍地解读历史法现象的潜在密码。故此,本书选择"规则观"的法文化视角来分析清代的因案修例机制。

首先,法文化是观念性的。法文化由与法律相关的各种观念构成,这些观念是人们对法律主客观认识的系统化结合体,代表着最基本的法意识和法认知。至于那些以法律制度、法律机构、法学理论等形式存在的物质成果,仅仅是外在载体,而非法文化本身。比如,中国古代社会的等级制度,其背后蕴含的法文化便是尊卑观念。

其次,法文化是规则性的。规则性是指法文化作为观念的集合体,它能积极作用于其辐射范围内的人群,通过特有的渠道指引、规范、强制、约束人的各项行为。某一社会群体乃至个体在开展法律实践活动时,会不自主地被法文化洗礼和重塑,其行为与法文化契合的程度,直接决定了社

---

① [英]泰勒:《原始文化》,蔡江浓编译,浙江人民出版社1988年版,第1页。
② [英]泰勒:《原始文化》,蔡江浓编译,浙江人民出版社1988年版,第10页。
③ 参见[美]本尼迪克特《文化的整合》,载庄锡昌等编《多维视野中的文化理论》,浙江人民出版社1987年版,第125页。
④ 参见侯玉波、朱滢《文化对中国人思维方式的影响》,《心理学报》2002年第1期。

第六章　清代因案修例机制的文化机理

会对该行为的回应程度和认可程度。

再者，法文化是传承性的。法文化的传承性是指它可以伴随时间的推进实现代代延续。这主要是得益于两个方面。一方面，历史具有传承性，法文化是经过长期历史积淀而形成的，本就属于历史传承的有机构成部分。另一方面，当法文化具备了观念的实质并发挥了规则作用时，势必会在人们内心留下模式化烙印，也就具备了人与人之间代代传承的基础和前提。

最后，法文化是民族性的。虽然"人类各民族心理如观念、幻想、习俗和欲望等方面存在惊人的相似性"①，但在存在共性的同时，也有着太多的差异性。各民族的法文化与该民族所处的地理环境、发展历程、国家建构模式等因素密切相关。这些因素是变量的存在，没有任何一个民族能在这些因素上做到完全的重合，也就不可能存在完全相同的民族法文化。恰如学者所说："文化是由一定的观念系统所决定的行为规则。……换而言之，汇集起来的那些制度的、物质的、理论的、思维的'成果'，包含了规定人们行为的各种观念，但并不是这些'成果'本身，而是隐含在这些'成果'中的观念及所连结成的规则体系，规定和指引了人们的行为，这就是文化。"②

第二节　清代因案修例机制映射的文化规则

清代的因案修例机制虽带有明显的民族色彩和时代印记，但绝非历史的偶然，它仍是传统社会特有文化规则作用下的产物。在清朝入主中原之前，中国古代社会已经历了数千年的风雨，其社会秩序中同样"耸立着由各种不同的，表现独特的情感、幻想、思想方式和人生观构成的整个上层建筑。整个阶级在其物质条件和相应的社会关系的基础上创造和构成这一切"③。清王朝建立后，统治者也不得不屈服于中华法系的法文化基础，承受这一文化蕴含的情感、价值、观念和规则。在这过程中，不否认清朝统

---

① 张谨：《文化普遍主义与文化相对主义及其现实张力》，《湖南社会科学》2013年第4期。
② 陈晓枫：《法律文化的概念：成果观与规则观辨》，《江苏行政学院学报》2006年第1期。
③ 《马克思恩格斯选集》第1卷，人民出版社2012年版，第695页。

治者会尽可能地保留一定的民族特色,这也是清代因案修例机制同以往的司法创制存在不同的原因。"根据特殊民族身份进行大量条例创制""尽可能地穷尽犯罪情境以实现全面行为规制""广泛增设约束司法官员的条例以确保中央集权"等等,都是清朝区别于前朝的立法特点。[1] 尽管这些差异客观存在,但仍无法改变"清代因案修例机制是中华法系固有法文化规则作用下的产物"这一基本事实。

一 "皇权至上,一元和合"的权力运行规则

自古以来,君王的个人权威色彩就格外浓重。从上古时期的三皇五帝到先秦时期的"王",再到秦代始创、后世数千年沿袭的"皇帝",莫不如是。与之相应,在权力规则方面,传统中国社会形成了"皇权至上,一元和合"的权力规则,这也是传统法文化最根本、最核心的权力观念之一。

(一)"皇权至上,一元和合"规则的内涵

"皇权至上,一元和合"规则的生成,与中国古代的国家建构模式密切相关,即采用"宗法拟制"的方式将氏族扩充为政治国家。当某一部族基于各种原因发起对外征战时,也就启动了国家建构的程序。战胜的部族掌握了绝对话语权,进而将自身宗法法则强制适用到战败部族,迫使其放弃原有信仰而降级为战胜部族的卑属,与战胜部族保持一致的宗法信仰。他们信奉同一始祖,并将始祖强化为帝王神话,从而形成了地缘与血缘一体、政治与宗族一体、世俗与宗教一体的家国同构体系。经此模式建构的国家,必然是高度集权制的国家。原因在于,统治者自始就被赋予天命神授的自然权威,统治者与被统治者不仅是征服与被征服的关系,还被人为强制设定了一种拟制血缘层面的尊卑关系。[2] 这种国家的最高统治者,天生就是一元独尊的权威核心,他既是政治国家的首脑,亦是血缘宗族的大家长。

历朝历代对这一权力规则不遗余力地坚守,使得皇权获得了形式上和实质上的绝对权威。在法律地位层面,皇权无疑是至高无上的绝对权力类

---

[1] 参见姚旸《"例"之辨——略论清代刑案律例的继承与创新》,《故宫博物院院刊》2010年第1期。
[2] 参见陈晓枫、柳正权《中国法制史》(上册),武汉大学出版社2012年版,第18—23页。

第六章　清代因案修例机制的文化机理

型,凌驾于其他一切权力之上。"礼乐征伐自天子出","溥天之下莫非王土,率土之滨莫非王臣","履至尊而治六合,执敲扑而鞭笞天下","法自君出,口含天宪",等等,皆是对皇权崇高地位最直接的描述。甚至在皇权专制政体即将覆灭的前夕,清王朝的统治者仍不忘在《钦定宪法大纲》中强调皇帝的神圣地位:"大清皇帝统治大清帝国,万世一系,永永尊戴。君上神圣尊严,不可侵犯。"在权力内涵层面,皇权漫无边际,它兼括立法权、行政权、司法权、监督权、军事权等各项权力,是多项权力无缝聚合的一元整体,辐射范围更是遵循皇帝本人心意,无所不至。大到国家财税、军事战争、法律颁行和解释,中到官员人事任免、地域行政划分,小到某一案件的判决,皆由皇帝"乾纲独断"。

  伴随朝代的更迭和历史的推移,皇权不断得以集中和扩张,"皇权至上,一元和合"的权力规则也在明清时期达到巅峰。一方面,皇权之外的权力被逐步分割和瓦解。如,相权在权力体系中本占有较高位置,但经过历代皇帝的分解而逐渐虚空,为其他机构所侵蚀(包括三省六部、参知政事、枢密使等),最终于明代被彻底取缔。皇帝的私人秘书机构也随之开始登上历史舞台,明内阁、清南书房、军机处即是由此设立。另一方面,皇权的内涵也在不断充实。此前,受皇帝个人精力所限,很多事务的决定权都被赋予中央职官或地方官员。故此,皇权集中的过程在某种程度上亦是权力回笼的过程。如,分封王国的治理权、征兵权、征税权,就逐步被取消而回归中央,部分案件的终审权以及死刑复核权亦逐渐由皇帝掌控。此外,直属皇权的监督体系得以全面建立。通过设置专门向皇帝负责的监督机构,不断加强对文武百官乃至平民百姓的行为约束和思想压迫。御史台、都察院、锦衣卫、粘杆处等机构,即属此类。但值得说明的是,"皇权至上,一元和合"在清代达到巅峰,与满族的族群文化亦有关联。满族作为入主中原的少数民族,其政权得以建立,本就得益于汉族内乱。他们不得不时刻提防汉族的反扑和本族的内乱,以防政权被颠覆。而最有效的途径,莫过于加强皇权专制统治,将本族命运与国家权力的掌控一体化。"正是这种强国家权力粘着性,使得满族族群与国家权力同命运,可谓国家兴,则满族族群兴;国家衰,则满族族群衰。"[①]

[①]　刘宇:《满族法文化活态调查研究——一种民族嘉年华法文化的兴起》,《黑龙江民族丛刊》2016年第1期。

(二) 因案修例机制对"皇权至上，一元和合"规则的体现

作为清代的重要造法机制，因案修例机制巧妙地为立法和司法构造了衔接桥梁，深刻反映了"皇权至上，一元和合"的权力规则。无论是地方督抚抑或是以刑部为主导的中央部门启动，他们提议的新规则的内容均须经过皇帝本人的许可。如同乾隆帝所言："朕为天下主，可行之事，断无不允行；不可行者，虽恳求亦不许。"[1] 而皇帝因自身接触案件直接下旨修例的情形亦不在少数，这意味着皇帝可通过这种合理的方式来实现某种自我意愿或者政治统治目的。一言以蔽之，因案修例必须由皇帝主动提议或被动认可，否则就仅仅属于臣工对案件办理的一般意见。

在清人对条例的描述中，就时常凸显出皇帝对因案修例机制的主导作用。康熙年间的刑部尚书王掞在《定例成案》序言中曾言："祖宗之德惠鲜怀，保宇内氓庶共沐，生成其不幸而自蹈于刑辟，尤必哀矜而怜悯之，凡诸断决致详致慎，以故我朝谳案成例较诸前代更极精详。……故夫定例之多，不啻数千，成案之多，亦不啻数千，一皆钦恤民命者所宜周。"[2] 这番表述，明确将定例和成案的丰富成果，归结于清代历任皇帝的谨慎断狱和钦恤民命。乾隆年间著名文学家袁枚在《答金震方先生问律例书》中亦言："盖律者，万世之法也；例者，一时之事也。……一时之事，则人君有宽严之不同，卿相有仁刻之互异，而且狃于爱憎，发于仓卒，难据为准。"[3] 这形象地指出了清代条例的随意性，它们完全可能基于皇帝在个人喜恶、性格宽严等方面的区别，随时呈现出前后迥异的样貌。以素来宽仁的嘉庆帝为例，嘉庆四年，直隶总督胡季堂上奏贼犯张猛、宋永德偷窃济尔哈朗行宫内物件一案，请求将该犯按照盗内府财物乘舆服御物，不分首从皆斩立决。嘉庆帝复核该案后认为，除皇宫以及较近的圆明园、避暑山庄、静寄山庄等场所之外，类似济尔哈朗行宫等距离北京甚远之地，不应纳入大内的范围。而张猛等人偷窃的是帘刷等物件而非乘舆服御，量刑未免过重。随即，嘉庆帝明令刑部结合该案拟定新例，即"盗内府财物律"后附条例。[4] 皇帝对因案修例机制的决定性影响在此案中显露无遗，刑部更是在奏疏中对皇帝极尽吹捧之能事："仰见我皇上明慎用刑，无微不至，

---

[1] 《清高宗实录》卷三百五十六。
[2] 《定例成案合镌·王掞序》。
[3] 《小仓山房文集·答金震方先生问律例书》。
[4] 参见《大清律例·刑律·贼盗》。

第六章　清代因案修例机制的文化机理

于惩创之中仍寓持平之意，臣等不甚钦佩之至。"①

　　与此同时，通过因案修例机制，皇权也得以进一步集中。皇帝借由这一机制，有力保障了个人最高立法权和司法权，亦能详实知悉社会形势变化和民间需求转移，还可限制地方权力并监督地方官员在司法层面是否尽忠职守。任何法典制定生效后，均须在司法实践中不断试验和论证。掌握这一重要权力的，自然是身处司法工作一线的地方衙门和刑部堂司，他们能最快发现现有律例的漏洞和现实生活的需求。若放任地方官员与刑部就司法过程中的问题直接进行处理，结果只有两种：一是地方获得另一种形式上的立法权限（如判例），二是隐秘利用法律漏洞来出入人罪（如随意援引它条）。无论是哪一种结果，对专制皇权追求的刑事法律秩序均是极大的冲击。因此，清代皇帝一直强调律例才是正式法源，即便在具体案件中发现应创设新规则的情形，也应当随案件审转制度逐层上达天听。这也是无论成案发挥了何等重要作用，官方一直未认可其为正式判决依据的根本原因。

　　因案修例机制也是皇帝直观民风走向和树立政治形象的有力工具。以赌博和邪教为例，二者的兴起均意味着民风的败坏和基层统治秩序的混乱，故皇帝借典型案件确立新例予以打击。其中，"赌博律"后附条例有三条是因案所修，分别是严惩京城造卖赌具者和分管地方官及督抚（因雍正六年庄亲王等拿送董五等造卖纸牌骰一案所修）、多次赌博的现任职官枷号发配乌鲁木齐（因乾隆四十年中书六十七等两次聚赌一案所修）、邀集抓金钱会的旗人分首从照违制律论处（因乾隆四十年骁骑校海文因争讨会钱而斗殴一案所修）。而借助新例的创设和案件的判决，皇帝还能审时度势地加重或减轻刑罚，树立疾恶如仇与宽仁待民的政治形象。如，乾隆四十一年，山东巡抚杨景素上奏山东省高唐州王之彬连杀一家六命一案，根据"杀一家三人律"规定拟判王之彬凌迟处死，其妻与子发配伊犁为奴。乾隆帝核阅案情后发布上谕，表示对杨景素的判决"深为骇异"，认为王之彬将董长海及王三麻子夫妇子女共计六人全部杀死，"凶恶惨毒，实属从来所罕有"，应断其后嗣，妻女赏给死者家人为奴；若已无家人，则发配伊犁给厄鲁特为奴。②刑部遵循乾隆帝"辟以止辟"的指示，创设了加重处罚的新例。再如，嘉庆九年，江西巡抚秦承恩题龙南县缪细妹殴

---

① 参见《驳案续编》卷一"窃取行宫物件"。
② 参见《驳案新编》卷十四"杀一家六命案"。

· 149 ·

死堂兄缪三康并导致其母黄氏自缢身死一案，将缪细妹问拟斩立决。嘉庆帝谕令内阁，缪细妹已然构成两种重罪且对应的刑罚均是斩立决，故"不可不量加严办，以昭区别，缪细妹著即行处斩，仍于犯事地方枭示，俾乡愚触目咸知儆戒。……用示明刑弼教至意"[1]。无论是通过案件审判知悉民风动向以令行禁止，还是利用案件终核权创设新例以美化形象，均是皇权至上规则的反映，根本目的仍在于保障和加强皇权一元。

二 "大法虚置，小法实用"的法源定位规则

传统社会在法源定位方面奉行一种极为独特的规则，即"大法虚置，小法实用"。越是效力层级高的大法，越是追求外在形式上的稳定和华丽，法律的实用性则位居次席。越是效力层级相对较低的小法，反而越注重内容上的全面精细和使用便利，实用性反而更高。

（一）"大法虚置，小法实用"规则的内涵

中国古代社会有着会典、律典、条例、则例等诸多类型的法源形式，如何对这些法源的地位、功能和作用进行合理定位，是实现国家有效治理的重要前提。"大法虚置，小法实用"的法源定位规则，就是专门用于解决这一问题的法文化规则。从历史实践来看，它主要体现于四个方面。

一是律典过于僵化，片面追求高度稳定性，是为"万世不易之典"。《春秋保乾图》曰："王者三百年一蠲法。"[2] 三百年为一个修法周期虽有夸张成分，却反映出帝王对修法的基本态度。历代统治者在本朝创立之初，都会试图建构起一部可漠视时间变迁的完美法典，并要求后世子孙除特殊情况外不得轻易变革。汉高祖"定法律，传之后世，可常施行"[3]；《泰始律》"接三统之微，酌千年之范"[4]；《北齐律》立为定法，令"仕门子弟常讲习之"；《开皇律》作为国之常刑，"班诸海内，为时轨范"[5]；《唐律疏议》为定律与定疏之合体，天下通规；《宋刑统》"经宋之世，用之不改"[6]；《大明律》为不刊之典，"君臣有稍议更改，即坐以变乱祖制

---

[1] 《清世宗实录》卷一百二十九。
[2] 《晋书·刑法志》。
[3] 《晋书·刑法志》。
[4] 《晋书·刑法志》。
[5] 《隋书·刑法志》。
[6] 《宋史·刑法一》。

第六章　清代因案修例机制的文化机理

之罪，……定律不可改"①；《大清律》乃祖宗成宪，"子孙臣民，其世世守之"②。律典的制定，更像是一件确立统治权威的政治工程。无论律典内容是因袭前朝还是本朝新创，只要以全新的名义颁布，就宣告着新权威与制度体系的确立。即便历代也存在修律活动，但基本是围绕国初所颁布之法典进行，不会有大规模的调整，是所谓"明德之君，远度深惟，弃短就长，不苟革其政者也"③。

二是过度强调大法在文字表达、条文数量、体例编排等形式上的完美，对于其实用性却相对轻之，这导致大法总是存在诸多漏洞，包括文义模糊、调整对象局限等。自中国古代社会第一部成文法典诞生之后，历代统治者都格外注重对法律条文进行精简，似乎只有高度简练的法律条文，才是对君王高超立法技术和法典高水平高质量的最好诠释。《泰始律》"条纲虽设，称为简惠"④；《北齐律》"法令明审，科条简要"⑤；《开皇律》"刑网简要，疏而不失"⑥；《唐律疏议》"斟酌今古，除烦去弊，甚为宽简"⑦；《宋刑统》"参酌轻重为详，世称平允"⑧；《大明律》"法贵简当，使人易晓"⑨；《大清律》"仿自唐律，辞简义赅"⑩。为了片面追求这一目标，即便是耗费巨大立法成本而另行启动立法解释工作也在所不惜。究其缘由，莫过于法典表面形式的简约完美裨益良多。既可树立政简刑清的良好形象，亦可实现法典本身的高度稳定，更可为统治者突破法典而制定其他形式的法律规范提供最为充足的理由。

三是在大法中设置了很多礼仪禁忌性条款，但这些条款又很难被全面贯彻施行。这些条款大多涉及人们的日常生活方式，包括饮食、衣饰、房舍、舆马等细故。然这些事项毕竟属于国家法不应过多介入的私人领域，配置的刑罚与行为本身的罪过也较为失衡，故现实中总是存在礼制僭越的现象。除极特殊的情形之外，监管者也不会采取过于激烈的手段来全面禁

---

① 《明史·刑法一》。
② 《清史稿·刑法一》。
③ 《晋书·刑法志》。
④ 《晋书·刑法志》。
⑤ 《隋书·刑法志》。
⑥ 《资治通鉴·陈纪》。
⑦ 《旧唐书·刑法志》。
⑧ 《宋史·刑法一》。
⑨ 《明史·刑法一》。
⑩ 《清史稿·刑法一》。

止,在是否贯彻法定刑罚上也会保持审慎的态度。如,汉代禁止商贾穿锦绣绮罗、唐代禁止工商阶层骑马、宋代禁止庶民之家乘轿,这些禁止性规定均未得到贯彻,相应之风气屡禁不止,正是"生活自生活,法律自法律"的真实写照。瞿同祖先生就曾指出:"但服色僭越的事,并不因此而绝迹,且不止是少数人的违法行为,常成为一种社会风气,浸以成俗,历代层出不穷,虽一再申明禁令,固然是政府重视此事的明证,从另一方面来说则未尝不是社会上多数人习于逾制的反证。"[①]

四是效力层级低的法律,它的设计和内容更为实用,使用频率也相对较高。历朝历代在最高层级的会典、律典等"大法"之下,均设有其他形式的相对"小法"。比如,秦汉有令、程、式、比、诏,魏晋有令、科、诏、故事,隋唐有令、格、式,两宋在隋唐基础上增设了编敕与断例,元代有诏制、条格、断例,明代有令、例、榜文。这些"小法"在法律条文的文字表达上通常更为直接具体,具有针对性和时效性,在内容上也高度契合统治者的个人倾向和社会生活的真实需求。因此,它们在国家政治生活与民间日常生活中的适用更加频繁有力,这也就造成它们的上位"大法"在很大程度上处于一种虚置状态。值得说明的是,"虚置"并不是说法典完全无效或不予施行。法典的崇高地位和法律效力依旧存在,只不过在具体的适用层面会有所保留,或者说会综合运用其他形式的法律规范进行辅助。

(二)因案修例机制对"大法虚置,小法实用"规则的体现

《清经世文三编》有载:"王制所谓察小大之比以成之者是也,盖大者,律法之大纲,小者,问刑之条目。"[②] 清代的因案修例机制,显然是"大法虚置,小法实用"规则作用下的产物。

首先,《大清律例》作为清代的刑法典,效力位阶高。清初诸帝均致力于将其打造为一部经世不易之法典,"虽屡经纂修,然仅续增附律之条例,而律文未之或改"[③]。顺治帝初继大统,在明律的基础上略加修改,颁布《大清律集解附例》,明令"尔内外有司官吏,敬此成宪,……子孙臣民,其世世守之"[④]。雍正帝面对政治重心的变化,在顺治律的基础上结合

---

① 瞿同祖:《中国法律与中国社会》,商务印书馆2010年版,第190页。
② 《清经世文三编》卷六十。
③ 《清史稿·刑法一》。
④ 《大清律例》卷前附《世祖章皇帝御制〈大清律〉原序》。

第六章　清代因案修例机制的文化机理

康熙朝的法律实践进一步完善，"成析异以归同，或删繁而就约。务期求造律之意，轻重有权；……刊布内外，永为遵守。"① 乾隆帝进一步折中损益，终于"条分缕析，伦叙秩然。……监成宪以布于下，民敢有弗钦。"② 乾隆之后的诸帝也秉承祖意，对修律一事持十分保守的态度。嘉庆帝曾直言："若其中有应因时变通者，我列祖列宗早经斟酌尽善。朕监于成宪，不敢轻议更张。而在廷诸臣才识，又岂能迈越前人，辄思更改旧制乎？"③ 在这一思想的指引下，把律文设计得简单抽象，既能将统治者重点关注的以及一般的犯罪行为囊括入内，又能避免因文字表达过于具体而总是需要频繁调整。但时过境迁，片面追求精简而不予更改的做法，势必会造成律文的虚置。它在获得高度稳定性的同时，在变化性和适应性层面也肯定会付出同等代价。这应是《清史稿》强调"律既多成虚文"的根本原因。

其次，律文作为大法的表现，为法律地位较低的"小法"条例赢得了广阔的自由空间，进而为因案修例机制提供了天然的优越生长环境。以《大清律例》中的"强盗律"为例，律文的内容主要包括五个方面：一是已实施强盗行为但未得财，处杖流；二是得财皆斩；三是造意犯、伙盗犯未实施且未分赃情形的处理；四是用药物迷倒他人以图财的情形处理；五是窃盗临时拒捕以及因盗而奸的情形处理。暂且勿论律文未对强盗行为的诸多情形（如是否伤人等）进行区分，甚至对于"强盗"这一行为本身，亦未明确认定的标准。但就是对于这样一条缺陷明显的律文，却不能进行修改，这势必无法满足情形复杂多变的强盗罪的需求。故此，终清一代，先后为"强盗律"设置的条例多达105条，其中13条系因案所修。查相关因案所修之条例，主要是对律文进行了细化和扩充，弥补律文虚置遗留的法律漏洞。具体包括犯罪主体的细化，如江洋行劫大盗、越城行劫盗犯、跨省盗犯、满洲旗人盗犯、行劫漕船盗犯等；犯罪主体的首从划分，如用药迷人行盗的首从犯、窃盗拒捕者的首从犯等；犯罪情节的扩充，如明知官物而伙同行劫、为强盗引路且分赃、传授迷人药方、因盗生奸、窃盗拒捕者自首、强盗闻拿投首等。又如，"流囚家属律"规定："凡犯流者，妻妾从之。"④ 也就是流刑犯人的妻妾，应当随同丈夫一同流放。但在

---

① 《大清律例》卷前附《世宗宪皇帝御制〈大清律集解序〉》。
② 《大清律例》卷前附《御制〈大清律例序〉》。
③ 《清世宗实录》卷一百二。
④ 《大清律例·名例律·流囚家属》。

· 153 ·

清代因案修例机制研究

乾隆二十四年之后，清廷就已正式停止流犯会妻。但因为律文不得修改，所以该律完全沦为虚设，司法实践中多用其附属条例。

最后，即便是因案所修之条例，也存在一定的虚置问题。如，"给没赃物律"后附条例规定，参革汉军官员若超过期限未全额缴纳应缴款项，应解旗治罪。实际上，后来亏空人员无论满汉均统一办理，并无单独解旗治罪一说。① 该律文后附的另一条条例规定，若地方官抓获盗劫案件的盗贼，但未能起获赃物或赃款，则由地方官承担治安不力的责任。然而，该条例对地方官员着实过于严苛，故在年终汇题时可谓百案而难见一例，几成虚设。② 又如，"流犯在道会赦律"后附条例规定，有旗人犯罪发配新疆、赦免后复逃者仍发配黑龙江等内容。③ 但到同治年间，这些规定均已虚化，旗人犯罪均是发配到黑龙江而无新疆之例，赦后复逃的法律后果亦不相同。这类条例的适用率不高，或本无存在必要，但因其大部分是钦奉谕旨所定，具备了一定的"大法"色彩，在后续修例时也就多不予调整。

薛允升在《读例存疑》中，也曾多处指出律文和条例的"具文"和"虚设"现象。其中，一类是条例因所处时势环境发生变化而被虚化，是为"定例非不严密，而日久即成具文"④；一类是条例本身设计不合理或过于严苛，导致执行过程中难以贯彻，是为"定例不可过严，严则不办者反多"⑤；一类是针对某一事项存在多项条例进行规范，各条例在制定时间上有着先后之别，根据新法优于旧法的原则，旧法自然容易沦为虚设，是为"此例改而彼例不改，轻重尤虞其偏倚"⑥；还有一类是条例针对的事项或案件类型重复发生概率较小或属于民间细故，适用性不强。总而言之，清代修例机制的存在，很大程度上依赖于"大法虚置，小法实用"的法源定位规则，这也进一步催生和影响了因案修例机制。

---

① 该条例系乾隆二十七年，江苏巡抚陈宏谋奏参革海州知州邬承显之子邬图灵等因其父亲存在应追缴款项而逗留外省，久未归旗一案，钦奉谕旨所纂定。
② 该条例系乾隆五十七年，刑部议覆直隶总督梁肯堂奏拿获盗犯曹先等审拟治罪一案内，钦奉谕旨纂定。
③ 该条例系乾隆四十二年，刑部办理镶黄旗蒙古原当披甲之德永等，因犯逃走等罪，发黑龙江等处当差，在途遇赦回京一案，奏准定例。嘉庆四年改定。
④《读例存疑》卷七。
⑤《读例存疑》卷四十四。
⑥《读例存疑·序文》。

三 "惟齐非齐,有伦有要"的法律适用规则

除权力运行规则、法源定位规则之外,清代因案修例机制还映射出中华法系特有的法律适用规则——"惟齐非齐,有伦有要"。这一规则,语出上古时期的《尚书·吕刑》,原文为"刑罚世轻世重,惟齐非齐,有伦有要"。在数千年的历史进程中,它始终活跃于民族的法律实践活动之中。

(一)"惟齐非齐,有伦有要"规则的内涵

关于"惟齐非齐,有伦有要"的含义解读,学界主要存在三种意见。其一,认为其表达的是审理案件时既要严格根据法律规定,又应结合具体情况灵活运用,注重案件法律关系的关键要点和主次划分。张晋藩先生在《中华法学大辞典·法律史学卷》中指出:"惟齐非齐"是指:"在审理案件时,依据统一的法律规定,叫作'齐';但定罪量刑又需要根据情况,斟酌轻重,就是'非齐';把统一的法律规定运用于不同的情况,灵活掌握,便宜处置,就是'齐非齐'。"[1] "有伦有要"则是指:"在审理案件时,要分清主次、掌握要点,才能做到既适用统一的刑律,又区别具体的情况正确量刑。所以《蔡传》称之为'法之经也'。"[2] 其二,认为其是指刑罚在不同的尊卑等级之间区别适用,不同的身份和等级享受着不同的刑法境遇。马作武教授在《中国传统法律文化研究》一书中指出:"针对不同的人,适用不同的法律,使其各得其所,从而以看似不齐的方式来实现各种特殊情况下的'齐',才是'平等'内涵的真正体现。用古人的话来说,这叫做'惟齐非齐,有伦有要'。"[3] 其三,认为其强调的是借助法源的多样性,实现法律在社会贵贱等级之间的真正等齐划一。陈光中先生在《中华法学大辞典·诉讼法学卷》中指出:"惟齐,等齐划一。伦,判例。要,条文。夏代、商代将判例称为伦,条文称为彝。周代将判例称为伦,条文称为要。西周统治者强调在审判案件时,要依照判例和条文来确定贵贱等级的等齐划一与不等齐划一。并明确先判例,后条文,即所谓有伦有要。这是我国历史上应用判例的最早记载。"[4]

---

[1] 张晋藩主编:《中华法学大辞典·法律史学卷》,中国检察出版社1999年版,第456—457页。
[2] 张晋藩主编:《中华法学大辞典·法律史学卷》,中国检察出版社1999年版,第546页。
[3] 马作武:《中国传统法律文化研究》,广东人民出版社2004年版,第101页。
[4] 陈光中主编:《中华法学大辞典·诉讼法学卷》,中国检察出版社1995年版,第727页。

本书支持第一种意见，后两种意见均是以第一种意见为基础，无论是尊卑贵贱等级之间的刑罚适用，抑或法源之间的统一协作，均属"惟齐非齐，有伦有要"法律适用规则的体现。通俗一点来解释，"惟齐非齐，有伦有要"就是说既要严格遵照法律，又要允许特殊情况下的变通适用，分清主次，兼顾要点。这一规则源于传统社会历来遵循的"中庸之道"，在数千年的刑法体系建构与司法实践中发挥了不可磨灭的作用。

在刑法文本层面，法典之外不断有其他形式的法律规范出现。"惟齐非齐，有伦有要"相当于为法律的灵活变通适用确立了稳固的价值基础，使得突破法律规定成为可能。律典作为国家最高层级的刑事法律文件，虽不得轻易变更，但并不妨碍统治者在司法实践中将其灵活适用，进而结合社会现实或具体案情的需要，创造出其他形式的刑事法律规范。先秦时期有"誓"，《尚书》记载了"汤誓""甘誓""泰誓"；秦汉时期除律文之外有"廷行事""决事比"和各种刑事诏令；魏晋南北朝时期除律文之外有"故事"和"科"，如《梁科》；隋唐时期除律文之外有"格"，如《散颁格》；宋元时期除律文之外有"编敕"和"断例"，如《建隆编敕》《大元通制》；明代除律文之外有"大诰"和"条例"，如《明大诰》《问刑条例》。这些法律规范对律典或是细化，或是突破，或是变通，它们与律典共同建构起传统社会的刑事法律秩序。这也间接佐证了前述的"大法虚置，小法实用"的法源定位规则，"处刑的时宽时严、法律的极不稳定，正式制定的法典常常成为具文，则是中国各个封建王朝的普遍现象"[1]。

在刑事司法审判层面，"情""理""法"三位一体，既互相独立，又相辅相成。"惟齐非齐，有伦有要"的主要内容之一，便是根据案件的实际需要来决定法律的具体适用。换言之，它要求法官在审判案件时，应当考虑法律之外的一些非法律因素，这些非法律因素往往是传统社会的主流价值理念，集中体现为"天理"和"人情"。是故，"原情以定罪""以情理讯之""察狱以情"等均被奉为圭臬，历代因情理对法律适用有所损益的案件更是不胜枚举。以宋代为例，据《右朝奉大夫集英殿修撰翁公神道碑》记载，宋徽宗政和年间，淮东十一州军在政和六年与政和七年两年期间共计有一百三十二人犯杀人罪，依律应处以死刑，但真正处以死刑的只

---

[1] 何勤华：《历代刑法志与中国传统法律文化》，《河南省政法管理干部学院学报》2003年第2期。

第六章　清代因案修例机制的文化机理

有十二人。有司对此解释说："不死者，有情理者也。"① 宋代的《名公书判清明集》记载了诸多运用情理断案的典型案例，明确载明判决依据的共计220件，其中判决结果与法律规定不一致的有92件，占比高达42%。② 恰如学者对法律与情理关系的描述，法官可以通过情理的直观感受获得与法律内容相似的判断，法律既立足于情理，又须在实施过程兼顾情理方能实现最和谐的平允结果。③

在刑罚适用层面，尊卑贵贱等级之间的刑罚适用差别明显。这属于"惟齐非齐，有伦有要"在刑法适用对象方面的特殊表现，为历代明文认可。中国古代社会是一个身份社会，每一个个体基于其身份（包括血缘身份与社会身份）而享受与之严格对应的社会待遇。所谓"天子犯法与庶民同罪"，只不过是统治者为营造一种明面上的平等氛围而设计的形象工程，实质上尊卑之间、贵贱之间有着极其清晰的界限。如，特殊权贵人物犯罪可通过八议制度享受皇帝的减免，官员犯罪亦能以收赎、革职、罚俸等形式抵刑。这种阶层之间的差异刑罚，虽构成了刑罚适用上的"不齐"，但在整个国家的刑事法律秩序层面又实现了"惟齐"。

（二）因案修例机制对"惟齐非齐，有伦有要"规则的体现

清代的因案修例机制，明显有"惟齐非齐，有伦有要"法律适用规则的作用痕迹。清代最高统治者时常强调"惟齐非齐，有伦有要"，将其作为适用法律的基本原则。乾隆十年，乾隆帝在处理御史李清芳奏折时发布上谕，其中就提到："词愈坚而情愈远，情愈远而理愈失，求其平允，岂可得乎？书曰，惟齐非齐，有伦有要，求其平允也。"④ 嘉庆十八年，嘉庆帝在上谕中指出："讼狱之成，原有律例所不能该者，法司随案声请，朕权衡轻重，区示宽严，或执不宥之律，或施法外之仁。所谓惟齐非齐，以成协中之治，此明慎用刑之精义。"⑤ 道光十三年，道光帝在仲春经筵上指出："物生有两也，会众善而归极者，民协于中也。化裁利用，守之以有

---

① 《斐然集》卷二十六。
② 参见王志强《南宋司法裁判中的价值取向——南宋书判初探》，《中国社会科学》1998年第6期。
③ 参见霍存福《中国传统法文化的文化性状与文化追寻——情理法的发生、发展及其命运》，《法制与社会发展》2001年第3期。
④ 《清高宗实录》卷二百四十九。
⑤ 《清仁宗实录》卷二百七十。

· 157 ·

伦有要之规；变通宜民，敷之以无党无偏之治。"① 可以说，清帝国虽是由满族建立，但在上层建筑尤其是法律的构建方面，承继了汉族的大量文化观念，甚至于全盘接纳。代表帝国至上权威的皇帝尚且如此重视，这些文化规则在帝国法律创制和帝国司法实践中的重要地位可想而知。

就律文与因案所修条例的关系来看，条例虽附属于律文，但仍是律文之外的另一种法律形式，后者系对前者的解释、补充、扩展乃至突破。这本身就是"惟齐非齐，有伦有要"法律适用规则在刑法文本方面的具体表现。因案所修条例作为条例的有机构成部分，在原有律例适用于具体司法案件的过程中所产生，它更能说明司法官员在适用法律时的多重考量。无论是解释性条例，还是修补性条例，或是基于案情与法律规定并不一致，或是基于案件穿插着人伦、亲情等复杂的非法律因素，或是基于社会时势的发展而须有所损益，更或许是政治统治的偶然需要。但不管是何种原因，均说明法律在具体适用时相当灵活。而设计条例的初衷，就是为了解决法律的适应性和灵活性不足问题，是为"律一定而不可易，例则有世轻世重，随时酌中之道焉"②。《清史稿》亦曾有云："以万变不齐之情，欲御以万变不齐之例。故乾隆一朝纂修八九次，删原例、增例诸名目，而改变旧例及因案增设者为独多。"③ 可见，律文是案件审判的"惟齐"标准，因案所修条例则是律文"不齐"适用的结果。

就因案所修条例的初始缘由来看，大多是在判案过程中考虑到了法律之外的情理，进而将这些情理因素逐步融入国家法律。乾隆帝在为《大清律例》作序时，就曾直言天理和人情在法典创制过程中发挥了重要作用。"简命大臣取律文及递年奏定成例，详悉参定，重加编辑。揆诸天理，准诸人情，一本于至公而归于至当。"④ 事实也确实如此，清代立法者在创制条例时，往往会将情理价值对案件判决和律文适用的诸多影响纳入自身考量范畴，"并分别情况加以规定，使得众多原本暧昧不清的'情理价值'转化为直观具体的法律文本。此举的目的是使审判者尽量不为复杂的情法关系所纠缠，无论案情如何变化，都能够在成文法中找出判断依据"⑤。

---

① 《清宣宗实录》卷二百三十一。
② 《大清律集解·凡例》。
③ 《清史稿·刑法一》。
④ 《大清律例》卷前附《御制〈大清律例序〉》。
⑤ 姚旸：《清代刑案审理法源探究》，《南京大学法律评论》2010年第1期（春季卷）。

第六章 清代因案修例机制的文化机理

如,"杀死奸夫律"后附条例规定,本夫、本妇的祖父母与父母,若因捉奸而杀死奸夫,则参照本夫杀死奸夫处理;若只是杀死奸妇,则无罪。该条例系因嘉庆二年代办四川总督英善疏题灌县李二姐因与周俸潆奸拐同逃而被父亲抓获并打死一案所修纂。在这宗案件之前,司法官员的惯常做法是将此类情形援引本夫杀死奸妇例办理,即殴妻致死。但嘉庆帝在复核此案时,提出了两点质疑:其一,"父之与夫,名分不同",父亲与丈夫本就存在明显的名分差异,援引比照本夫杀死奸妇例并不合适;其二,父亲殴毙无罪子女处以杖罪,是基于子女无罪且重视人命的考量,但本案中女儿李二姐已犯奸罪在先,父亲李世楷出于义愤将其殴毙,"尚有何罪"?故此,嘉庆帝认为原先判决不合情理,无论是从父女的服制尊卑关系还是具体案情考虑,均不应判处刑罚。随即要求刑部议准新例,明确"嗣后遇有似此情节者,其父母竟不必科以罪名"①。此案显然是结合情理作出的判决,这等情理考量也伴随新例的生成而融入律典之中。

就因案所修条例的类型来看,不乏对不同民族、地区、阶层的特殊性规定,这亦是"惟齐非齐,有伦有要"的直观体现。律文奠定了整个帝国最为基本的刑事法律秩序框架,在帝国范围内具有普遍约束力,是为"惟齐"。因案所修条例根据各个民族、各个地区、各个阶层的特殊需要,配备不同的行为模式,是为"非齐"。但这种特殊化处理却又符合社会主次矛盾的需求,并非在法律适用上偏袒某一单个个体,总体上仍将整个帝国的刑事法律秩序维持在一种动态的平衡,是为"有伦有要"。如,嘉庆十一年,陕甘总督倭什布咨询固原州遣犯马仲喜因听从马得闻强行鸡奸黎有未遂一案,最终因此案修纂"徒流迁徙地方律"后附条例,明确:如果内地回民犯罪,应当发配到新疆;新疆本地回民犯罪,直接发配到云贵、两广极边烟瘴地方充军。该条显然是为回民专门设定,新疆本就属于回民聚居区,若再依原有规定将其发配回新疆,就不具备发配的惩罚意义。且新条例对回民更为优待,一般民众发配到新疆需要酌加枷号,回民却无此约束。再如,"人户以籍为定律"后附条例,该条规定安徽省徽州宁国、池州三府民间世仆,放出后三代所生子孙即允准脱离奴籍,可以捐监考试;若早已放出且未与奴仆结婚,无论此前的身份隶属关系,全部豁免为良民,三代之后即可报捐考试。②依据律文和原有条例规定,无论是军、民、

---

① 《清仁宗实录》卷二十。
② 该条例系因嘉庆十四年,宁国县民赴京具控柳姓捐监系其世仆一案所修纂。

· 159 ·

驿、灶、医、卜、工、乐诸色人户，必须以最开始备案的户籍来确定身份，娼优隶卒及其子孙，概不准入考、捐监。因此，新条例实际上是为安徽省徽州、宁国、池州三府的民间世仆设定了特殊待遇，为其后世子孙脱离奴籍以及报捐考试提供了法定的突破口。这在一定程度上缓解了当地的社会矛盾，"一时开豁数万人"，但并未推广至全国。

第三节 受清代因案修例机制文化影响的后世制度

任何民族在其长久的历史发展过程中积淀形成的法文化系统，均具有超越时间和空间的超高稳定性。这一系统及其内含的法文化规则，将通过文化特有的作用渠道持续发挥影响，"为我们着手解决现在面临的问题以及未来将遇到的境况提供一种弥足珍贵的经验借鉴"[①]。清王朝退出历史舞台之后，国内政权的更迭和外来文明的冲击，虽然致使中华文明一度沉沦困厄，但始终未能导致中华民族在文化延续层面的根本断裂。数千年沉淀下来的法律思想、价值观念、文化规则，仍通过固定族群的固有传承方式得以保留和延续。思想上刻骨铭心的法文化惯性，决定了无论处于哪一时代、面临何种境况，中华民族在司法和立法过程中总是会或多或少地借鉴自身的优秀传统法律文化。这就为清代因案修例机制从文化上对后世制度产生潜移默化的影响提供了无限可能。[②] 尤其是民国的判例制度、新中国的案例指导制度，与清代的因案修例机制皆是司法创制的典型体现，三者存在某种超越时间与空间界限的衔接互通关系，蕴含着同一种文化智慧。

一 民国判例制度

在司法领域，案例应该说永远都占有一席之位。尤其是在判例法国家，或者是有着长久的成文法传统但法律规范体系尚不完善的国家，案例

[①] 胡旭晟、肖洪泳：《作为一种立场和方法的法律文化》，《法学家》2004年第6期。
[②] 当然，本书所称的"文化传续"绝非是说跨时空的两种制度是前后继承或沿用的关系，而是指彼此之间有着表层的特征相似性和深层的文化关联性，均代表着中国特有的法治模式。

对于提高司法效率、司法公正乃至推进整个法治进程都将发挥至关重要的作用。民国处于中华法系日渐衰微、西方法系日益繁盛的时代，为应对社会的客观需要，在大量借鉴西式判例法和汲取本土经验的基础上产生了特有的判例制度。

（一）民国判例制度的形成

民国判例制度的形成大体可分为两个阶段，即北洋政府时期和国民政府时期。北洋政府时期的大理院判例，拉开了民国判例制度的序幕。清末民初，伴随外来西方法律文化的传入，传统法律体系遭受持续的冲击，原有秩序架构开始崩塌，最终"在不断的冲突与融合中，中国固有的法律终于向着西方近代资本主义法律转型"[1]。这一时期新旧交替，新政权在建构法律体系方面既要考虑延续清末修律的阶段性成果，亦要考量社会时势的新变化并注入新的政治因素，可谓难处丛生。然该时期的大理院在司法领域标新立异，构建了稳定良好的司法秩序，其作出的判例被"一般国人亦视若法规，遵行已久"[2]。这与当时混乱的政治环境形成鲜明对比，以至于"稍足击中外之望者，恐怕只有司法了"[3]。为满足司法实践需要，大理院先是定期出版《大理院判决录》，同时在《大理院公报》《司法公报》《法律周报》等刊物上公布判例。之后，考虑到法典本身的失位，大理院开始对判例最为精要的部分予以摘录并编辑成要旨，希冀判例要旨能发挥法律条文的作用。1915年，大理院于《司法公报》上刊载《大理院判例要旨》，是为编辑判例要旨之始。[4] 随后又于1919年12月和1924年12月分别刊印了《大理院判例要旨汇览正集》和《大理院判例要旨汇览续集》。此后直至1927年大理院闭院，官方再未刊印新版。

第二阶段是国民政府时期，集中体现为最高法院的判例。相较于北洋政府时期，国民政府时期的政治局面虽略有改善，但国家立法工作常因战争爆发而中断，所结善果亦多移植国外法律制度，与中国本土社会难免存在不兼容之处。因此，最高法院仍延续了大理院的判例传统。1934年春，最高法院刊印了第一部《最高法院判例要旨》，收录了1927年12月至

---

[1] 张晋藩：《中国法律的传统与近代转型》，法律出版社2009年版，序言。
[2] 郭卫主编：《大理院判决例全书》，吴宏耀等点校，中国政法大学出版社2013年版，戴修瓒序。
[3] 黄源盛：《民初大理院与裁判》，台北元照出版有限公司2011年版，第63页。
[4] 参见李相森《异化与回归：近代中国判例发展演变的轨迹》，《苏州大学学报》（法学版）2016年第1期。

1931年12月的判例，分为民法、民诉法、法院组织法、公司法、票据法、破产法、刑法、刑诉法等门类。曾任台湾"最高法院"院长的杨仁寿先生将其描述为："沿习旧例，其体例完全沿袭大理院之《判例要旨》。"① 此后，"最高法院"判例编辑委员会于1943年刊印了第二部《最高法院判例要旨》，分为上、中、下三册，所收判例时间跨度为1932年1月至1940年12月。

（二）与清代因案修例机制的文化共性

诚然，民国判例制度生成于西方文化盛行而本土文化式微之际，这决定着它必然带有明显的西式判例色彩，甚至于原始动因可能就是模仿和学习西方判例法。民国著名法学家戴修瓒就曾指出，大理院创制判例的原因有二，一方面是基于大陆法系已然吸收英美法系的判例经验，而我国自逊清末年已继受大陆法系，另一方面则是因为彼时中国的成文法典尚未颁行而新旧过渡时期需要确立行为规则。② 尽管制度构建可能在一定程度上借鉴于西方，但制度施行的地域仍是华夏大地、负责执行的人员仍是中华民族族人。"历史变迁往往如此，即使在过渡时代或激变时代，也常常如此：制度的移植能在短期内完成，但操作此项制度的人员依然是旧式的、传统的，或新旧参半的。"③ 作为法制变革中最为关键的主体要素即执行者未有根本改变，注定了民国判例制度无法摆脱本土法文化的影响。长期担任国民政府司法院院长和最高法院院长的居正就曾坦言："成文法与判例只有形式之别而无本质的差异，中国历来就是判例法国家，与英美法系差不多。"④ 虽说其关于"中国历来就是判例法国家"的论断有待商榷，但这至少反映出他也是秉承着一种继承本土法律文化的心态在进行判例制度的构建。

综合审视民国判例制度的发展演变、基本构成、运行机制等方方面面，可以发现，相较于清代因案修例机制，民国判例制度至少在三个方面与其高度相似，显然有着共同的法文化基础和法文化基因。

第一，重视从判决中抽象出行为规则，将之依附于相应的法律条文。

---

① 黄源盛：《民初大理院与裁判》，台北元照出版有限公司2011年版，杨仁寿序。
② 参见郭卫主编《大理院判决例全书》，吴宏耀等点校，中国政法大学出版社2013年版，戴修瓒序。
③ 李在全：《制度变革与身份转型——清末新式司法官群体的组合、结构及问题》，《近代史研究》2015年第5期。
④ 武树臣：《走向东方走向"混合法"——从中国法律传统的角度看判例法》，《判例与研究》1995年第2期。

第六章 清代因案修例机制的文化机理

清代因案修例机制的本质是法律的司法创制，最终的输出成果是《大清律例》中的条例，已完全脱离司法判例的样式而转化为成文法。民国判例制度虽已引入西式判例法的诸多做法，但相较于重视判例本身，显然更加注重从判决中抽象出类似法律条文的规则。西式判例法是要以判例为根本，精准界定其中蕴含的判决理由，再结合判例与待决案件的案情予以适用。大理院虽然也重视判例本身，但仍未摆脱成文法的固有传统，希冀能够直接适用从判例中总结出来的成文规则。这就表现出一种一如既往的成文法倾向。查《大理院判例要旨汇览正集》第二卷刑事部分，体例层面严格按照《暂行刑律》的结构分为总则与分则，总则与分则之下又细分为章节；内容层面完全呈现为法律条文式之规定，将判例要旨分别归属于相关法条之后。如，第二编"分则"第六章"渎职罪"之下法条"刑律一四〇"，后附判例要旨"要求贿赂之罪应以表示要求之意思为成立时间"，判例要旨上方是眉批，下方是年份和字号。《最高法院判例要旨》在这方面的表现更为明显，已然成为一种"以司法适用为目的、以判决要旨为内容、以现行成文法典为体例，将裁判要旨法条化、体系化、法典化的法律补充规则体系"[①]。如此体例编排和内容设计，无疑是借判例之名而行司法立法之实，希望司法官员像适用法条一般来适用判例要旨。事实上也确实达到了这一效果，当时"承法之士，无不人手一编，每遇讼争，则律师与审判官皆不约而同，而以'查大理院某年某字某号判决如何如何'为讼争定谳之根据"[②]。姑且不说这种判例使用方式与英美判例法大相径庭，与大陆法系的判例援引亦不可混为一谈。大陆法系的判例援引须遵循严格的逻辑推理，只有某一案件与判例的重要前提事实完全匹配时方能援引。民国判例则是像法条一般直接适用。"法官于具体案件援用判例时，殆多目为抽象的一般法规，以之为大前提，未尝判断其所由生之重要事实与其正在审理中具体个案之重要事实是否同一，即迳予套用。"[③] 究其缘由，莫过于当法典失位或者虚置时，国人早已习惯于通过司法路径来完成法律创制，对判例衍生出的抽象规则的喜爱，远甚于判例本身。

第二，判例与国家政策、地方风俗习惯充分融合。就民国判例与法律

[①] 刘昕杰：《成文法背景下的判例实践——近代中国最高审判机构判例汇编与实效》，《法学研究》2021年第5期。
[②] 胡长清：《中国民法总论》，中国政法大学出版社1997年版，第35—36页。
[③] 黄源盛：《民初大理院与裁判》，台北元照出版有限公司2011年版，杨仁寿序。

的关系来看，判例仍是发挥辅助和补充成文法之作用，或阐释法律，或弥补法律漏洞，或创造新规范。以大理院判例为例，《大理院判例要旨汇览正集》序言中有云："民国以后，大理院一以守法为准，法有不备或于时不适，则借解释以救济之；其无可据者，则审度国情，参以学理，著为先例。"① 戴修瓒亦言："前大理院乃酌采欧西法理，参照我国习惯，权衡折中，以为判决。"② 由此可见，大理院在法律失位时创制的判例，是以彼时中国之国情和习惯，权衡折中各方利益所完成的。1912 年至 1920 年，就有 21 份大理院判决例与传统不动产先买权密切相关③，既涉及本族本屯居民、垦户、原佃户、长期租户、短期租户、受兑垦地人等主体依据风俗习惯享受的先买权是否有效，也涉及对先买权处分行为的效力认定等问题。后来，南京国民政府时期还通过官方组织编写了《民事习惯调查报告录》，最高法院的判例对此也多有参考。这些表现，与清代因案修例机制在运行过程中的系列特征相类似，只不过因案修例在考虑地方各种风俗习惯等实际情形之外，还会考虑贵贱等级之间、不同民族之间的诸多因素。归根结底，二者均遵循了中国古代社会"惟齐非齐，有伦有要"的法律适用规则。这也从侧面反映出，中国社会极其复杂且迥异于西方，民国对西方法律的简单移植和照搬，往往使得各部法典水土不服而沦为具文。时人评论民国之刑法，就指出其"殊少顾及中国文化之精神，……刑法之主要条文，悉为特别刑法越俎代庖"④。

第三，判例创制权集中一元。从创制判例的权限来看，民国的判例创制权始终集中掌握在最高司法者手中。北洋政府时期，最高审判机关大理院基于其案件终审权和统一解释法令权，牢牢控制着判例创制的权柄。⑤ 根据《法院编制法》的规定，大理院为终审机关，宣判即告判决确定，这为其创制适用于全国的判例奠定了最稳固的权威基础。另据《法院编制

---

① 《大理院判例要旨汇览正集·姚震序》。
② 郭卫主编：《大理院判决例全书》，吴宏耀等点校，中国政法大学出版社 2013 年版，戴修瓒序。
③ 传统不动产先买权是中国古代社会的一项特殊优先权，根据多地的风俗习惯，不动产（包括房产和地产）出售者的亲邻，相较于其他主体享有优先购买的权利。
④ 蔡墩铭：《唐律与近世刑事立法之比较研究》，台北五洲出版社 1968 年版，第 346 页。
⑤ 当然，根据《法院编制法》第 32 条之规定，高等审判厅在其上告案件范围内亦享有统一解释法令的权力，但这仅仅限于高等审判厅的辐射范围，不能适用于全国；且一旦案件移转大理院，其效力自然屈从于大理院的判例。这就好比清代之地方省份设有省例，如《治浙成规》《福建省例》。

法》第三十五条之规定，大理院院长职掌统一解释法令必应处置的权力，其中自然包括通过判例来解释或变通法令，此时的判例相当于大理院行使统一解释权的工具。在司法实践中，大理院也不忘重申和强调自身的权威地位。如，1914年因直隶高等检察厅呈请解释以女易男问题一案所发布的统字第105号解释例中有载："本院虽有统一解释法律之权，而对于特定案件之质问，向不答复。且诉讼通例，惟最高法院判决之可以为先例者，始得成为判决例。……既据称系高等厅判决本，本院自无庸代为解释。"①南京国民政府时期，最高法院在层级体系上隶属于司法院，判例创制权名义上由司法院执掌。《国民政府司法院组织法》第三条规定："司法院院长经最高法院院长及所属各庭庭长会议议决后，行使统一解释法令及变更判例之权。"虽说权力统一归属于司法院院长，但其性质更像是一种宣示权，行使的前提在于最高法院院长及所属各庭庭长会议对相关问题进行了议决。言下之意，负责统一解释法令及变更判例等具体工作的机关仍然是最高审判机关即最高法院。国民政府时期的判例要旨汇编，也都是以"最高法院判例编辑委员会"名义出版的。因此，民国判例创制权的归属和实施，依旧映射出中国古代社会的一元权力结构，这与清代因案修例机制的权力运转规则如出一辙。

二 案例指导制度

新中国成立后，党领导人民开启了社会主义法制建设新纪元。一方面，在废除国民党伪法统的基础上，不断推进社会主义法制建设，持续开展一系列气象万千的立法运动，历经60余年终于形成了中国特色社会主义法律体系。另一方面，在坚持建立和完善法律体系的同时，始终注重发挥司法案例对成文法的辅助作用，不断探索司法案例的运用机制，形成了中国特色社会主义案例指导制度。

（一）案例指导制度的发展历程

1949年9月，中国人民政治协商会议第一届全体会议通过《中国人民政治协商会议共同纲领》，其中第十七条明确规定："废除国民党反动政府一切压迫人民的法律、法令和司法制度，制定保护人民的法律、法令，建

---

① 郭卫：《大理院解释例全书》，上海会文堂新记书局1931年版，第70页。

立人民司法制度。"国民政府的六法全书体系在中国大陆被全面、彻底地废除。旧法被废后，包括民事、刑事等各类社会矛盾纠纷仍亟须解决，但建立起全新的法律体系尚需要时间，在这种情况下，通过现实司法案例总结经验，便成了提高司法水平最简单也是最有效的方法。案例指导制度由此逐步发展起来。①

从20世纪50年代起，全国司法审判工作会议就已明确强调要编纂具有典型性意义判例，它们确实能为各级人民法院在审判迷茫时提供有力指引。这一时期，最高人民法院已经开始从案例中直接抽象出审判经验，并推广适用于全国，使其具备实质上的法律效力。如，1957年，最高人民法院发布了《1955年以来奸淫幼女案件检查总结》，强调在国家刑法未颁布以前应严格按照总结经验进行审判。改革开放后，案例的编纂工作得到进一步重视，最高人民法院开始通过内部文件选编、公报等多种形式，在法院系统内部、外部集中发布典型案例。如，1985年印发的《关于破坏军人婚姻罪的四个案例》，开启了用案例解释法律的尝试。此时的案例编纂虽已常态化，但仍未形成系统权威的案例指导制度，主要还是依据最高人民法院的内部规范和权威约束予以推进。进入21世纪后，案例指导制度开始飞速发展。1999年10月，最高人民法院发布《人民法院五年改革纲要》，指出从2000年起要编选典型案件予以公布，供下级法院审判类似案件时参考。2005年10月，最高人民法院发布《人民法院第二个五年改革纲要（2004—2008）》，明确要"建立和完善案例指导制度，重视指导性案例在统一法律适用标准、指导下级法院审判工作、丰富和发展法学理论等方面的作用"。这是最高人民法院第一次正式提出"案例指导制度"的概念。2010年11月，最高人民法院发布《关于案例指导工作的规定》，规定了指导性案例的编选标准、编选程序、发布方式等，象征着案例指导制度的正式建立。2015年4月，最高人民法院又发布《〈关于案例指导工作的规定〉实施细则》，进一步对指导性案例的标准、内容构成、形成程序、援引方式和保障进行了规定。党的十八大以来，习近平总书记高度重视司法改革，强调要"努力让人民群众在每一个司法案件中都能感受到公平正义"②。在此过程中，案例指导制度不断得以完善和发展，案例体系也

---

① 鉴于清代因案修例的特殊性，本书探讨的"案例指导制度"特指最高人民法院构建的案例指导制度。

② 习近平：《论坚持全面依法治国》，中央文献出版社2020年版，第17页。

不断得以充实和丰富。而今，最高人民法院已先后发布37批共211件指导性案例，地方各级人民法院也定期发布本地区内具有指导意义的司法案例，实现了对传统法律领域和新兴法律领域的全面覆盖。

（二）与清代因案修例机制的内在文化联系

案例指导制度不是舶来品，而是在传承中华优秀传统法律文化和借鉴国外法治有益成果的基础上实现的本土创举。在指导如何理解和适用《关于案例指导工作的规定》时，时任最高人民法院研究室主任的胡云腾曾明确指出："制定《规定》是继承中华法律文化优良传统、科学借鉴国外有益经验和回应社会司法需求时，进一步提高人民法院司法能力的需要。……作为法律文化的组成部分，在中国古代司法传统中，秦有廷行事，汉有决事比，宋、元有断例，清有律例、条例、则例、会典等案例编撰形式。比照成例断案，是中国法律文化与司法传统的有机组成部分。"[1]这足以说明最高人民法院在建立案例指导制度时，曾系统考察过中国古代的司法创制机制。事实上，案例指导制度在多个方面也确实与清代因案修例机制相似，呈现出典型的中国特色。

第一，注重由司法机关直接抽象出高度概括性的规则，并对应相关法律条文。当现有规则无法满足司法需求时，"案例指导制度通过发布指导性案例为司法活动通过规则，就成为一种可行的规则提供方式"[2]。最高人民法院发布的《〈关于案例指导工作的规定〉实施细则》第二条之规定，指导案例具体由八个部分构成，除去标题、关键词以及生效裁判审判人员姓名的附注等形式内容之外，实质内容包括裁判要点、相关法条、基本案情、裁判结果、裁判理由。其中，裁判要点系由司法机关在案例判决的基础上直接抽象得出，处于指导性案例实质内容的首要部分，这也是各级人民法院参照的绝对重点。查最高人民法院历年发布的指导性案例，裁判要点基本已具备一般抽象规范的构成要件，具有高度的概括性和指向性。以第105号指导案例"洪小强、洪礼沃、洪清泉、李志荣开设赌场案"为例，其裁判要点为："以营利为目的，通过邀请人员加入微信群的方式招揽赌客，根据竞猜游戏网站的开奖结果等方式进行赌博，设定赌博规则，利用微信群进行控制管理，在一段时间内持续组织网络赌博活动的，属于

---

[1] 胡云腾：《〈关于案例指导工作的规定〉的理解和适用》，《人民司法》2013年第3期。
[2] 陈兴良：《案例指导制度的法理考察》，《法制与社会发展》2012年第3期。

刑法第三百零三条第二款规定的'开设赌场'。"① 该要点采用了目的性扩张的方法，结合相关刑法条文的目的，将微信赌博的行为纳入了"开设赌场"的范畴，并设定了营利性、赌博性、集群性、持续性等行为认定标准。与此同时，裁判要点均有相对应的法律条文。这说明最高人民法院抽象出的规则是辅助性和补充性的，它解决的是法律的适应性问题，着重于填补既有法律条文的漏洞。尽管目前裁判要点的效力定位限于说理依据而非裁判依据，但已有向司法解释类的裁判依据发展的显著趋势。它是最高人民法院审判委员会明确的审判经验和规则，根源于具体案件，"可以视为与司法解释具有相似的效力。……既可以作为说理的依据引用，也可以作为裁判的依据引用"②。

　　第二，案件判决与党和国家政策保持一致，关键部分有可能上升为法律规范。在我国现行的法治构造模式中，党处于绝对的领导地位，其对法治工程的推动、法治精神的传播、法治机构的设计、法治阶段的规划、法治制度的构建都发挥着决定性作用。故而，法治是党领导下的法治，法律在相当程度上是党的政策的规范体现，宪法和法律的制度权威与党的政治权威实现了高度重合。在这一模式下，为保障党的政策的贯彻落实，也为了追求政治效果、法律效果和社会效果的有机统一，立法机关要善于使党的主张通过法定程序成为国家意志，法院则必须"旗帜鲜明讲政治，带头执行党中央大政方针和决策部署"③，让法院的判决深度契合社会时势和国家政策的走向。而指导性案例在这时候，就能"起到一种刑事政策的宣示作用"④。其中，典型意义较大者更有可能上升为法律规范，推动法律变迁。如，自 2006 年开始，中宣部就开始引领多个部门推进"保护生命，平安出行"交通安全宣传教育工程，国务院随后也开始进一步落实"五整顿""三加强"工作措施，将做好道路交通安全工作纳为构建社会主义和谐社会的重要内容。2009 年时值中华人民共和国成立六十周年，公安部进一步加强道路交通安全工作，在全国范围内开展了史无前例的打击"酒驾"专项活动，社会舆论更是强烈呼吁法律严惩。在这一背景下，最高人

---

① 参见最高人民法院《指导案例 105 号：洪小强、洪礼沃、洪清泉、李志荣开设赌场案》（http://www.court.gov.cn/shenpan-xiangqing-137101.html），2019 年 2 月 28 日访问。
② 胡云腾：《关于参照指导性案例的几个问题》，《人民法院报》2018 年 8 月 1 日第 5 版。
③ 孙航：《周强为最高人民法院党员干部讲授党课强调 强化政治机关意识 加强法院党建工作 更好履行新时代人民法院使命任务》，《人民法院报》2020 年 6 月 25 日第 1 版。
④ 陈兴良：《案例指导制度的规范考察》，《法学评论》2012 年第 3 期。

民法院将广东佛山黎景全以危险方法危害公共安全案和四川成都孙伟铭以危险方法危害公共安全案作为醉酒驾车犯罪的典型案例，明确要求类似案件应"参照附发的典型案例，依法以危险方法危害公共安全罪定罪量刑"。伴随该类案件的审判经验越来越丰富，相关法律条文也迎来了修改的契机。2011年5月1日，《中华人民共和国刑法修正案（八）》第二十二条对《刑法》的第一百三十三条进行了修改，即增加一款："在道路上驾驶机动车追逐竞驶，情节恶劣的，或者在道路上醉酒驾驶机动车的，处拘役，并处罚金。有前款行为，同时构成其他犯罪的，依照处罚较重的规定定罪处罚。"这意味着成都孙伟铭案的裁判要旨，被吸纳成为正式的刑法条文。

第三，决定权集中一元，并通过法院系统的科层制保障效力。从指导性案例的决定权归属来看，统一集中于最高人民法院。最高人民法院的内部审判业务单位、各级人民法院以及人大代表、政协委员、专家学者、律师等社会专业人士所享有的只是指导性案例的推荐权（即提议权）。至于最终是否许可，则由最高人民法院审判委员会决定。换言之，指导性案例是最高人民法院的专属品，只有最高人民法院才有权确定和发布指导性案例，也只有最高人民法院公布的案例才能被称为"指导性案例"。而最高人民法院在整个法院系统中所处的地位，也决定了指导性案例在发布后通常会被各级法院奉为圭臬。《中华人民共和国人民法院组织法》第十条规定："最高人民法院是最高审判机关。最高人民法院监督地方各级人民法院和专门人民法院的审判工作，上级人民法院监督下级人民法院的审判工作。"这种制度规定的地位优势，使最高人民法院遴选和发布的指导性案例具有特殊的意义。暂且勿论这些案例在法源效力位阶上能达到何种地位，但至少说明其附载的判决结果、理解和适用标准、价值取向等内容，皆受到了最高人民法院的肯认，这也就构成地方各级人民法院在审判类案过程中必须加以考量的因素。与此同时，最高人民法院在客观上也存在诸多可用来约束地方各级人民法院的工作机制。如，司法责任制、二审终审制、申诉制、绩效考核制、类案检索制，均客观要求地方各级人民法院认真对待最高人民法院发布的指导性案例，即在处理类案时必须深入贯彻法律的统一适用原则。根据《最高人民法院关于开展案件质量评估工作的指导意见（试行）》第八条的规定，法院审判公正指标共11个，"一审上诉改判率、一审上诉发回重审率、生效案件改判率、生效案件发回重审率"

等指标赫然在列。为了降低这些指标以达到合格乃至优秀的案件质量评估结果，下级人民法院在审判案件时与最高人民法院发布的指导性案例保持一致，无疑是一种明智之选。

由此观之，当代的案例指导制度在很多方面赓续了清代因案修例机制的文化传统。其中，抽象出裁判要点，与因案修例机制抽象出新规则相一致；紧跟党和国家的政策，与因案修例机制的伦理性和政治性相一致；指导性案例可能推动法律变迁，与因案修例机制由案件生成条例的原理相一致；提议主体以及决定机制，与因案修例机制的运行程序相类似。尽管案例指导制度与清代因案修例机制在制度功能、民族文化上存在诸多内在联系，属于在中华优秀传统法律文化基础上建构起来的、具有中国特色的司法创制制度，但由于当代中国与古代中国在国家政体、社会性质等层面的实质差异，决定了二者仍有着本质上的区别。

于很多国家和民族而言，民族自身的法律文化越来越被视为现代化发展的障碍，或者说不那么重要的东西。殊不知，这种认知很大程度上源于西方法律文化的侵蚀。日趋流行的西方法律文化基于其背后的发达国家载体，对"何谓先进科学的法治模式"的理解和判断标准，有着天然的话语权优势。西方所谓"宪政""三权鼎立""司法独立"的路子，就曾通过文化输出而一度在很多国家占据着绝对优势。在法治发展的时间序列上相对靠后的国家，必须清醒地保持两个认识：一是客观看待西方法律文化，西方标榜"发展和先进"的法治模式是相对的，与之配套的法律制度、法律价值等元素，在完全不同的国情环境下，很难做到全面兼容；二是尊重和传承民族自身优秀传统法律文化，将最精华、最具特色的部分予以保留并以合适的方式实现转化和发展，这才是一个国家、一个民族区别于其他国家和民族，也是最不能丢弃和割裂的根本。否则，国家和民族只会徒留一具躯壳，陷入人云亦云、亦步亦趋的尴尬境遇。梁启超曾说过："近世法学者称世界四法系，而吾国与居一焉，其余诸法系，或发生蚤于我，而久已中绝；或今方盛行，而导源甚近。……夫深山大泽，龙蛇生焉，我以数万万神圣之国民，建数千年绵延之帝国，其能有独立伟大之法系，宜也。"[①] 毋庸置疑，传统社会在数千年的发展过程中历经碰撞、起伏、试错，最终积淀形成了一套高度稳定的法文化系统。这套文化系统伴随时间

---

① 梁启超：《中国法理学发达史论（1904）》，载李雪梅主编《法律文化研究》第七辑，中国人民大学出版社2014年版，第1页。

第六章 清代因案修例机制的文化机理

的迁移而不断适应，始终保持着最为核心的价值规则体系，衍生出中华法治文明的一系列瞩目成果，奠定了伟大中华法系之基石。清代因案修例机制显然属于该系统作用下的成果之一，它在反映清王朝立法、司法、行政、国情、社会形势等诸多因素的同时，也折射出传统中国社会特有的法文化规则。可以说，在它之前，传统中国社会已有丰富的司法创制历史经验，而清代诸帝只是结合自身统治需要与民族背景将其进一步常态化。当天地颜色变换，封建王朝轰然崩塌，西方文明如决堤之水汹涌而来，西方法律制度也随之鱼贯而入。中国本土法文化遭受了前所未有的巨大冲击，甚至于一度被国人视为专制糟粕、弃之如敝屣，"稍稍耳新学之语，则亦引以为愧，翻然思变，言非同西方之理弗道，事非合西方之术弗行，掊击旧物，惟恐不力"[①]。然尘埃落定后，国人发现西方的那一套制度体系和价值观念，与中国似乎并不那么相配，甚至可以说水土不服、相当别扭。实际上，中华优秀传统法律文化系统从未停止运转，它持续影响着这片土地上的族群乃至每一个个体，进而作用于西方法律制度引进后的各种操作和落实环节。民国判例制度与新中国的案例指导制度即是传统法律文化规则体系持续作用的实证，它们虽在一定程度上借鉴了西式判例的做法，但更多地保持着中国在司法创制方面的独有特色。

[①] 《鲁迅全集》第一卷，人民文学出版社1981年版，第44页。

第七章 结语：以古代法律智慧推动现代制度完善

清代在时间序列上是一个具有特殊意义的朝代，它处于中国古代社会与近代社会的分界岭，既代表皇权专制的末路，亦预示民主共和制的开端。"是故论有清一代之刑法，亦古今绝续之交也。"[①] 作为传统社会最后一部刑法典，《大清律例》历经顺治、康熙、雍正、乾隆四帝方得以成型，在嘉庆、道光、咸丰、同治年间仍通过修例保持着相当高的活跃度。它既承袭着历朝历代积淀的制度成果精华和优秀思想理念，又不断对内容进行变革和更新以适应社会新形势新变化的刚需，有效解决了法律稳定性与适应性之间的天然矛盾，实现了权威与活力兼备。个中关键，就在于因案修例机制。因案修例机制代表着司法与立法的互动，于清王朝的立法建构和司法实践发挥着不可或缺之功用。正如清代文学家鲁九皋所言："自通籍以来，家居二十年，得当读大清会典、钦定律例、朱批谕旨定例成案诸书，窃见我朝圣圣相承，政举刑清远过往古。"[②] 透过清代因案修例机制，精准把握其根本性质，耙梳其蕴含的丰富法律智慧，找寻中国古代社会在司法案例方面的独特建树，对于完善中国特色的案例指导制度，乃至推动国家治理体系与治理能力现代化均具有重要的启示意义。

一 清代因案修例是一种典型的司法创制机制

法律创制自古即存在立法创制和司法创制两种方式。其中，司法创制作为法律运用于现实生活的客观反映，通常比常规的立法创制更为灵活和机动，能以更便捷的方式有效保证法律的适应性。这种法律创制活动，本

[①] 《清史稿·刑法一》。
[②] 《翠岩杂稿》卷二。

第七章 结语：以古代法律智慧推动现代制度完善

质上应该说源于司法官完善立法的本能冲动。司法官在具体案件中适用既有法律时，总会发现其存在的问题，从而在自身权限范围内寻求一种被允许的变通。久而久之，合理、合法的变通受到同仁乃至上层司法机关的认可，潜移默化中便已完成了实质性转变，成为通行的惯例。这"无异于开始使用一种应适用于未来所有相似情形的新的规范标准。法官会发现现行法律所作的分类和区别过于粗糙和太过空泛，所以他们会主张用更为精确和高度严谨的概括去替代它们"[1]。司法创制随即被拉开序幕。

这一司法冲动不限于法系和国界，广泛存在于人类社会的各个阶段、各个国度，只是受时间与空间的双重影响，会表现为不同的释放方式。由此导致的表现形式、整体特征、演变路径、作用渠道也不尽相同。"从历史发展的角度来考察，可以清楚地看到，无论是大陆法系还是英美法系，其法律制度的发展进步都离不开司法创制，只不过表现的方式不同，依赖的方式与程度不同，作用的先后早晚不同而已。"[2] 以表现形式为例，中国当代成文法式的司法解释、大陆法系的司法判例、英美法系的判例法均属于司法创制的范畴。再如表现特征，判例法国家的法官在具体案件中创造的法律规则通常具有原生性，它们并非对应补充某一法律而生，故被誉为"发现"或"创造"；成文法国家的特征则不同，判例本就被严格限制，经由司法路径创制的法律规则大多是补充性的，故被称为"续造"。不同形式的司法创制之间并无绝对的优劣之分，它们均对应各自的本土需求并有着共同的前提，即人类社会"不断试错以发现和解决问题"的经验积淀模式。

视角再切回到清代的因案修例。《大清律例》中的每一条因案所修的条例，都源自于一个或多个现实生动的司法案件。除皇帝本人提议的因案修例具有口含天宪的效力外，地方督抚、刑部、理藩院乃至九卿等主体提议的因案修例，必须经过比之位阶更高的司法机关核准（如地方督抚提议，就须经刑部审核），并由皇帝最终决策。这意味着原始问题被发现于司法审判过程中，解决办法亦是在多层司法官员的共同探讨中得以明确。从因案修例运转程序的推动主体来看，均系司法机关及其所属官员，具体包括地方督抚、刑部堂官以及皇帝，偶有九卿和理藩院等。受传统社会行

---

[1] [美]博登海默：《法理学：法律哲学与法律方法》，邓正来译，中国政法大学出版社2004年版，第334—335页。

[2] 米健：《司法创制对欧洲一体化的推动》，《比较法研究》2008年第1期。

政与司法一体化的影响,这些主体虽兼具行政与司法色彩,但在因案修例机制的实际运转过程中,均扮演着司法者的角色。即便是皇帝本人,也是处于司法系统的最高层级,发挥着终极裁判官的功能。从因案所修条例的生效时间来看,这部分条例并非在正式修例时才具有法律效力,而是在案件终审判决生效后,即已作为新的法律规则被刑部推广适用。这些因案而生的新规则之所以具有如此特殊的地位和效力,得益于皇帝的至上权威。经皇帝认可的判决要旨,直接具备高阶法源的闪耀光环,上谕中常有"嗣后……俱照此办理"的话语。而后续的修例活动,只是在国家立法层面对其法律效力的正式确认。

既然清代因案修例所处的制度环境、推动主体、决策主体均属于司法领域,那么理应纳入法律的司法创制范畴。它肇始于具体的司法案件,运作流程与司法审判流程高度重合,终极输出成果为《大清律例》中的条例,实质上是从单个个体案件中抽象出具有普适性的刑事规则。相对于立法机关主动创制法律的理性主义而言,它体现的是司法机关结合案情和时势需要进行法律创制的经验主义,与案件判决的关键部分密切相关。生硬的法律文本在鲜活的司法案件中得到了升华和明确,恰是"法律的意义和法律的效力,只有在法院审理案件中才能最终确定,司法判决构成了法律本身"[1]。清代统治者通过司法路径来完成法律创制,进而回应与解决司法实践中发现的现实问题,以求不断完善帝国的刑事法律体系。这既是对现行法律进行适用和试错的过程,亦是在验证现行法律对错与否的基础上创制新法的过程。

二 中国古代独树一帜的司法案例运用模式

清代因案修例机制涉及的一个核心命题,就是司法案例在司法和立法中发挥了什么样的作用,也就是我们经常所说的"判例"问题。谈及判例、判例法或判例制度,很多人"言必称希腊"[2],总是会把关注点放在国外,认为要仿照西方模式建立起一套专门的制度。然而,"橘生淮南则为

---

[1] [英]罗杰·科特威尔:《法律社会学导论》,潘大松、刘丽君等译,华夏出版社1989年版,第234页。
[2] "言必称希腊"是指凡事都喜欢将外国的教条和框框套用到中国。出自《毛泽东选集》第3卷,人民出版社1991年版,第797页。

第七章 结语：以古代法律智慧推动现代制度完善

橘，生于淮北则为枳，叶徒相似，其实味不同"[1]，西方法治文明虽有着诸多值得我们借鉴的有益成果，但也确实存在很多与我国国情和实际的不符之处。推动具有中国特色的相关制度建设，还是得以我为主，从中华优秀传统法律文化中汲取滋养。其实，我们的先人们早就开始探索如何运用司法案例这个重大课题。不仅仅是清代的因案修例，先秦的案例运用、秦汉的决事比、魏晋的刑科故事、宋元的断例，等等，这些史实都充分表明，在数千年的法制文明进程中，中华民族在司法领域积淀了深厚的法律文化，特别是形成了独树一帜的司法案例运用模式。

与西式判例法不同，对于已经生效的司法案例，中国古代并不是追求将其上升为可作为裁判依据的判例，而是希冀以此来辅助成文法的适用以及推动成文法的完善。从中国古代法制文明的演进来看，尽管在不同的历史时期对司法案例的认识和定位时有变化，但始终保持着不容动摇的成文法传统，历朝历代统治者对法典的执着即是明证。成文法在国家治理体系中的地位之高之稳，客观上也就决定了司法案例的作用空间始终会被限制在一个相对狭小的范围内，不可能从辅助性角色转变为主导性角色。那么，也正是基于此，在漫漫历史长河中，特别是在成文法体系得到充分发展之后，我们很少看到统治者在全国范围内将司法案例明确作为裁判依据适用，更多的是将之作为一种成文法之外的从属性依据，主要用于加强说理、提供支撑、指引法条。即便是那些极具典型代表意义且能填补成文法空白的司法案例，可能至多只是在过渡的阶段曾真正成为过西式判例法意义上的"判例"，所依赖的也主要是最高统治者的某种宣示认可，最终还是通过各种各样的方式逐渐褪去案例的外衣而转化为成文法。概言之，中国古代的司法案例作用于司法审判乃至影响国家立法的过程，不属于一个西式判例法作用的过程，而是仍然属于成文法的大范畴。这一取向也与古代帝制的根本需求相契合，至高无上的九五之尊当然不希望在国家大法之外又出现一种可与之齐头并进的判例法，这既有损于皇权权威，也有害于司法秩序。相反，西式判例法是以判例而非成文法为裁判依据，它们追求的正是判例的不断生成、完善和延续，所有的司法案例要么遵守之前的判例，要么是突破旧判例而形成了新判例。

中国古代对司法案例的运用，也不是以"遵循先例原则"为保障，更

---

[1] 《晏子春秋·杂下》。

多的是以体制内部的事实约束力为保障。西式判例法得以维系和延续的一个核心要素，就是"遵循先例原则"。有学者曾指出："对判例法而言，遵循先例原则的重要性甚至要超过判例报告，因为从一定意义上说判例报告只是判例法的载体或存在形式，而遵循先例原则则是判例法的灵魂和精髓。"① 在遵循先例原则的约束下，法官才会自觉按照先前的判例处理待决案件。否则，再多的判例报告也只不过是一堆书面材料，法官完全可自主决定参照或不参照。与之相区别的是，在中国古代社会，成文法始终占据着绝对主导地位，不同朝代乃至不同皇帝对判例的态度时刻在发生变化，自然也就不太可能确立一种类似于"遵循先例"的基本原则。司法案例之所以能发挥出影响待决案件的作用，更多是依靠一种体制内部的、事实性的约束力来实现。要而言之，并没有哪条规则要求严格遵循之前的案例，但下级司法官员总是会不自觉地遵守。这一约束力形成的原因有很多，但主要包括三个方面：一是中国古代皇帝享有绝对的权威，很多大案要案经其裁决后即便未生成新的法律规则，也会在无形之中被官僚集团奉为圭臬，以至于有时候皇帝本人都不得不强调是"随案示惩"。二是中国古代官员掌控的权力是一种复合型权力，兼具立法、执法、司法等多项内容，能对下级官员进行全方位的压制，这其中自然也包括对下级的案件审判予以干涉和审核，是所谓"官大一品压死人"。三是中国古代的政法精英大多集中在中央刑部和地方高层，上级司法官员作出的判决，无论是对皇帝意图的把握，还是对社会形势的考量，抑或对律例的理解运用，都足以成为下级司法官员的示范。不管是出于与上级保持一致还是择优学习的考虑，客观上都要求下级司法官员在产生疑惑时参照先前的司法案例。

在司法案例的法律效力上，中国古代也不是一视同仁，而是将之分为不同的类型予以区别对待。古代社会很早就出现了专门的司法裁判活动，也形成了成熟的官府卷宗制度，大量司法案例因此得以形成和传世。根据司法案例的法律效力及其发挥的作用，基本可分为"准立法型案例""参照型案例""普通型案例"三种类型。

第一种类型是"准立法型案例"，这类案例极其典型、极具代表性意义，高度契合最高统治者的政治需求，具有准立法式的法律效力。它们一度发挥过判例的实质效用，但基本上在合适的时机、以丰富多样的方式被

---

① 高鸿钧等主编：《英美法原论》（上），北京大学出版社2013年版，第159页。

第七章 结语：以古代法律智慧推动现代制度完善

成文法所吸纳，转化为抽象的成文法则，无须再以判例的面貌继续存在。清代触发修例机制的司法案例即属此类。这也充分彰显了成文法在中国古代法源结构中的绝对主导地位以及成文法和判例的特殊关系，即"在成文法体系之外，通过创设及适用判例，在实践活动中不断的探索，反复的检验，逐步的积累，在成熟后再将其改造吸纳入法律体系之中"[①]。

第二种类型是"参照型案例"，这类案例有着明显的借鉴意义，具有可予参照的法律效力，但又无须上升为成文法律。它们的体积相当庞大，虽不具备国家正式法源的地位，但常获得官方的明确认可，或通过中国古代特有的司法行政一体制获得了事实上的约束力。清代的通行成案以及刑部审结的司法案例即是其中的典型代表。在行政层级上处于劣势的下级司法机关及其司法官员，不仅在审判业务上需要接受上级司法机关和司法官员的审核与指导，还须面对行政等其他方面的多重压力。故在面对类似案件时，他们往往会选择与上级司法机关或司法官员作出的判决保持高度一致，至少在内心层面从一开始就会有所倾斜。这种保持一致，并不是说必须在判决中明确将上级司法机关的案例列为裁判依据，相反，更多的是一种隐性援引和参照。但由于未能转化为正式的法律条文，这类案例具有明显的时效性，一旦时代背景发生变化或裁决这一案件的司法官员有所变动，就极有可能丧失法律效力而湮没在历史长河之中。是故，清代司法审判资料中，也极少见到援引时间久远的成案和事例的例子。

第三种类型是"普通型案例"，泛指前两种类型案例之外的广大司法案例。相较于前两种类型的司法案例，这类案例的数量和规模应该是最大的，但在内容和作用上显得相对普通，案情简单明了、问题争议不大、法条明确清晰，也不需要司法官员花费过多精力。这一系列特征，决定了它们很难被赋予参照的法律效力，对未来的待决案件也几无可能产生实质性的影响，因为只要具备基本素质的司法官员都能妥善解决同类案件，轻松实现"同案同判"的神话。但不能因此认为这类案例一无是处，它们仍然是记载各式各样司法实践活动的最生动载体，代表着一个国家的平均司法水平，呈现着一个民族最鲜活的司法形象，还反映着一个社会最为常见的纠纷和矛盾。司法官员应当将这类案例作为自身日常专业学习的重要资料，以便更好地理解律文和条例、把握司法程序和习惯、熟悉司法判决的

[①] 刘笃才：《中国古代判例考论》，《中国社会科学》2007年第4期。

逻辑和技巧。

三　完善中国特色案例指导制度

从清代因案修例机制，到整个中国古代社会对司法案例独树一帜的运用模式，显示了中华民族的伟大创造力和中华法制文明的深厚底蕴，凝聚着中华民族的精神和智慧，有很多优秀的思想和理念值得我们传承。前文已深刻揭示，当代案例指导制度与清代因案修例机制之间存在密切的内在文化联系。当案例指导制度过早地进入瓶颈期和疲软期，"使用的断裂性（很大一部分还尚未被适用过）、启动的混乱性（被以各种不同的方式而提出）、参照的规范性（只提要求而不附加论证理由）、隐性适用盛行等不良现象普遍存在"[1]，将观察的视角转向中国古代，从本民族的历史文化土壤中探索解决当代法治问题的机制路径，或找寻当代法治创新的智慧启示，就已然成为推动社会主义法治国家建设的必要选择。毋庸置疑，作为同一民族在不同年代就同一问题设计的应对方式，清代因案修例的形塑过程和实践经验，对完善中国特色案例指导制度有着直接的启示意义。

第一，坚持中国特色，在是否向判例法转变的问题上应保持理性且审慎的态度。案例指导制度自产生以来，就频繁被我国学者与西式判例法相比较，不少人相信"有朝一日，最高法院做出的每一个生效判决都会成为当然的判例，成为与成文法并行的法律渊源"[2]。但从清代的因案修例来看，西方意义上的"判例"在中国古代的生存空间始终被压缩在相当狭窄的范围内，更勿论形成判例法。最具典型性的那部分案例通过固定渠道转化成了抽象的法律条文，是以成文法的方式而非判例法来继续发挥效用；规模庞大的成案，并不具备国家正式法源的地位，也非西方意义上的判例，更多是被作为佐证法官分析、协助法律的选择适用以及加强判决结果合理性的工具。当前的案例指导制度可延续清代因案修例的这一传统，将指导性案例分为两类，择其要者上升为法律规则，余其次者继续以案例的形式发挥裁判理由之作用，实无必要转向西式判例法。相较于判例法，这种双轨制方式既能维护成文法的权威以防止因案破法现象的发生，又能保证司法案例与法律条文之间的通畅衔接，高度契合以

---

[1] 孙海波：《指导性案例退出机制初探》，《中国法律评论》2019 年第 4 期。
[2] 武树臣：《寻找中国的判例法》，《北京日报》2019 年 2 月 25 日第 20 版。

第七章 结语：以古代法律智慧推动现代制度完善

成文法为绝对主导、法律思维迥异于西方、民族文化多元的当代中国，也暗合加快构建中国特色哲学社会科学、传承中华民族优秀传统司法文化的价值取向。

第二，改进指导性案例的遴选和审查标准。无论是因案修例，抑或案例指导，初衷均在于充分发挥司法对法律的完善功能，故务必选择最实用、最贴切、最有效的案例，避免"华而不实""形而无用"的尴尬局面。清代的因案修例机制对源头案件的择选极为苛刻，有着一套严格的标准。其一，审转制度的存在，使得触发修例的案件有着前置的类型限制。各省民事案件以及轻微刑事案件由州县一级直接审结，徒刑以上的刑事案件由督抚自行审结，对于流刑和死刑案件，则须继续呈转中央司法机关，即刑部与皇帝。换言之，通常只有流刑和死刑案件才可能生成新例。其二，从地方督抚到刑部主官再到最高司法者皇帝本人，莫不对案件进行全面的审核，具体考量的因素广涉案件的典型性、政治性、伦理性、映射的法律漏洞、提议人的身份背景等。这意味着在审转制度的基础上，各级司法官员乃至皇帝对案件再次进行了多轮筛选。当前指导性案例的遴选和审查标准主要包括：形式要件（已生效、认定事实清楚，适用法律正确，裁判说理充分）、实质要件（社会效果良好、典型性、必要性、复杂性和新颖性）。形式要件作为基本要求毋庸赘言，然实质要件可借鉴因案修例的标准进一步改进。例如，清代触发修例的案件多为伦理型的常见案件，极小概率重复发生的通常是"随案示惩，刑部不必引以为例"[①]。案例指导制度亦可增加"普遍性或常见性"的标准，对于极少见又具有一定意义的案件，则由最高人民法院以其他案例形式予以发布。再如，"社会广泛关注"这一条件实无必要。清代的因案修例更多的是关注案件的实际功能，并未要求社会广泛关注。指导性案例的设计初衷也是解决法律漏洞和实现"同案同判"，故而即便是社会未予广泛关注的案件，只要其现实功能突出，就可以被列为指导性案例。

第三，完善类似案件的判断机制。对于当前我国的案例指导制度而言，清代的因案修例既有经验可供借鉴，又有教训需要防范。如前所述，清代的因案修例，实质上是从具有典型参照意义的案件中抽象出法律规则。从某种程度上而言，这属于一种一劳永逸的办法，后来的司法官无须

---

① 《清仁宗实录》卷六十。

判断案件是否类似，可直接适用抽象后的成文条例。但这恰恰反映出一个问题，即清代在司法实践中未形成系统的类案判断机制。也就是说，在缺乏统一标准的前提下，司法官员完全可能根据自身的理解来选择类似案件进行参考。如此发展的后果是极其严重的，清代统治者为避免司法官员借助类案判断而随意出入人罪，干脆明文禁止成案的适用，即"凡属成案，未经通行，著为定例，一概严禁"①。由此衍生出一种尴尬的局面，除生成新例的案件之外，大量具有参照意义的成案无法得到充分运用。当前我国指导性案例的适用窘境，亦与类案判断机制的缺失存在相当关联。《最高人民法院关于案例指导工作的规定》和《〈最高人民法院关于案例指导工作的规定〉实施细则》，并未规定"类似案件"的具体判断标准。当各级司法人员无法准确判断待处理案件与指导性案例是否类似时，自然会有所顾忌。因此，有必要完善类似案件的判断机制，确立统一的案件类似比对规则，至少明确在哪些因素上（包括核心争议问题、基本事实等）相似就应当构成类似案件。2020年7月，最高人民法院发布了《关于统一法律适用加强类案检索的指导意见（试行）》，第一条即明确："本意见所称类案，是指与待决案件在基本事实、争议焦点、法律适用问题等方面具有相似性，且已经人民法院裁判生效的案件。"这说明案例指导制度在类案判断机制方面迈出了关键性的一步，后续需要对具体的比对规则予以完善。

第四，改进指导性案例的退出机制。除类案判断机制之外，清代因案修例的另一个弊端在于：退出机制失位。这一缺陷直接导致条例越积越多，彼此重复者、矛盾者、无意义者不在少数。正如薛允升在《读例存疑》中所言："同治九年修定之本，凡条例一千八百九十二条。视万历时增至数倍，可谓繁矣。……第其始，病律之疏也，而增一例。继则病例之仍疏也，而又增一例。因例生例，孳乳无穷。"②但众所周知的是，法律带有天然的滞后性，适时而新是保持其鲜活生命力的根本举措。指导性案例体系也应是一种优胜劣汰的开放式体系，对于不合时宜的案例，要及时予以淘汰。当前的实施细则仅规定了两种自动失效的情形，即"与新的法律、行政法规或者司法解释相冲突的"和"为新的指导性案例所取代的"，距离较为完善的退出机制尚存在一定距离。一方面，可适当增加指导性案例失效的情形，如"最高人民法院认为不适合继续作为指导性案例的"；

---

① 《大清律例·刑律·断狱·断罪引律令》。
② 《读例存疑·序文》。

另一方面，应明确指导性案例退出或失效的法律程序，具体可仿照指导性案例遴选和公布的基本程序，即"启动（包括主动和被动两种形式）—审查（包括案例指导工作办公室审查和最高人民法院审判委员会通过）—公布（以废止或宣布失效的方式）"。

四 构建中国特色因案修法建议机制

在人类法治文明发展过程中，立法建议权是国家权力谱系中不可或缺的一环，只不过在不同的历史阶段、不同的国度，其在权力谱系中的地位、归属的权力主体、行使的具体方式纷繁不一。当代中国已然建构起一套相对成熟的立法建议机制，确保各方主体在人民民主专政体制下能充分发挥建言献策的权力，积极参与国家各类法律的制定。《宪法》第四十一条规定："中华人民共和国公民对于任何国家机关和国家工作人员，有提出批评和建议的权利。"《立法法》第五条秉承宪法确立的基本原则，规定："立法应当体现人民的意志，发扬社会主义民主，坚持立法公开，保障人民通过多种途径参与立法活动。"其余各类关于法律制定工作的制度文本，亦不乏规定建议权之条文者。比如，《最高人民法院关于司法解释工作的规定》第十条规定，最高人民法院各审判业务部门、各高级人民法院、全国人大代表、全国政协委员、有关国家机关、社会团体或者其他组织以及公民均享有提出制定司法解释的建议的权利。但无可否认的是，当代中国的立法建议机制尚有可待完善之处，诸如建议机制启动的有限性、建议权主体的专业水平参差不齐、立法建议与社会现实脱节、立法建议泛化虚化等问题，仍在相当程度上存在。

面对这些现实问题，我们不妨将视角转向清代的因案修例机制。作为中华民族在不同历史时期对立法建议权的运行模式，因案修例为清王朝的刑法典建构、完善以及司法实践发挥了不可或缺之功用，使其政举刑清远甚于往古。以清代因案修例机制为样本，对于完善当代立法建议机制有着文化传承的直接启示意义。尤其是在传承和弘扬中华优秀传统文化和加快构建中国特色哲学社会科学的今天，从本民族的历史文化土壤中寻求解决当代法治问题的机制路径，或探索对当代法治创新的智慧启示，已然成为推动社会主义法治国家建设的必要选择。故此，我们可以尝试在当代中国社会建构起一种类似的因案修法建议机制，赋予法官因案提出立法建议的权力。典型司法案例也将因此成为司法解释和法律法规的重要素材来源，"它们的裁判要点将首先被纳入到司法解释之后，然后司法解释通过再系统化被纳入到立法之中"①。伴随这一转变，其法律定位、约束效力和遴选审查标准势必会更趋明朗化。

（一）建构当代因案修法建议机制的合理性

第一，赋予法官因案修法建议权有利于充分发挥司法完善立法的优势。受诸多因素影响，成文法总是存在或多或少的漏洞。如何有效填补这些漏洞，就成为确保法律实际价值的关键所在。立法在这一问题上总是表现得后知后觉，它作为某种意义上的漏洞"始作俑者"，往往沉浸于自我设计的迷局。司法作为一个法律适用的动态过程，反而更易于发现漏洞所在并予以灵活应对。这意味着身处司法一线的法官最为了解现行法律的漏洞及其形成原因，更有可能结合实际提出科学合理的立法建议。赋予法官因案修法的建议权，相当于将抽象的立法建议与具体的司法案件糅合起来，既能为立法建议提供足够的案例支撑以增强说服力，也便于立法者乃至后来的法律适用者对新规则的理解和运用。清人清晰地认识到了这一点，用因案修例的形式解决了长期困扰统治者的成文法窠臼，有效缓解了"祖宗成宪不得妄更"与"社会形势急求变法"的矛盾。

第二，赋予法官因案修法建议权并不构成对立法权的挑战和威胁。自中国的案例指导制度建立以来，关于司法权将借助指导性案例僭越立法权的声音便不绝于耳。若进一步赋予法官群体因案修法建议权，是否会加剧这种威胁态势？事实上，这一做法不仅不会加大司法权对立法权的潜在威胁，反而会严格限制案例指导制度向西式判例法变异之可能。一方面，赋予法官的新权力是一种立法建议权而非任何形式上的立法权，初衷在于最大可能地利用法官群体对法律漏洞和社会现实的掌控优势，将其转化为法律完善的直接助力。这未突破法官司法的固有权限，而是对其司法权的合理延伸。另一方面，法官因案行使立法建议权后，其建议仍需面临专门的立法审核程序，是否纳入司法解释乃至法律仍是未知数。这就将法官在案件中创设新规则的行为重新调整至立法范畴，案例中衍生出来的新规则也将以成文法的形式出现，只不过这种立法模式相较于常规立法路径更为机

---

① 雷磊：《指导性案例法源地位再反思》，《中国法学》2015年第1期。

动灵活、与法律漏洞密切对应。

第三，现有的立法建议机制和指导性案例推荐机制，其实已构成因案修法建议机制的良好基础。根据《宪法》和《立法法》的规定，法官群体作为人民群众的一部分，本就有权对立法工作提出意见和建议。《最高人民法院关于司法解释工作的规定》和《最高人民法院关于案例指导工作的规定》则在不同程度上分别赋予了最高人民法院各审判业务部门、高级人民法院、中级人民法院和基层人民法院建议制定司法解释的权力和推荐指导性案例的权力。因案修法建议权只不过在现有基础上更进一步，将片面的立法建议权和案例推荐权结合起来，明确允许法官群体在自身承办案件的过程中提出立法建议。

（二）建构当代因案修法建议机制的初步设想

基于以上理由，我们可将清代因案修例机制作为样本，"从中提炼出超越时空的法律思维、法律理论以及立法、司法的原则与制度、经验与教训"，科学地总结其发生、发展的规律性，并且找到它与当代因案修法建议机制的契合点，使其有机地融入现实的法制建设中去。①

第一，因案修法建议权的主体。享有这项权力的主体原则上可覆盖整个法官群体，即每个法官均可基于案件提出修法建议。但在呈报程序和主体上必须受到严格限制，法官应先向其所属单位即法院提出，经所在法院核准后逐层上报。如，基层人民法院和中级人民法院应逐层报至高级人民法院，再由高级人民法院决定是否报至最高人民法院。清代的因案修例机制即是如此，动议权归属于皇帝、刑部、地方督抚等高阶司法机构和官员，这能有效避免修例建议过于繁杂而沦入固有窠臼。

第二，因案建议修法的时限。清代因案修例机制的启动时间以案件移转时间为主，注重案例、审判程序与修例建议的高度重合。当代的因案修法建议机制在时限层面可相对放开，确立案中建议和案后建议两种方式。案中建议是指法官可以在作出案件判决的同时就提出修法建议，这也有可能为二审法院支持一审判决提供重要参考和支撑。案后建议是由法官在判决生效后再结合案例提出修法建议，这种方式在某种程度上相当于脱离了审判环节，但也值得推广。

第三，因案建议修法的表达形式与内容构成。查清代因案动议修例的

---

① 张晋藩：《重构新的中华法系》，《中国法律评论》2019年第5期。

实例，动议的文本基本遵循了"基本案情陈述—现有律例规定—现有律例的漏洞分析—动议创设新例的内容"的结构，尽力做到修例动议的有理有据有节。当代因案修法建议机制也应如此设计，要求法官在建议的文稿中妥善处理好案件、现有法律和修法建议三者之间的关系，详细论证现有法律的漏洞、应当如何解决（包括初拟新规则的内容、是修改国家法律还是制定司法解释）以及为何如此解决等问题。不符合形式要求和内容要求的修法建议，可由相关审核机构直接予以否弃。

第四，因案建议修法的审核程序。审核程序是因案修法建议机制的核心部分，直接决定着修法建议的走向。清代的因案修例机制设计了多重审核，地方督抚的动议需经过刑部和皇帝的核准，刑部的动议则需经过皇帝的核准，以此来确保修例动议的高质量。若要构建当代的因案修法建议机制，有必要设计内外双轨多重制审核程序。就法院内部审核而言，法官因案动议修法需经过所属法院核准，如经审判委员会讨论通过；就法院外部审核而言，则根据法院的级别逐层核准，如中级人民法院报送的因案修法建议需由高级人民法院审核，高级人民法院报送的因案修法建议应由最高人民法院审核，最高人民法院对于超出自身权限的修法建议，应向其他相关机构报送，避免对立法权的僭越。

当今世界正经历百年未有之大变局，我国正处于实现中华民族伟大复兴的关键时期，已转向高质量发展阶段，这都要求我们必须在坚持和完善中国特色社会主义制度、推进国家治理体系和治理能力现代化上下更大功夫。在此过程中，势必是一个机遇与挑战并存的阶段。面对新挑战新问题，决不照搬别国的模式和做法，因为"一个国家的治理体系和治理能力是与这个国家的历史传承和文化传统密切相关的。解决中国的问题只能在中国大地上探寻适合自己的道路和办法"[①]。推进中国特色社会主义法治体系建设，应当更加注重从中华优秀传统法律文化中汲取营养，切实做到马克思主义法学基本原理与中华优秀传统法律文化相结合。清代因案修例机制，是中华民族数千年来不断思考如何处理成文法与司法案例二者关系而得出的成熟答案，凝聚着中华民族在立法形式以及司法案例运用等方面的精神和智慧，既能增强立法的针对性、适用性、可操作性，又能提高司法办案质量和效率。有鉴于此，在丰富当代立法形式、完善中国特色案例指

[①] 《习近平关于协调推进"四个全面"战略布局论述摘编》，中央文献出版社 2015 年版，第 84 页。

导制度、构建中国特色因案修法建议机制的过程中，有必要以清代因案修例机制为研究对象，从中探寻出适合我们自己的司法案例发展道路，为深入推进全面依法治国、加快建设中国特色社会主义法治体系、建设社会主义法治国家贡献助力。

附　录

同治九年版《大清律例》中因案所修之条例统计表①

编号	所属律文	条例内容	来源案件
1	犯罪免发遣	在京满洲、蒙古汉军及外省驻防并盛京、吉林等处屯居之无差使旗人，如实系寡廉鲜耻有玷旗籍者，均削去本身户籍，依律发遣，仍逐案声明请旨。如寻常犯该军遣流徒笞杖等罪，仍照例折枷鞭责发落。至内务府所属庄头、鹰户、海户人等及附京住居庄屯旗人王公、各处庄头，有犯军遣流徒等罪，俱照民人一例定拟。	乾隆三十五年，内务府审奏谢天福等与民人高士杰等折卖木植分肥一案，钦奉谕旨，纂为定例。
2	流囚家属	凡实犯大逆之子孙，缘坐发遣为奴者，虽系职官及举贡生监，应与强盗免死减等发遣为奴人犯，俱不准出户。倘逢恩赦，亦不得与寻常为奴遣犯一体办理。	乾隆四十年，盛京将军宗室宏日尚奏逆犯吕留良之孙吕懿兼等违例捐监一案，钦奉上谕，恭纂为例。
3	流囚家属	缘坐案内例应佥遣伊犁等处为奴人犯，在配所生之女及妇女本身犯罪，发遣为奴，单身到配者，俱准其各就该处择配。永远不准回籍之遣犯，仍令各将所配自行报明，该管官存案。其余寻常遣犯，在籍随往及在配所生之女，除力能回籍各听其便外，或遇无力不能回籍，查明原依本主者，听本主择配，依本犯者，听本犯择配。亦令报明存案，不得官为经理。	乾隆五十八年，刑部核覆伊犁将军保宁咨请新疆遣妇并遣犯之女官为择配案内，议准定例。

---

① 该统计表系以薛允升所著的《读例存疑》为样本。需要特别说明的是，本表统计的来源案件，是指某一条例与该案件有关，既可能是该条例的所有内容均因该案所修，也可能是该条例的部分内容因该案所修。且因案所修的条例，也可能被后面的皇帝改定过，并非其最原始的面貌。

续表

编号	所属律文	条例内容	来源案件
4	常赦所不原	传习白阳、白莲、八卦、红阳等项邪教，为首之犯，无论罪名轻重，恭逢恩赦，不准查办。并逐案声明遇赦不赦字样，其为从之犯，亦俱不准援减。	道光十二年，刑部会奏孟六等习教一案，奉旨纂辑为例。
5	流犯在道会赦	凡官员问拟徒罪，不论已未到配，遇赦减免，令各督抚造册咨部，汇题存案。其有关人命拟徒常赦遇赦减等，另册报部核办，不得与寻常徒犯按季册报。	乾隆四十一年，广西巡抚吴虎炳咨报拟徒官犯李宏勋等遇赦释放一案，并山西巡抚巴延三以有关人命徒犯遇赦减杖，可否随时在外完结咨部，因并纂为例。
6	流犯在道会赦	凡在京八旗兵丁、闲散人等，因犯逃罪及别项罪名，发遣黑龙江、新疆等处当差者，如在途在配，遇赦回京，仍归入本旗档内，严加管束，即准以步甲等差挑取。倘挑差后怙恶不悛，仍复滋事及脱逃被获者，即销除旗档，发遣烟瘴地方，照民人一例管束，不准释回。若未经挑差以前，复犯逃罪被获者，仍发黑龙江等处当差。若自行投回，毋论已未挑差，仍俱照旗人逃走自首例办理。其有犯别项罪名，各照本例科断。	乾隆四十二年，刑部办理镶黄旗蒙古原当披甲之德永等，因犯逃走等罪，发黑龙江等处当差，在途遇赦回京一案，奏准定例。
7	犯罪存留养亲	凡戏杀、误杀、擅杀、斗杀，情轻及救亲情切，伤止一二处各犯，如定案时犯亲年岁不符，原题内未经声明，应俟秋审后，核其祖父母、父母现已老疾，孀妇守节年分均已符合，或成招时家有次丁，嗣经身故及被杀之家先有父母嗣已物故，与留养之例相符者，由各督抚查明，已入秋审缓决可矜者，随时随案具题，刑部核明具覆，准其留养。其未入秋审各案，如擅杀、斗杀，应拟可矜，戏杀及误杀例准缓决一次，减等者，亦准其随时查办。如误杀不准一次减等之案及擅杀、斗杀、应拟缓决者，照例俟秋审时，取结报部办理（如系擅杀，仍照例毋庸查被杀之家有无父母）。	嘉庆五年，核覆陕西巡抚台布审题段青亮札伤梁才、李世千先后身死，声明段青亮亲老丁单，俟秋审时取结办理案内纂辑为例（情实之案无庸声明应侍）。

续表

编号	所属律文	条例内容	来源案件
8	犯罪存留养亲	杀人之犯，有秋审应入缓决，应准存留养亲者，查明被杀之人有无父母，是否独子，于本内声明。如被杀之人亦系独子，但其亲尚在，无人奉侍，不论老疾与否，杀人之犯，皆不准留养。若被杀之人平日游荡离乡，弃亲不顾，或因不供养赡，不听教训，为父母所摈逐及无姓名籍贯可以关查者，仍准其声请留养。至擅杀罪人之案，与殴毙平人不同，如有亲老应侍，照例声请，毋庸查被杀之家有无父母、是否独子。	乾隆五十四年，直隶总督刘峩题陈相卜中殴烧贼人韩晚成身死一案，刑部议准定例。
9	犯罪存留养亲	凡曾经触犯父母犯案，并素习匪类，为父母所摈逐，及在他省获罪，审系游荡他乡，远离父母者，俱属忘亲不孝之人，概不准留养。若系官役奉差者，客商贸易在外寄资养亲，确有实据者，及两省地界毗连相距在数十里以内者，该督抚于定案时，察核明确，按其情罪轻重，照例将应侍缘由于题咨内声叙。	乾隆十七年，刑部议覆船厂将军傅森题杜学良案内，钦奉谕旨，恭纂为例。
10	犯罪存留养亲	凡军务未竣以前，自首逃兵内，如实系因病落后，并非无故脱逃，而其父兄曾经没于王事，又亲老家无次丁者，准其留养。其无故脱逃，续经拿获者，虽有父兄没于王事，仍不准其留养。	嘉庆五年，刑部议奏陕甘总督觉罗长麟咨逃兵孙有因病落后逃回，畏罪自首。该犯胞兄孙斌既已阵亡，其母曹氏年老，家无次丁。可否准其留养折内，钦奉上谕，恭纂为例。
11	犯罪存留养亲	有弟杀胞兄，其父母存，则留养，没，则承祀之例。（已删）	雍正四年，刑部议覆吕高戳死胞兄吕美一案，奉旨纂辑为例。
12	徒流人又犯罪	免死减等发遣新疆宁古塔、黑龙江等处盗犯。除脱逃被获，仍照定例斩决外，如在配所杀人及犯别项无关人命，罪应斩绞监候者，该将军等奏咨到部。刑部查明原案，定拟斩决，分别题奏，行文该将军，于众人前即行正法。犯该徒杖以上者，拟斩监候。犯该笞杖者，枷号三个月，鞭一百。至平常发遣人犯，在配杀人，仍分别谋故斗殴，按律定拟。如犯该遣罪者，在配所枷号六个月。犯该军流者，枷号三个月。犯该徒罪者，枷号两个月，俱鞭一百。犯该笞杖者，各照应得之数，鞭责发落。	康熙四十八年，宁古塔将军题，发遣人犯骚达子在配打死齐兰保一案，议准定例。乾隆五年，刑部议覆宁古塔将军吉党阿咨免死盗犯刘五图等行窃一案，经九卿议准定例。

· 188 ·

续表

编号	所属律文	条例内容	来源案件
13	徒流人又犯罪	凡发遣新疆人犯并黑龙江等处为奴人犯，在配行窃，初犯者在配所枷号一年，再犯者枷号二年，三犯者枷号三年，至四犯者即拟以永远枷号。遇赦不准援免。	乾隆四十五年黑龙江将军永玮奏，发遣为奴之张二，在配行窃五次，拟以永远枷号一案，奏准定例。
14	老小废疾收赎	凡笃疾犯一应死罪，俱各照本律、本例问拟，毋庸随案声请，俱入于秋审，分别实缓办理。其缓决之犯，侯查办减等时，核其情节，应减军流者，再行依律收赎。	乾隆三十九年刑部核覆四川总督文绶，题双督何腾相跪伤董联珩身死一案，奏准定例，嘉庆八年改定。
15	老小废疾收赎	七岁以下致毙人命之案，准其依律声请免罪。至十岁以下斗殴毙命之案，如死者长于凶犯四岁以上，准其依律声请，若所长止三岁以下，一例拟绞监候，不得概行双请。至十五岁以下被长欺侮，殴毙人命之案，确查死者年岁亦系长于凶犯四岁以上，而又理曲、逞凶，或无心戏杀者，方准援照丁乞三仔之例声请恭候钦定。	乾隆四十四年，四川总督文绶题盐亭县民刘縻子殴伤李子相身死一案，奉旨恭纂为例，嘉庆十一年改定。
16	给没赃物	州县有盗劫库项，除失事之员照数补还者，无庸另行议外，或本人身故、产绝、力难完缴者，即照州县亏空之例，令该管各上司分赔。	乾隆二十五年刑部议覆浙江巡抚庄有恭题豁句容县已故知县周应宿，未完盗劫库银案内声请定例。
17	给没赃物	参革汉军官员有应完款项，具照定限着追，如为数多者，酌量展限完纳，如逾限不完，即将该员解旗治罪。	乾隆二十七年江苏巡抚陈宏谋奏，参革海州知州邬承显之子邬图灵等因伊父任内有私折漕粮及借贷所属等项，应追未完银两，逗留外省，久未归旗一案，钦奉谕旨，恭纂为例。
18	给没赃物	缘事获罪，应行查抄资产，而兄弟未经分产者，将所有产业查明，按其兄弟人数分股计算。如家产值银十万，兄弟五人，每股应得二万，只将本犯名下应得一股入官，其余兄弟名下，应得者概行给予。	乾隆四十九年，广西巡抚孙士毅奏永安州知州叶道和与岑照科场舞弊，藐法营私，请将叶道和家产查抄入官一案，钦奉谕旨，恭纂为例。

续表

编号	所属律文	条例内容	来源案件
19	给没赃物	盗劫之案，查出盗犯名下资财什物，俱给事主收领。其有已经获犯，而原赃未能起获，数在一百两以内者，着落地方官罚赔。如数百两至千两以上者，令地方官罚赔十分之一二。寻常窃案，不在此例。	乾隆五十七年，刑部议覆直隶总督梁肯堂奏拿获盗犯曹先等审拟治罪案内，并五十八年山西巡抚蒋兆奎奏盗案原赃未能起获，地方官赔给分数一折。钦奉谕旨，并辑为例。
20	犯罪自首	由死罪减为发遣盗犯，并用药迷窃案内发遣人犯，在配及中途脱逃被获，例应即行正法者，如有畏罪投回，并该犯之父兄赴官禀首拿获，俱准其从宽免死，仍发原配地方。若准免一次之后，复敢脱逃，虽自行投回及父兄再为首告，俱不准宽免。	乾隆三十七年，山东巡抚徐绩审奏积匪猾贼军犯李作良在配逃回原籍，径伊父李海赴县首禀一案，钦奉上谕，纂为定例。
21	二罪俱发以重论	身犯两项罪名，援引各律、各例俱应斩决者，加拟枭示。（如一犯轮奸已成为首，一犯强盗入室搜赃，同时并发之类。）若身犯二罪应拟斩决，系同一律例，并非两项罪名者，毋庸枭示。（如强盗入室搜赃，又行劫已至数次，同时并发，仍拟斩决之类。）	嘉庆九年，刑部核覆江西巡抚秦承恩题，龙南县民缪细妹，致伤小功堂兄缪三康身死，并缪细妹之母黄氏，自缢身死一案，奉旨恭纂为例。
22	共犯罪分首从	凡父兄子弟共犯奸盗杀伤等案，如子弟起意，父兄同行助势，除律应不分首从及其父兄该斩绞死罪者，仍按其所犯本罪定拟外，余俱视其本犯科条加一等治罪，概不得引用为从字样。	乾隆四十年，刑部议覆江苏巡抚萨载审题，宿迁县民刘俊强抢良家之女，奸占为妻案内，将刘俊之父刘殿臣照为从律定拟杖流，钦奉谕旨，奏准定例。
23	犯罪事发在逃	内外现任文武职官，除擅离职役，查明尚非实在脱逃者，仍照本律办理外，如负罪潜逃，一经拿获，罪应斩决、绞决者，毋庸另议。其犯该监候者俱改为立决。犯该军流以下者，无论本罪轻重，一经脱逃被获，俱改为拟绞监候，秋审时将原犯情罪声明具奏。如无故私自逃走被获者，发往黑龙江当差一年。限内自行投回，减一等，杖一百，徒三年，加枷号两个月。逾限投回，不准减等。	乾隆二十八年，刑部核拟参革卫干总朱振清脱逃案内，钦奉谕旨，并乾隆三十年台湾水师营委署把总李丹桂案内并纂为例。

续表

编号	所属律文	条例内容	来源案件
24	犯罪事发在逃	内外问刑衙门审办案件,除本犯事发在逃,众证明白,照律即同狱成外,如犯未逃走,鞫狱官详别讯问,务得输服供词,毋得节引众证明白即同狱成之律。遽请定案。其有实在刁健,坚不承招者,如犯该徒罪以上,仍具众证情状,奏请定夺,不得率行咨结。杖笞以下系本应具奏之案,照例奏请。其寻常咨行事件,如果讯无屈抑,经该督抚亲提审究,实系逞刁狡,执意存拖累者,即具众证情状,咨部完结。	嘉庆十五年,刑部议覆山东巡抚吉纶审奏巨野县民人姚文珂捏控伊堂伯、知府姚鸣庭等私拆姚学瑛入官房墙,侵占地基一案,奏准定例,道光十年改定。
25	犯罪事发在逃	凡有关人命,应拟斩绞各犯,脱逃二三年后就获,如谋杀、故杀及拒捕杀人等类情重之犯,幸稽显戮者。各依原犯科条。应监候者俱改为立决。寻常命案,仍照本律、本例拟以监候。其无关人命,应拟死罪各犯,俱随案酌核情节,分别定拟。其知情藏匿罪人者,照律治罪。知情之邻保甲长,俱杖八十。该地方官稽查不力者,交部议处。若有属员藏匿罪人,该管上司不行纠参者,亦交部议处。	乾隆四十年,刑部议覆山东巡抚杨景素审题,刨坟人犯王学孔、敫子明逃后二三年被获,将王学孔等改拟立决一案,钦奉谕旨,恭纂为例。
26	亲属相为容隐	父为母所杀,其子隐忍于破案后,始行供明者,照不应重律,杖八十。如经官讯,犹复隐忍不言者,照违制律,杖一百。若母为父所杀,其子仍听依律容隐,免科。	乾隆五十三年,刑部题覆四川省民妇冯龚氏殴伤伊夫冯青身死,依律斩决案内,其子冯克应因赴前途点火,不知父母争殴情事,请免置议等因。奉旨纂辑为例。
27	徒流迁徙地方	奉天省应发黑龙江等处人犯,即由盛京刑部,奉天府,按照人数多寡定地刺字,径交盛京兵部,发遣至外省。应发黑龙江等处人犯,该督抚饬属径行解往,均无庸解赴在京刑部转发。	乾隆四十七年,刑部因盛京刑部将王自棻等行劫案内,拟发黑龙江之徐刚、张元、杨方恒三犯,派委官弁,解赴来京,实多不便,奏请纂辑为例。
28	徒流迁徙地方	在京满洲另户旗人,于逃走后。甘心下贱,受雇佣工不顾颜面者,即销除旗档,发遣黑龙江等处严加管束。毋庸拨派当差,转令得食饷养赡。其逃后,讯无受雇庸工,甘心下贱情事者,仍依本例办理。	乾隆五十四年,刑部审奏正白旗满洲养育兵昆英,自京逃至山东德州营,参将伊伯图他布任所被获,拟发黑龙江当差一案,钦奉谕旨,恭纂为例。

续表

编号	所属律文	条例内容	来源案件
29	徒流迁徙地方	曾为职官及进士举贡生员、监生,并职官子弟,犯该发遣乌鲁木齐、黑龙江等处,如只系寻常过犯,不致行止败类者,发往当差,其应发驻防者,亦改发乌鲁木齐当差。若系党恶窝匪,卑污下贱者,俱照平人一例发遣为奴。	乾隆五十六年,刑部议覆江苏省拿获盐犯谢鸿仪等分别治罪一折,钦奉上谕,恭纂为例。
30	徒流迁徙地方	新疆及内地遇有为奴之额鲁特、土尔扈特、布鲁特回子等酗酒生事,犯该发遣者,俱发往烟瘴地方。如系新疆犯事,解交陕甘总督,定地转发。若在内地有犯,即由该督抚定地解往,俱交与该营镇协,在兵丁内拣选力能管束之人,赏给为奴,严加管束。	乾隆四十三年,陕甘总督勒尔谨咨赏给庆阳协副将武灵阿为奴之厄鲁特巴哈酗酒滋横一案,经刑部奏准,纂辑为例。
31	徒流迁徙地方	乌鲁木齐等处,安插兵民犯军流者,除照例折责外,仍留乌鲁木齐,照发往种地人犯分给屯乡与种地兵丁一体种地纳粮。倘复有滋事脱逃等情,枷号两个月,改给乌鲁木齐兵丁为奴。犯该徒罪者,照犯罪免发遣折枷例,加一等折枷,免其充徒。系民仍令种地。系兵交地方官指给地亩耕种纳粮。其换班缘旗兵丁及内地贸易商民,于新疆地方,犯至军流之罪者,俱解回内地,各按内籍定地发配。若犯该徒罪者系换班缘旗兵丁,仍留该处,不给口粮,在种地处效力。照应徒年限扣算,满日,再行发回。系内地民人,仍解回内地,照例办理。	乾隆三十六年,哈尔沙尔办事大臣宝麟奏,民人岳生梅在哈尔沙尔地方,因刘士彦索债争闹,扎伤刘士彦耳轮等处,伤痕平复一案,钦奉上谕,恭纂为例。
32	徒流迁徙地方	赏给为奴人犯,除例应赏给功臣之人外,其发往黑龙江、吉林及各省驻防为奴者,先尽未有遣奴之官员,分给每员不得过二名,再尽未有遣奴之兵丁,分给每兵只给一名。其赏给将军、副都统之处,永行停止。	乾隆四十三年,因发往宁夏将军为奴人犯格图肯,该将军傅良随带进京,以致格图肯携妻逃走,经兵部参奏一案,钦奉谕旨,恭纂为例。
33	徒流迁徙地方	凡内地回民犯罪应发回疆及回民在新疆地方犯至军流,例应调发回疆者,俱实发云贵、两广极边烟瘴充军。	嘉庆十一年,陕甘总督倭什布咨,固原州遣犯马仲喜等,因听从马得闻强行鸡奸黎有未成案,纂辑为例。

附　录

续表

编号	所属律文	条例内容	来源案件
34	徒流迁徙地方	发遣回疆各犯，除仅止在配不服拘管者，即令该管大臣酌量惩治外，若实系在配酗酒滋事，怙恶不悛，难于约束者，改发巴里坤充当折磨差使。如改发之后，复行滋事，初犯枷号三个月，再犯枷号一年，三犯永远枷号。	嘉庆十一年，伊犁将军松筠咨回疆遣犯德隆阿在配酗酒滋事，拟请调发巴里坤当差案内，经刑部奏准，纂辑为例。
35	漏使印信	陵寝重地采办祭品，及一切有关钱粮行文出境等事，俱具稿呈堂，钤盖堂印咨行。	乾隆四十五年，承办泰陵事务，散秩大臣宗室公承参奏奉祀礼部郎中阿敦，私用司官行查大兴县许祥，包办祭鱼舞弊案内，经刑部奏准定例。
36	人户以籍为定	安徽省徽州宁国、池州三府民间世仆，如现在主家服役者，应俟放出三代后所生子孙，方准报捐考试。若早经放出，并非现在服役豢养，及现不与奴仆为婚者，虽曾葬主之山，佃田主之田，均一体开豁为良，已历三代者，即准其报捐考试。	嘉庆十四年，有宁国县民某等，赴京具控柳姓捐监，系其世仆一案，抚军委余会同安庆府姚鸣岐审讯。
37	立嫡子违法	凡乞养异姓义子，有情愿归宗者，不许将分得财产携回本宗。其收养三岁以下遗弃之小儿，仍依律即从其姓，但不得以无子遂立为嗣，仍酌分给财产，俱不必勒令归宗。如有希图资财冒认归宗者，照例治罪。	乾隆二年，刑部议覆湖南巡抚高其倬题唐四的殴死本生叔母何氏一案，附请定例。
38	立嫡子违法	因争继酿成人命者，凡争产谋继及扶同争继之房分，均不准其继嗣。应听户族另行公议承立。	乾隆四十四年，刑部议覆湖北巡抚郑大进题曾志广谋夺继产，殴死期亲胞叔曾生迥一案，钦奉谕旨，恭纂为例。
39	娶亲属妻妾	凡嫁娶违律罪不至死者，仍依旧律定拟。至兄亡收嫂、弟亡收弟妇，罪犯应死之案，除男女私自配合，及先有奸情后覆婚配者，仍照律各拟绞决外，其实系乡愚不知例禁，曾向亲族地保告知成婚者，男女各拟绞监候，秋审入于情实。知情不阻之亲族、地保，照不应重律杖八十。如由父母主令婚配，男女仍拟绞监候，秋审时核其情罪，另行定拟。	乾隆四十九年，刑部议驳奉天府尹鄂题高九听从伊父高志礼主婚，与弟妇杨氏婚配，将高九杨氏绞决一案，钦奉谕旨，恭纂为例。

· 193 ·

续表

编号	所属律文	条例内容	来源案件
40	强占良家妻女	凡谋占资财，贪图聘礼，期功卑幼用强抢卖伯叔母姑等尊属者，拟斩监候。期功卑幼抢卖兄妻、胞姊，及缌麻卑幼抢卖尊属尊长，并疏远无服亲族，抢卖尊长、卑幼者，均拟绞监候。如尊属尊长图财强卖卑幼，系期功，杖一百，流三千里。系缌麻，发附近充军。未成婚者，各减已成婚一等。若中途夺回，及娶主自行送回，未被奸污者，均以未成婚论。如妇女不甘失节，因而自尽者，期功以下卑幼及疏远亲族，仍照本例，分别斩绞监候，缌麻尊属尊长亦拟绞监候。期功尊属尊长，发近边充军。（若已成婚，而妇女因他故自尽者，仍依图财强嫁同拟，不在此例。）娶主知情，同抢及用财谋买者，各减正犯罪一等。不知者，不坐。（如因家贫不能养赡，或虑不能终守，劝令改嫁，并非为图财图产起见，均仍照强嫁例定拟，不得滥引此例。）	乾隆六年，安徽巡抚陈大受题强卖伯母之董宫一案，附请定例。
41	嫁娶违律主婚媒人罪	凡嫁娶违律，应行离异者，与其夫及夫之亲属有犯，如系先奸后娶，或私自苟合，或知情买休，虽有媒妁婚书，均依凡人科断。若止系同姓及尊卑，良贱为婚，或居丧嫁娶，或有妻更娶，或将妻嫁卖，娶者果不知情，实系明媒正娶者，虽律应离异，有犯，仍按服制定拟。	嘉庆十三年，四川总督勒保题，彭韦氏殴伤彭世德身死一案，议准定例。
42	嫁娶违律主婚媒人罪	八旗内务府三旗人，如将未经挑选之女许字民人者，将主婚人照违制律，杖一百。若将已挑选及例不入选之女，许字民人者，照违令律，笞五十。其聘娶之民人一体科罪。	道光十六年，刑部审奏。镶白旗汉军马甲德恒之母陈陈氏，将次女许配与民人高祎保为妻一案，经户部奏准定例。
43	那移出纳	除侵盗亏空仍照定例办理，并户属工程项下应追各款，户部、工部定有专条者，应听各照本例办理外，其追赔拖欠各项银两，如数在三百两以下者，限半年完缴。三百两以上者，限一年完缴。如数在一千两至五千两者，定限四年。五千两以上者，定限五年。均按所定年限陆续完缴，毋庸拘定每年应完若干。如统限已满，无力完缴，请豁银数在一千两以上者，核计已、未完数目，即照工程核减银两未完例，交刑部分别治罪。如数不及一千两者，照例请豁，免其治罪。若本身已故，而子孙无力完缴者，亦照例请豁，毋庸治罪。	雍正五年，原任直隶总督利瓦伊钧，动用俸工银两案内，经总督蔡挺奏参，因纂为定例。

续表

编号	所属律文	条例内容	来源案件
44	那移出纳	凡亏空之案，审出民欠那垫是实，除将本犯照例议罪外，另限四个月委员彻底清查，出具并无假捏影时印结，再令接任官出具认征印结，仍向欠户催征，如限满不完，将接任官照例参处。倘本无实欠，接任官通同捏结，察出，照捏欠之数与本犯同罪，仍令分赔。	雍正七年，刑部议覆湖广总督迈柱题审江陵县参革知县李德征亏空一案，议准定例。
45	那移出纳	凡审拟那移之案，于定案日，查明完过若干，准予开除，以现在未完之数定拟。	乾隆十一年，刑部议覆兰州巡抚黄庭桂题报州牧亏空一案，附请定例。
46	转解官物	各省应解各部院饭银等项，一面委妥员搭解，亲赴各衙门交纳。一面将银数及解员姓名、起解日期，先行咨部。如限满不接批回，即咨请行查，仍于年终汇咨各部、院查核。	乾隆五十四年，刑部审奏兵部书吏夏尚图与提塘官杨占鳌交结，侵用云、贵两省解部饭银案内，奏准定例。
47	隐瞒入官家产	凡罪犯入官财产，止应着落正犯追取，倘正犯将无干之人肆行诬赖者，从重治罪。仍着落伊身追取。承审察追各官，如徇庇正犯，拖累无干之人，亦交与该部严加议处。	康熙五十七年，刑部议覆两江总督常鼐，题副都统俞章言隐匿罪犯俞文言入官财产一案。经九卿遵旨议准定例。
48	盐法	凡收买肩贩官盐越境货卖，审明实非私枭者，除无拒捕情形，仍照律问拟外，其拒捕者，照罪人拒捕律加罪二等。如兴贩本罪应问充军者，仍从重论。倘拒捕殴人至折伤以上者，绞。杀人者，斩。俱监候。为从各减一等。	乾隆七年，刑部议覆浙江巡抚常安题，越境贩卖官盐，拒捕殴死巡役，为从之田大士一案，附请定例。
49	违禁取利	佐领、骁骑校、领催等，有在本佐领、或弟兄佐领下，指扣兵丁钱粮、放印子银者，系佐领、骁骑校照流三千里之例，枷号六十日。系领催照近边充军例，枷号七十五日。俱鞭一百。伙同放印子银者，照为从杖一百，徒三年例，枷号四十日，鞭一百。如非在本佐领下举放重债，勒取兵丁钱粮，及民人违禁向八旗兵丁放转子、印子长短钱，扣取钱粮者，照诈欺官私取财律，计所得余利，准窃盗论。利银均勒追入官。佐领、骁骑校、领催等，代属下兵丁指扣钱粮保借者，佐领、骁骑校革职，领催鞭一百。其指米借债之人，照违制律，鞭一百。自行首出者，免其治罪。所欠债目并免着追。失察之该管文武各官，俱交部分别议处。八旗佐领，每月仍将有无放债之人，出俱印结呈报该参领，按季加结呈报都统查核。	乾隆十七年，镶蓝旗满洲都统参奏朱隆阿佐领下参将石得家人拉哈指典者格等甲米钱粮，送部治罪一案，附请定例。

续表

编号	所属律文	条例内容	来源案件
50	违禁取利	监临官吏于所部内举放钱债，典当财物者，即非禁外多取余利，亦按其所得月息，照将自己货物散与部民多取价利计赃，准不枉法论。强者，准枉法论。不枉法各主者，折半科罪律，减一等问罪。所得利银照追入官。至违禁取利，以所得月息全数科算，准不枉法论。强者，准枉法论。并将所得科银追出余利给主，其余入官。	乾隆三十一年，两江总督高晋奏震泽县知县赵得基，将己银交商生息，值各典被火延烧，徇情捏详，请免赔偿案内，附请定例。
51	违禁取利	内地民人概不许与土司等交往借贷，如有违犯，将放债之民人照偷越番境例，加等问拟。其借债之土苗，即与同罪。	乾隆四十六年，刑部议覆贵州巡抚李本恣土目安起鳌，向已革武举戴麟瑞之父借银五百两，利过于本，戴麟瑞复藉债图产案内，奏请定例。
52	费用受寄财产	凡典商收当货物，自行失火烧毁者，以值十当五，照原典价值计算作为准数。邻火延烧者，酌减十分之二，按月扣除利息，照数赔偿。其米麦豆石棉花等粗重之物，典当一年为满者，统以贯三计算，照原典价值给十分之三。邻火延烧者，减去原典价值二分，以减剩八分之数，给还十分之三，均不扣除利息。至染铺被焚，即着开单呈报地方官，逐一估计。如系自行失火者，饬令照估赔还十分之五，邻火延烧者，饬赔十分之三，均于一月内给主具领。其未被焚烧及搬出各物，仍听当主、染主照号取赎。倘奸商店伙人等，于失火时，有贪利隐匿，乘机盗卖等弊，即照所隐之物，按所值银数计赃，准窃盗论。追出原物给主。若只以自己失火为邻火延烧，希图短赔价值者，即计其短赔之值为赃，准窃盗为从论，分别治罪。如典商染铺及店伙人等，图盗货物，或先有亏短，因而放火故烧者，即照放火故烧自己房屋盗取财物，及凶徒图财放火故烧人房屋，各本律例，从重问拟。	乾隆三十四年，步军统领衙门审奏兴隆当失火，店伙胡永柞等乘机偷盗未烧衣服一案，奏请定例。

续表

编号	所属律文	条例内容	来源案件
53	市司评物价	京城粗米，概不准贩运出城，如有违例私运出城者，除讯无回漕情事，即照回漕定例办理外，若讯无回漕情事，实系仅图买回食用，或转卖渔利者，一石以内，即照违制律，杖一百。一石以上，杖一百，枷号一个月。十石以上，杖一百，枷号两个月。二十石以上，杖六十，徒一年。三十石以上，杖七十，徒一年半。四十石以上，杖八十，徒二年。五十石以上，杖九十，徒二年半。六十石以上，杖一百，徒三年。一百石以上，发附近充军。五百石以上，枷号两个月，发边远充军。一千石以上，枷号三个月，发极边足四千里充军。至乡民有进城买细米食用者，一石以内准其出城，一石以上即行严禁。如有逾额贩运，照违制律，杖一百。若一年之内，偷运细米出城，至一百石以上者，加枷号两个月。五百石以上者，枷号两个月，发近边充军。一千石以上者，枷号三个月，发边远充军。米石变价入官。各门兵丁失于觉察者，如运米本犯罪止徒杖，兵丁笞五十。运米本犯罪应拟军，兵丁杖一百。失察之官弁，交部分别论处。知情故纵者，与同罪。受财者，计赃，以枉法从重论。	嘉庆十九年，刑部具奏王三等贩运米石出城一案，遵旨恭纂为例。
54	市司评物价	滨临水次各铺户，向粮船承买余米时，由该管官出示晓谕，无论米数多寡，均饬令于次年南粮未经北上三个月以前，一律碾细，不准藉词延宕，届期仍由该管上司，密派员役分赴各处确查，倘仍有收存粗米，讯明业经旗丁买米回漕者，即照回漕例，分别定拟。如尚未售卖，存米不及六十石者，照回漕例减一等，杖九十，徒二年半，六十石以上者，杖一百，徒三年。至六百石者，发边远充军。仍均起米入官。	道光二十一年，刑部审办顺天府奏送铺户刘盛泰，违例存贮粗米一案，奉旨纂为定例。
55	把持行市	京城官地井水，不许挑水之人，把持多家，任意争长价值及作为世业，私相售卖。违者，许该户呈首，将把持挑水之人，照把持行市律治罪。	乾隆三十五年，步军统领福隆安奏审山东招远县民妇康蓝氏，呈控康世勋等霸占伊故夫所遗挑水买卖一案，奏请定例。

· 197 ·

续表

编号	所属律文	条例内容	来源案件
56	禁止师巫邪术	私刻《地亩经》及占验推测、妄诞不经之书，售卖图利，及将旧有书板藏匿不营销毁者，俱照违制律治罪。	乾隆九年刑部议覆提督舒赫德奏送俞在中等翻刻时宪书一案，附请定例。
57	禁止师巫邪术	各项邪教案内，应行发遣回城人犯有情节较重者，发往配所，永远枷号。	嘉庆二十一年河南巡抚方受畴奏审拟王太平等倡立邪教惑众骗钱一折，奉旨定例。
58	激变良民	直省刁民假地方公事强行出头，逼勒平民约会、抗粮、聚众联谋敛钱、构讼及借事罢考、罢市，或果有冤抑，不于上司控告，擅自聚众至四五十人，尚无哄堂塞署，并未殴官者，照光棍例，为首，拟斩立决。为从，拟绞监候。如哄堂塞署，逞凶殴官，为首，斩决，枭示。其同谋聚众转相纠约下手殴官者，拟斩立决。其余从犯，俱拟绞监候。被胁同行者，各杖一百。若遇此等案件，该督抚先将实在情形奏闻，严饬所属立拿正犯，速讯明确，分别究拟，如实系首恶，通案渠魁例，应斩枭者，该督抚一面具题，一面将首犯于该地方即行正法，将犯事缘由及正法人犯姓名刻示，遍贴城乡晓谕。若承审官不将实在为首之人究出拟罪，混行指认为首，因而坐罪，并差役诬拿平人，株连无干，滥行问拟者，严参治罪，该督抚一并交部严加议处。至刁民滋事，其同城武职不行擒拿及该地方文职不能弹压抚恤者，俱革职。该管之文武上司官徇庇不即申报，该督抚提镇不行题参，俱交部议处。	一系康熙五十三年刑部议覆四川总督鄂海题蒲州、朝邑两处人因争地界殴毙数命案内纂定条例。二系雍正二年刑部议覆福建巡抚黄国材奏惠安县童生纠众辱殴典史一案，纂定条例。
59	私卖战马	民人出口私贩骟马，在三十匹以下者，照违制律，杖一百。三十匹以上至四十匹，加枷号一个月。四十匹以上至五十匹，加枷号两个月。五十匹以上，杖六十，徒一年。每十匹加一等，罪止杖一百，徒三年，所贩马匹入官。	道光二年刑部审拟步军统领衙门奏送马添路等私充牙行买卖马匹一案，纂辑为例。

续表

编号	所属律文	条例内容	来源案件
60	从征守御官军逃	将弁在营潜逃者，严拿正法。随征兵丁，无论协剿邻封及备防本省，有私逃者，领兵将弁即将姓名、数目知照该兵丁本营及原籍，一体严拿，获日审讯明确，拟斩立决。其在军务未竣以前投首者，改发各省驻防给官兵为奴。如在配脱逃被获，用重枷枷号三个月，杖责管束。若在军务告成以后投首者，依随征脱逃例拟斩立决。仍援引金川逃兵投首发遣新疆例奏请定夺，蒙恩免死减发者，亦改发驻防，给官兵为奴。如再脱逃，请旨即行正法。至在途患病及打仗受伤，或迷失路径与落后有因，并非有心脱逃，若在军务未竣以前投首，照自首律免罪。被获者，杖一百，徒三年。在军务告成以后投首，亦杖一百，徒三年。被获者，改发各省驻防，给官兵为奴。在配脱逃被获，仍枷责管束。其跟随余丁有偷盗马匹军器及衣服银两潜逃者，亦拟斩立决。如有投首，照兵丁投首，按军务未告竣分别问拟。其并无偷盗情事，有心脱逃之余丁，无论军务已未告竣，被获者俱改发极边四千里充军，到配加枷号三个月。在配脱逃被获，亦照前枷责管束。其自行投首并笃疾者，无论军务已未和告竣，俱杖一百，流三千里。如落后有因，无论军务已未告竣，投首者，免罪。被获者，杖一百，枷号一个月，仍向犯属及中人追原雇价值给主。勇丁脱逃，亦照兵丁例一律办理。至驻防官兵私逃，应销除本身旗档，如落后有因，并非有心脱逃，免其销档。溃散兵丁，一概不准收标。该管将弁知情容隐，任令冒饷，或该兵丁逃后改易姓名，朦混入营食饷者，除本犯治罪外，知情容隐及失察该管将弁，均交部分别议处。	一系乾隆二十年，议覆直隶总督方观承条奏，跟役刘成中途脱逃，以军法从事，并纂为例。一系乾隆四十一年，刑部遵奉谕旨查办四川军营脱逃余丁胡喜等，免死发遣案内，奏准定例。一系乾隆四十一年刑部核覆四川总督文绶审奏投首逃兵彭士仁、汪国才照例拟斩立决一案，钦奉上谕，纂为定例。
61	私越冒度关津	东三省身任京员及在京当差者，置买家奴，于当官立契时，俱询明卖身之人，或只愿在京服役，或情愿日后随回东省，俱当官载于契纸。若只愿在京服役，伊主回家时听其另行投主，交还身价。若情愿日后随去者，伊回家时报明本旗，咨行该省将军存记，只许永远役使，不许转卖图利，如违，俱按兴贩人口例治罪。仍令该将军每年将有无转卖图利之处年终咨报刑部备查。	乾隆四十二年刑部审拟蓝翎侍卫僧保在京白契典买家人福儿，并不当官立契，擅自携带出口，复违例转卖一案，奏请定例。

· 199 ·

续表

编号	所属律文	条例内容	来源案件
62	盘诘奸细	凡有外国人等私越边境，无论是否贼匪，守卡官员即行擒拿。有将军参赞驻扎者，报明将军参赞，有督抚驻扎者，报明督抚，听候办理。如守卡官员任意贿纵，查出即行正法。其该管之将军、参赞、督抚等不遵照妥办，亦一并从重治罪。	乾隆四十四年，黑龙江将军傅玉等，参奏俄罗斯十七人，执持兵械，赶马五十余匹，越入境内，被卡伦官兵兖布等拿获，并不报明将军，将俄罗斯马匹、皮张等物私留纵放，请将守卡官员治罪案内，钦奉上谕，恭纂为例。
63	宰杀马牛	凡宰杀耕牛，私开圈店及贩卖与宰杀之人，初犯、俱枷号两个月，杖一百。	嘉庆年间，因雷顺故买赃牛宰杀一案拟军，罪名较重，改照私宰例拟以枷号两个月，杖一百。
64	递送公文	马上飞递公文，如有遗失，除将马夫照例治罪外，该地方官一面详报该管上司，一面径报原发衙门，查核补给。	乾隆二十二年直隶总督方观承咨报雄县马夫高二格马惊跌失公文一案，经刑部奏准定例。
65	谋反大逆	反逆案内律应问拟凌迟之犯，其子、孙讯明，实系不知谋逆情事者，无论已、未成丁，均解交内务府阉割，发往新疆等处，给官兵为奴。如年在十岁以下者，牢固监禁，俟年届十一岁时，再行解交内务府，照例办理。内务府大臣遇有解到阉割人犯，即遴派司员认真看验，并出具无弊切结，送交刑部再行覆验。如有情弊，即行奏参，务须查验明确，再交兵部发往新疆，给官兵为奴。至其余律应缘坐男犯，并非逆犯子孙，年在十六岁以上者，发往新疆等处，给官兵为奴。如年在十五岁以下者，牢固监禁，俟成丁时再行发遣。缘坐妇女发各省驻防，给官员兵丁为奴。其知情不首，干连人犯，仍依律拟流。	乾隆五十六年，刑部题覆福建巡抚觉罗伍拉纳题续获逆犯何东山之侄何适，年已十八，依律问拟斩决一案，奉旨纂辑为例。

· 200 ·

续表

编号	所属律文	条例内容	来源案件
66	谋反大逆	除实犯反逆及纠众戕官反狱、倡立邪教、传徒惑众滋事，案内之亲属，仍照律缘坐外，其有人本愚妄，书词狂悖，或希图诓骗财物，兴立邪教，尚未传徒惑众，及编造邪说，尚未煽惑人心，并奸徒怀挟私嫌，将谋逆重情捏造匿名揭帖，冀图诬陷，比照反逆及谋叛定罪之案，正犯照律办理，其家属一概免其缘坐。	一系乾隆四十二年，广东巡抚杨景素奏，陆丰县民郑会通等挟嫌捏造匿名揭帖，倾陷郑会坤等多人案内，其中有郑会通牵告之兄弟郑会寅等五犯，因郑会通比照大逆治罪，郑会寅等系伊弟兄，应照律缘坐，拟以斩决，具奏。钦奉上谕，恭纂为例。一系乾隆三十四年大学士九卿会同刑部议奏，河南省情实招册内徐庚一犯，因伊子徐国泰兴立邪教，照大逆缘坐律拟以斩决，改为监候案内，钦遵谕旨，恭纂为例。一系乾隆四十六年，刑部议覆江西巡抚郝硕奏，赣县民廖景泮等在川省传教惑众，伪造榜文等项，照大逆律定拟。案内逆犯廖景泮之父廖秀科一犯，依缘坐律拟以斩决一案，钦奉上谕，恭纂为例。
67	谋叛	叛案内，律应缘坐流犯，改发新疆，酌拨种地当差。如本犯未经到配以前身故，妻子免遣。至叛犯之孙，如有年幼，不便与父母拆离者，听其母随带抚养。	嘉庆三年，陕西巡抚秦承恩查办商州逆犯家属缘坐案内，逆犯贺登丰之妻张氏，有子和尚儿，尚需乳哺，声请将和尚儿随母贺张氏，带往抚养等，因将两例修并一条。
68	谋叛	谋叛案内被胁入伙，并无随同焚汛戕官，抗拒官兵情事，一闻查拿，悔罪自行投首者，发新疆，给官兵为奴。	嘉庆五年，福建，台湾镇总兵爱新太等奏，拿获叛犯陈锡宗等纠众结会，冀图谋逆案内，钦奉上谕，纂辑为例。
69	盗内府财物	凡偷窃大内及圆明园、避暑山庄、静寄山庄、清漪园、静明园、静宜园、西苑、南苑等处乘舆服物者，照例不分首从，拟立决。至偷窃各省行宫乘舆服物，为首者，拟绞监候，为从者，发云、贵、两广极边烟瘴充军。其偷窃行宫内该班官员人等财物，仍照偷窃衙署例问拟。若遇翠华临幸之时，有犯偷窃行宫对象，仍依偷窃大内服物例治罪。	嘉庆四年，直隶总督胡季堂审奏贼犯张猛、宋泳德偷窃济尔哈郎图行宫内帘刷等物，钦奉上谕，纂辑为例。

续表

编号	所属律文	条例内容	来源案件
70	盗内府财物	行窃紫禁城内该班官员人等财物，不计赃数、人数，照偷窃衙署拟军例上加一等，发新疆酌拨种地当差。赃重者，仍从重论。如临时被拿，拒捕杀人者，不论金刃、他物、手足，均拟斩立决。金刃伤人者，拟绞监候。他物伤人，及执持金刃未伤人者，拟绞监候。手足伤人，并执持器械非金刃，亦未伤人者，发新疆给官兵为奴。其寻常斗殴，仍分别金刃、他物、手足及杀伤本例问拟。	同治元年，刑部审办宝玉，即郎七儿偷窃紫禁城内太监财物，被拿，弃赃，持刀欲行拒捕一案，纂为定例。
71	监守自盗仓库钱粮	凡侵贪之案，如该员身故，审明实系侵盗库帑、图饱私囊者，即将伊子监追。	乾隆十二年，奉天府尹苏昌题宁海令崇纶永亏空库银一案，奉旨恭纂为例。
72	强盗	凡响马强盗执有弓矢军器，白日邀劫道路，赃证明白者，俱不分人数多寡，曾否伤人，依律处决，于行劫处枭首示众。（如伤人不得财，首犯斩监候。为从发新疆给官兵为奴。如未得财，又未伤人，首犯发新疆给官兵为奴。为从杖一百，流三千里。）其江洋行劫大盗，俱照此例，立斩枭示。	康熙五十年，刑部议覆安徽巡抚叶九思题，拿获盗首罗七案内，题准定例。
73	强盗	爬越入城行劫，罪应斩决者，加以枭示。失察越城之官员兵丁分别参处，责革。	嘉庆二十一年，刑部议覆福建巡抚王绍兰审题漳浦县盗犯魏粹等，听从逸盗陈玉泉越城行劫蔡本猷当铺一案，奉旨恭纂为例。
74	强盗	强盗行劫，邻佑知而不协拿者，杖八十。如邻佑或常人或事主家人拿获强盗一名者，官给赏银二十两，多者照数给赏。受伤者，移送兵部验明等第，照另户及家仆军伤例，将无主马匹等物变价给赏。其在外者，以各州县审结无主赃物变给。如营汛防守官兵捕贼受伤，照缘旗阵伤例，分别给赏。若被伤身亡者，亦照缘旗阵亡例，分别给与身价银两。	康熙三十一年刑部题覆刘二和行劫拒伤营兵案内奉旨定例。

续表

编号	所属律文	条例内容	来源案件
75	强盗	各省拿获盗犯供出他省曾犯行劫者,不论罪轻罪重,研讯明确,毋庸解往质审,其邻省地方官自行盘获。别省盗犯,及协同失事地方差役缉捕拿获者,均令在拿获地方严行监禁,详讯供词,备移被盗省分,查明案情,赃证确实,即由拿获省分定拟,题请正法。仍知本省将拿获正法缘由,在失事地方张挂告示,明白晓谕。如果赃迹未明,或失事地方有伙盗待质,必须移解者,拿获省分遴派文武官各一员,带领解役兵丁亲身管押解送。仍预先知会前途经由地方,一体遴派员弁,挑拨兵役接递管解。遇夜寄监收禁,其道远州县不及收监者,即令该地方官预期选拔干役,前赴住宿处所,传齐地保,知会营汛,随同押解官弁,锁锢防范。倘不小心管解,致犯脱逃,即将各役严审有无贿纵情弊,照例从重治罪,官员交部严加议处。	乾隆二十九年,直隶总督方观承奏,拿获贼犯马三丑,请解赴山东、安徽质讯一案,刑部遵旨,议准定例。
76	强盗	强盗引线。除盗首先已立意欲劫某家,仅止听从引路者,仍照例以从盗论罪外,如首盗并无立意欲劫之家,其事主姓名、行劫道路,悉由引线指出,又经分得赃物者,虽未同行,即与盗首一体拟罪,不得以情有可原声请。	乾隆四十年,刑部审拟杨玉等行劫郭全家一案,钦奉谕旨,恭纂为例。
77	强盗	满洲旗人有犯盗劫之案,俱照强盗本律定拟,不得以情有可原声请。	乾隆三十五年,刑部题覆盛京刑部侍郎朝铨等审拟西甍旗人齐了其等行劫花义相家一案。奉旨纂定为例。
78	强盗	盗犯明知官帑,纠伙行劫,但经得财,将起意为首及随同上盗者,拟斩立决枭示。其在外瞭望,接赃,并未上盗之犯,俱拟斩监候,秋审入于情实。若不知系属官帑,仍以寻常盗案论。	嘉庆十九年,广西巡抚台斐音奏,拿获行劫饷银盗犯曾保荣等,分别治罪案内,纂为定例。

续表

编号	所属律文	条例内容	来源案件
79	强盗	凡用药迷人已经得财之案，将起意为首及下手用药迷人，并迷窃，为从已至二次，及首先传授药方之犯，均照强盗律拟斩立决。其余为从者，俱改发新疆，给官兵为奴。其有人已被迷，经他人救醒，虽未得财，将首先传授药方，转传贻害，及下手用药迷人之犯，均拟斩监候，入于秋审情实。若甫经学习，虽已合药即行败露，或被迷之人，当时知觉，未经受累者，均发往伊犁等处为奴。倘到配之后，故智复萌，将药方传授与人，及复行迷窃，并脱逃者，请旨，即行正法。其案内随行为从之犯，仍各减一等定拟。	乾隆三十八年，云南巡抚李湖题路南州贼犯周新茂，以药迷人取财案内，刑部奏准定例。
80	强盗	窃盗拒捕刃伤事主，罪应拟绞之犯，如闻拿畏惧，将原赃送还事主，确有证据者，准其照闻拿投首例，量减拟流。若只系一面之词，别无证据，仍依例拟绞监候，秋审时入于缓决。	嘉庆四年，刑部议覆山东巡抚伊江阿审题赵兴文听从商密，行窃图脱，拒伤事主平复，闻拿畏惧，令商密将原赃送至事主家，隔墙撂还，审依窃盗脱走，拒捕刃伤拟绞例，量减拟流案内，钦奉上谕，恭纂为例。
81	强盗	因窃盗而强奸人妇女，凡已成者，拟斩立决，同谋未经同奸及奸而未成者，皆绞监候。共盗之人不知奸情者，审确，止依窃盗论。	嘉庆四年，刑部议覆盛京刑部侍郎铁保审题承德府民刘祥行窃，强奸事主沈王氏，复强奸刘冯氏已成一案，纂为定例。
82	强盗	窃盗弃财逃走，与未经得财逃走，被事主追逐拒捕，或伙贼携赃先逃后之贼，被追拒捕，及已经逃走，因见伙犯被获，帮护拒捕，因而杀人者，首犯俱拟斩监候。为从帮殴，如刃伤及手足，他物至折伤以上者，俱拟绞监候。伤非金刃，又非折伤者，发附近充军。未经帮殴成伤者，杖一百，流三千里。其伤人未死，如刃伤及折伤以上者，首犯拟绞监候。从犯减等拟流。若伤非金刃，伤轻平复，并拒捕未经成伤者，及事后追捕，有拒捕杀伤者，仍各依罪人拒捕本律科断。（如逃走并未弃财，仍以临时护赃格斗论）。	雍正六年，陕西巡抚题，石承言纠同吴永全等行窃张氏银两，吴永全杀伤张氏身死，将吴永全等均拟斩决。奉旨凡强盗俱应正法者，尚且分别首从，而窃盗拒捕伤人者，概行斩决，未曾分别首从，乃系从前九卿疏漏之处，此案着一并议奏。因修改列入窃盗门内。

续表

编号	所属律文	条例内容	来源案件
83	强盗	凡行劫漕船盗犯，审系法无可贷者，斩决枭示。	嘉庆八年，江苏巡抚岳起题，贼犯葛子富等行窃薛锦魁漕船临时行强一案，奉旨恭纂为例。
84	强盗	凡强盗除杀死人命、奸人妻女、烧人房屋罪犯深重，及殴事主至折伤以上，首伙各犯俱不准自首外，其伤人首伙各盗，伤轻平复，如事未发而自首，及强盗行劫数家止首一家者，均发遣新疆给官兵为奴。系闻拿投首者，拟斩监候。未伤人之首伙各盗，及窝家盗线，事未发而自首者，杖一百，流三千里，闻拿投首者，实发云、贵、两广极边烟瘴充军，面刺改遣二字。以上各犯，如将所得之赃，悉数投报，及到官后追赔给主者，方准以自首论。若赃未投报，亦未追赔给主，不得以自首论。遇有脱逃被获新疆遣犯，及实发云、贵、两广人犯，均照例即行正法。流犯仍加等调发。至放火烧人空房，及田场积聚等物之强盗自首，依放火故烧本律拟流。若计所烧之物重于本罪者，发近边充军。	乾隆四年，刑部议覆广东省题，盗犯张云悖等闻拿投首一案，经九卿遵旨奏准定例。
85	白昼抢夺	抢窃拒伤事主，伤轻平复之案，如两人同场拒伤一人，一系他物，一系金刃，无论先后下手，以金刃伤者为首。如金刃伤轻，他物伤重，而未至折伤者，仍以金刃伤者为首。如一系刃伤，一系他物折伤，刃伤重以刃伤为首，折伤重以折伤为首。刃伤与折伤俱重，无可区别者，以先下手者为首。若俱系金刃，或俱系他物，以致命重伤为首。如俱系致命重伤，或俱系他物折伤，亦以先下手者为首。若两人共拒一人，系各自拒伤，并不同场者，即各科各罪，各以为首论。	嘉庆五年，刑部议覆广西巡抚谢启昆审题黄亚和、陈云通抢夺蒙上超银两，同时拒伤事主一案，奏准定例。
86	窃盗	两广、两湖及云、贵等省，凡有匪徒，明知窃情，并不帮同鸣官，反表里为奸，逼令事主出钱赎赃，俾贼匪获利，以至肆无忌惮，深为民害者，照为贼探听事主消息通线引路者，照强盗窝主不行又不分赃杖流律减一等，杖一百、徒三年。如有贪图分肥但经得赃者，不论多寡，即照强盗窝主律，杖一百、流三千里。	乾隆四十五年，刑部议覆广西巡抚李世杰奏贼犯葛精怪，纠伙私窃牛马羊支，勒索分赃案内奏请定例。

· 205 ·

续表

编号	所属律文	条例内容	来源案件
87	窃盗	凡现任官员奉差出使、赴任赴省、及接送眷属、乘坐船只、住宿公馆,被窃财物除赃逾满贯,仍依例定拟外,其余各计赃,照寻常窃盗例加一等,分别首从治罪。若寓居里巷民房,及租赁寺观店铺,与齐民杂处,贼匪无从辨识,乘间偷窃者,仍依寻常窃盗例办理。	乾隆五十三年,山东巡抚长麟奏拿获盗窃学政刘权之、布政使奇丰额眷属船只,审讯定拟一案,钦遵谕旨,纂辑此例。
88	窃盗	凡捕役兵丁地保等项,在官人役,有稽查缉捕之责者,除为匪及窝匪本罪应拟斩绞、外遣,各照本律本例定拟外,如自行犯窃罪,应军流徒杖,无论首从,各加枷号两个月,兵丁仍插箭游营。若句通、豢养窃贼,及抢劫各匪坐地分赃,或受贿包庇窝家者,俱实发云、贵、两广极边烟瘴充军。倘地方员弁平时不行稽查,或知风查拿,有意开脱,不加严究,止以借端责革,照不实力奉行稽查盗贼例,交部议处。至别项在官人役,尚无缉捕稽查之责者,如串通窝顿窃匪,贻害地方,亦各于应得本罪上,加一等治罪。	雍正四年,刑部议覆江西巡抚裴伸度题宜黄县捕役吴胜等行窃一案,附请定律。
89	盗马牛畜产	偷窃马匹案件,除外藩蒙古仍照理藩院蒙古律拟罪外,其察哈尔、蒙古有犯偷窃马匹之案,审明,如系盗民间马牛者,依律计赃以窃盗论。如系盗御马及盗太仆寺等处官马者,亦仍照律例治罪。	乾隆元年,刑部议覆正红旗察哈尔总管陈泰等,呈贼犯阿毕达等偷马匹一案,纂为定例。
90	盗马牛畜产	蒙古偷窃牲畜之案,如一年内行窃二三次以上,同时并发者,仍照刑律以一主为重,从一科断,毋庸合计拟罪。	乾隆五十四年,理藩院议覆乌里雅苏台将军庆桂审奏蒙古贼犯萨都克等,两次偷窃牛马十四匹,依刑律从一科断一案,并五十九年,察哈尔八旗都统官明咨拿获一年内二次偷马贼犯孟克等,审拟治罪案内,刑部会同理藩院酌议定例。
91	盗马牛畜产	民人、蒙古番子偷窃四项牲畜,以蒙古内地界址为断。如在内地犯窃,即照刑律计赃,分别首从办理。若民人及打牲索伦、呼伦贝尔旗分另户,在蒙古地方并青海鄂尔多斯阿拉善毗连之番地,以及青海等处蒙古番子互相偷窃者,俱照蒙古例分别定拟,仍各按窃盗本例刺字。	一系乾隆十四年,理藩院议覆黑龙将军傅森咨称巴尔虎等窃马一案,附请定例。一系乾隆十四年,大学士公傅恒议覆船厂将军永兴奏称满丁阿窃牛一案,附请定例。

续表

编号	所属律文	条例内容	来源案件
92	盗田野谷麦	民间农田，如有于己业地内，费用工力挑筑池塘，潴蓄之水，无论业主已未车戽入田，而他人擅自窃放以灌己田者，不问黑夜白日，按其所灌田禾亩数，照侵占他人田一亩以下，笞五十。每五亩加一等，罪止杖八十，徒二年。有拒捕者，依律以罪人拒捕科断。如有被应捕之人杀伤者，各依擅杀伤罪人问拟。若于公共江、河、川、泽、沟、洗筑成渠堰，及于公共地内筑池塘，占为己业者，俱不得滥引此例。如有杀伤，仍各分别谋故斗殴定拟。	乾隆五十二年，刑部议覆河南巡抚毕沅题正阳县民潘毓秀，因无服族孙潘土德私窃伊所蓄塘水，将其砍伤身死一案，纂辑为例。
93	盗田野谷麦	盛京威远堡南至凤凰城边外，山谷附近、围城处所，拿获偷伐木植、偷打鹿只人犯，审实果系身为财主，雇请多人者，杖一百、流三千里。若无财主，一时会合，各出本钱，并雇人偷伐木植、偷打鹿只越度边关隘口者，杖一百、徒三年。为从及贩卖并偷窃未得者，各减为首及已得一等。如系刨挖鹿窖，首从各于前例流徒罪上，加一等治罪，分别面刺偷窃木植牲畜字样。未得者，免刺。再犯者，各于本罪上加一等治罪。其越边偷窃柴草、野鸡等项，初犯，枷号一个月。再犯，枷号两个月。三犯，枷号三个月，满日各杖一百。为从及偷窃未得者，各减为首及已得一等，俱免刺，并递回原籍，严加管束。倘于递籍后，复行出边偷窃者，即在犯事地方，枷号两个月，杖六十、徒一年。如再有犯，以次递力口。其因偷窃未得，递籍管束，复有越边偷窃者，仍照初犯例枷号一个月、杖一百，递籍严加管束。淘挖金砂之犯，本例罪重者，仍从复位拟。若罪名较轻，即照此一体办理。至失察之地方各官，交部议处。	乾隆四十五年，盛京将军福康安因拿获偷越边栅送米伐木人案内奏请定例。

续表

编号	所属律文	条例内容	来源案件
94	盗田野谷麦	私人木兰等处围场，及南苑偷窃菜蔬、柴草、野鸡等项者，初犯枷号一个月。再犯枷号两个月。三犯枷号三个月，满日各杖一百发落。若盗砍木植、偷打牲畜，及刨挖鹿窖，初犯，杖一百、徒三年。再犯，及虽系初犯而偷窃木植数至五百斤以上，牲畜至十只以上。或身为财主，雇倩多人者，俱改发极边足四千里充军。三犯者。发新疆等处种地。为从及偷窃未得者，各减一等。贩卖者又减一等。旗人有犯，销除旗档，照民人一律办理。围场看守兵丁有犯，俱先插箭游示，加一等治罪。至察哈尔及札萨克旗下蒙古私人围场偷窃，亦照此例一律问拟。蒙古人犯应拟徒罪者，照例折枷。应充军者，发遣湖、广、福建、江西、浙江、江南。应拟遣者，发遣云、贵、两广，俱交驿充当苦差。以上各项人犯，无论初犯、再犯、三犯，均面刺盗围场字样。偷盗未得之犯，均面刺私入围场字样。其枷号三个月、两个月者减等，递减一个月。枷号一个月者，减为二十日。失察私入围场等处偷窃之该管地方文武各官，并察哈尔佐领捕盗官，及蒙古札萨克等，交部分别议处，及折罚牲畜、起获鸟枪、入官牲畜器物，赏给原拿之人。有连获大起者，交该管官记功奖励，一面仍向获犯研讯，由何处卡隘偷入。审系员弁兵丁受贿故纵者，与犯同罪。赃重者，计赃以枉法重论。若止失于觉察员弁，交部议处。兵丁杖一百，再犯折责革伍。每月责令看卡员弁，将有无贼犯偷入围场之处，出结具报。该总管每年于五月内据实汇折具奏。倘该员弁所报不实，交部议处。热河都统亦于每年六月间据实具奏。如查明该总管所奏不实，即行参办。	乾隆三十八年，军机大臣舒赫德等议覆盛京将军宗室宏晌条奏，并三十九年，盛京刑部侍郎喀尔崇义审解旗人赛必那在围场打枪，拟发驻防省城当差，及拿获人犯鲁才等偷进围场走狗两案，并纂为例。
95	亲属相盗	凡亲属相盗，除本宗五服以外，俱照无服之亲定拟外，其外姻尊长亲属相盗，惟律图内载明者，方准照例减等，此外不得滥引。	乾隆十三年，刑部议覆安徽巡抚纳敏题盗犯林宗等行劫案内，附请定例。

续表

编号	所属律文	条例内容	来源案件
96	亲属相盗	各居无服亲属,除平日漠视,并无周恤,致相盗财物者,照律减等办理外,若素有周恤,或托管田产、经理财物、不安本分、肆窃肥己、贻累被害者,即以凡人窃盗计赃科断,仍照律免刺。至满贯者,尊长照律杖一百、流三千里。卑幼拟绞监候,缓决一次后,照例减发。	乾隆十八年,两江总督书麟审奏,江苏溧水县民人陶仁广,行窃族叔祖陶宇春典铺银两潜逃一案,遵旨奏准定例。
97	恐吓取财	凡在内太监逃出索诈者,俱照光棍例治罪。	康熙三十六年九月内,刑部题议,得太监刘进朝,逃出在外索诈李十等一案
98	恐吓取财	凡附近番苗地方吏民人等,擅入苗境,藉差欺凌,或强奸妇女,或抢劫财物,以及讹诈不遂,聚众凶殴,杀死人命等案,将所犯查照定例。如原系斩决绞决之犯,审实具题,俟命下之日,将该犯押赴犯事处所正法。其例应斩候绞候者,审系藉差欺凌等项实在情重,应将监候改为立决,亦于题覆之日押赴原犯地方正法。至寻常案件,虽系民苗交涉,审无前项情节,仍照定例拟罪。至秋审时,有情实句决之犯,亦于原犯苗地正法。仍将该犯从重治罪。正法情由,张挂告示,通行晓谕。该管官员有纵差骚扰激动番蛮者,仍援照引惹边衅例治罪。若止于失察,交部议处。	乾隆十四年,刑部议覆贵州巡抚爱必达,题结陈君德图奸苗妇阿乌拒捕伤人一案,遵旨议定条例。
99	略人略卖人	贵州、云南、四川地方,民人诱拐本地子女在本省售卖,审无句通外省流棍情事,仍照诱拐妇人子女本例分别拟。如捆绑本地子女,在本地售卖,为首拟斩监候。为从发近边充军。	乾隆六年,云、贵总督张允随题者租等捆卖者业一案,附请定例,乾隆八年改定。
100	略人略卖人	略卖海外番仔之内地民人,不分首从,杖一百、流三千里。俟有便船,仍令带回安插。文武官稽查不力,照外国之人私自进口,不行查报,交部分别议处。得赃者,以枉法治罪。	乾隆四年,刑部议覆两广总督鄂弥达审题琼州客民林罗道等,赴安南国贸易,买回番仔一案,纂为定例。

· 209 ·

续表

编号	所属律文	条例内容	来源案件
101	略人略卖人	凡奸夫诱拐奸妇之案，除本夫不知奸情，及虽知奸情而迫于奸夫之强悍，不能禁绝，并非有心纵容者，奸夫仍依和诱知情为首例，拟军。奸妇减等满徒。若系本夫纵容抑勒妻妾与人通奸，致被拐逃者，奸夫于军罪上减一等，杖一百、徒三年。奸妇及为从之犯，再减一等，杖九十、徒二年半。本夫本妇之祖父母、父母纵容抑勒通奸者，亦照此例办理。	道光二年，刑部议覆陕西巡抚朱勋咨任潮栋将本夫纵容通奸之任袁氏拐逃一案，纂辑为例。
102	发冢	凡指称旱魃刨坟毁尸，为首者，照发冢开棺见尸律，拟绞监候。如讯明实无嫌隙，秋审入于缓决。若审有挟仇泄忿情事，秋审入于情实。为从帮同刨毁者，改发近边充军。年在五十以上，仍发附近充军。其仅止听从同行，并未动手者，杖一百、徒三年。	嘉庆九年，山东巡抚铁保奏高密县民仲二等，捏称李宪德尸成旱魃纠众刨毁一案，奉旨纂辑为例。
103	盗贼窝主	凡造意分赃之窝主，不得照窃盗律以一主为重，应统计各主之赃数，在一百二十两以上者，拟绞监候。其在一百二十两以下，亦统计各赃科罪。	乾隆三十五年，湖广总督吴达善审奏窃贼窝主王坤窝留群贼肆窃多赃一案，将王坤照积匪例拟遣，经刑部查核该犯先后所得之赃，统计已逾满贯，将王坤改拟绞候，并纂定此例。
104	谋杀人	凡图财害命得财而杀死人命者，首犯与从而加功者，俱拟斩立决。不加功者，拟斩监候。不行而分赃者，实发云、贵、两广、极边、烟瘴充军。未得财杀人，为首者，拟斩监候。从而加功者，拟绞监候。不加功者，杖一百、流三千里。伤人未死而已得财者，首犯拟斩监候。从而加功如刃伤及折伤以上者，拟绞监候。伤非金刃又非折伤者，实发云、贵、两广、极边、烟瘴充军。不加功者，杖一百、流三千里。不行而分赃者，杖一百、徒三年。未得财伤人，为首者，拟绞监候。从而加功者，杖一百、流三千里。不加功者，杖一百、徒三年。	乾隆二年，刑部议覆四川巡抚杨馝题赖廷珍等，图财杀伤汪九锡未死一案，奉旨议准，并三年，议覆内阁学士凌如焕条奏定例。

续表

编号	所属律文	条例内容	来源案件
105	谋杀人	苗人有图财害命之案,均照强盗杀人斩决枭示例办理。	乾隆二十九年,贵州巡抚图尔炳阿审题苗民雄讲等。图财杀死民人刘锡升一案,附请定例。
106	谋杀人	凡僧人逞凶谋故惨杀十二岁以下幼孩者,拟斩立决。其余寻常谋故杀之案,仍照本律办理。	乾隆四十二年,山西巡抚觉罗巴延三审题僧人界安,将十一岁幼徒韩二娃用绳栓吊叠殴立毙一案,钦奉谕旨,纂为定例。
107	谋杀祖父母父母	尊长谋杀卑幼,除为首之尊长仍依故杀法,分别已行、已伤、已杀定拟外,其为从加功之尊长,各按服制亦分别已行、已伤、已杀三项,各依为首之罪减一等。若同行不加功,及同谋不同行,又各减一等。为从系凡人,仍照凡人谋杀为从科断。	乾隆六年,云贵总督张广泗题刘四贵谋杀小功服侄刘先佑,刘三贵下手加功一案,附请定例。
108	谋杀祖父母父母	凡尊长故杀卑幼案内,如有与人通奸,因媳碍眼,抑令同陷邪淫不从,商谋致死灭口者,俱照平人谋杀之律,分别首从拟以斩绞监候。	乾隆三十六年,河南巡抚何煟审题林朱氏与林朝富通奸,因伊媳黄氏碍眼,商谋毒死黄氏一案,钦奉上谕,恭纂为例。
109	谋杀祖父母父母	凡子孙谋杀祖父母、父母案内,如有旁人同谋、助逆、加功者,拟绞立决。	乾隆三十九年,广西巡抚熊学鹏审奏贵县民李老闷因行窃败露,与苏观谋死伊母梁氏,移尸图赖一案,钦奉上谕,纂为定例。
110	谋杀祖父母父母	凡夫谋杀妻之案,系本夫起意者,仍照律办理外,如系他人起意,本夫仅止听从加功者,于绞罪上减一等,杖一百、流三千里。	乾隆四十七年,山西巡抚雅德题,灵石县民张翔鹄听从妻母,勒死伊妻赵氏一案,纂辑为例。
111	谋杀祖父母父母	谋杀期亲尊长正犯,罪应凌迟处死者,为从加功之犯,拟以绞候,请旨即行正法。不加功者,仍依律科断。如为从系有服亲属,各按尊卑服制本律定拟。	嘉庆十年,山东巡抚全奏德州民梁玉太商同于凤来,毒死胞叔梁文奎并误毒亲姑马梁氏、胞妹举姐身死一案,钦奉上谕,恭纂为例。

续表

编号	所属律文	条例内容	来源案件
112	谋杀祖父母父母	本宗尊长起意谋杀卑幼,罪应绞候之犯,如与死者之子商同谋杀,致其子罪干凌迟者,将起意之犯拟绞立决。	嘉庆二十五年,山西巡抚成格奏祁县民王承彩听从胞伯王步云,谋勒伊父王步义身死一案,钦奉上谕,恭纂为例。
113	杀死奸夫	凡奸夫起意杀死亲夫之案,除奸妇分别有、无知情同谋,照例办理外,奸夫俱拟斩立决。如奸夫虽未起意,而同谋杀死亲夫之后,复将奸妇拐逃,或为妻妾,或得银嫁卖,并拐逃幼小子女卖与他人为奴婢者,亦均斩决。(本夫纵奸者,不用此例。)	雍正五年福建巡抚题吴高与林管之妻王氏通奸,谋死林管,复诡名谋娶王氏一案,纂定此例。
114	杀死奸夫	凡因奸同谋杀死亲夫,除本夫不知奸情,及虽知奸情而迫于奸夫之强悍,不能报复,并非有心纵容者,奸妇仍照律凌迟处死外,若本夫纵容,抑勒妻妾与人通奸,审有确据,人所共知者,或被妻妾起意谋杀,或奸夫起意,系知情同谋奸妇,皆拟斩立决。奸夫拟斩监候。伤而未死,奸妇拟斩监候,奸夫仍照谋杀人伤而不死律,分别造意、加功与不加功定拟。若奸夫自杀其夫,奸妇果不知情,仍依纵容抑勒本夫科断。其纵奸之本夫,因奸情将奸夫奸妇一齐杀死,虽于奸所登时,仍依故杀论。若本夫抑勒卖奸故杀妻者,以凡论。其寻常知情纵容,非本夫起意卖奸,后因索诈不遂,杀死奸妇者,仍依殴妻至死律拟绞监候。	乾隆四十二年,刑部议覆盛京工部侍郎兼管奉天府尹富察善题张二令妻徐氏卖奸,札死伊妻一案,钦奉谕旨,改定条例。
115	杀死奸夫	凡母犯奸淫,其子实系激于义忿,非奸所登时将奸夫杀死,父母因奸情败露忿愧自尽者,即照罪人不拒捕而擅杀绞监候本例问拟,不得概拟立决。 (罪犯应死,及谋故杀人事情败露,致父母自尽者,拟以立决。系乾隆三十四年,广东省何长子案定例。)	乾隆四十三年,刑部议覆云南巡抚裴宗锡题文山县民申张保殴死高广美,至伊父母先后服毒身死一案,钦奉上谕,议准定例。
116	杀死奸夫	凡妇女拒奸杀死奸夫之案,如和奸之后,本妇悔过拒绝,确有证据,后被逼奸,将奸夫杀死者,照擅杀罪人律减一等,杖一百、流三千里。其因贪利与之通奸,后以无力资助拒殴致死者,或先经和奸,后覆与他人通奸情密,因而拒绝殴毙者,仍各依谋故斗殴等本律定拟。	乾隆四十八年,刑部议覆直隶总督郑大进题张魏氏拒奸,殴伤魏贤生身死一案,奏请定例。

续表

编号	所属律文	条例内容	来源案件
117	杀死奸夫	凡聘定未婚之妻与人通奸，本夫闻知往捉，将奸夫杀死，审明奸情属实，除已离奸所，非登时杀死不拒捕奸夫者，仍照例拟绞外，其登时杀死，及登时逐至门外杀之者，俱照本夫杀死已就拘执之奸夫，引夜无故入人家已就拘执而擅杀律拟徒。其虽在奸所捉获，非登时而杀者，即照本夫杀死已就拘执之奸夫满徒例，加一等，杖一百、流二千里。如奸夫逞凶拒捕，为本夫格杀，照应捕之人擒拿罪人格斗致死律，勿论。	乾隆三十四年，刑部核覆广西巡抚宫兆麟审题梁亚受与卢将未婚之妻黄宁嬋通奸，被卢将捉奸，登时殴逐致死一案，奏请定例。
118	杀死奸夫	凡妾因奸商同奸夫谋杀正妻，比照奴仆谋杀家长律，凌迟处死。若谋杀伤而不死，或已行而未伤，俱比照奴仆谋长家长已行，不论已伤，未伤律，拟斩立决。奸夫仍分别曾否起意同谋，各照本例办理。至妾若非因奸起衅，殴故杀正妻，仍照律科断。	乾隆五十二年，刑部核覆山东巡抚长麟题孔行江之妾胡氏，因与孔二牛通奸，谋死正妻孔孙氏，比照妻因奸谋死本夫律，问拟凌迟一案，钦奉谕旨，纂定为例。
119	杀死奸夫	妇女拒奸杀人之案，审有确据，登时杀死者，无论所杀系强奸、调奸罪人，本妇均勿论。若捆缚复殴或按倒叠殴杀非登时者，所杀系调奸罪人，即照擅杀罪人律减一等，杖一百、流三千里。所杀系强奸罪人，再减一等，杖一百、徒三年。均照律收赎。	嘉庆二十四年，四川总督蒋攸铦题周德偕图奸李何氏未成，被李何氏戳伤身死一案，奏准定例。
120	杀死奸夫	妇女被人调戏或与人通奸，其本夫及有服亲属擅杀调戏罪人及奸夫，应拟绞抵者，如本妇奸妇畏累自尽，将擅杀之减一等，杖一百、流三千里。	嘉庆五年，山东巡抚陈大文审题，石英因王还朴调戏伊妾魏氏，该犯殴伤王还朴身死一案，纂辑为例。
121	杀死奸夫	有服尊长强奸卑幼之妇未成，被本夫本妇忿激至毙，系本宗期功，卑幼罪应斩决者，无论登时、事后，均照殴死尊长情轻之例，夹签声明，如系本宗缌麻、外姻功缌卑幼，除事后殴毙，仍照殴故杀尊长本律，问拟斩候外，若登时忿激至毙，定案时依律问拟，法司核拟，随案减为杖一百、流三千里。	嘉庆五年，四川总督勒保审题周新兆强奸缌麻侄妇刘氏未成，被本夫周开儒捉拿殴伤身死一案，议准定例。
122	杀死奸夫	有服尊长强奸卑幼之妇未成，被本夫、本妇有服亲属登时忿激致毙，系缌麻卑幼，定案时，依律问拟，法司核拟，夹签声明，奉旨敕下九卿核拟，减为杖一百、发近边充军。若杀非登时，仍照殴故杀本律问拟，毋庸夹鉴声请。如系期功卑幼，无论是否登时，各按服制拟罪，夹签声明，奉旨敕下九卿核拟，减为拟斩监候。	嘉庆十三年，广东巡抚吴熊光题惠来县民吴阿堂。因侄女吴阿娥被缌麻服兄吴耀川强奸未成，致伤吴耀川身死一案，经九卿议准定例。

续表

编号	所属律文	条例内容	来源案件
123	杀死奸夫	聘定未婚妻因奸起意，杀死本夫，应照妻妾因奸同谋杀死亲夫律，凌迟处死。如并未起意，但知情同谋者，即于凌迟处死律上，量减为斩立决。若奸夫自杀其夫，未婚妻果不知情，即于奸妇不知情绞监候律上，减为杖一百、流三千里，倘实有不忍致死其夫之心，事由奸妇破案者，再于流罪上减为杖一百、徒三年。至童养未婚妻因奸谋杀本夫，应悉照谋杀亲夫各本律定拟。	道光二十三年，安徽巡抚程懋采奏宋忠因奸谋杀未婚夫查六寿身死二案，附请定例。
124	杀一家三人	聚众共殴原无必杀之心，而殴死一家三命及三命以上者，将率先聚众之人不问共殴与否，拟斩立决。为从下手伤重至死者，拟绞监候。其共殴致死一家二命者，将率先聚众之人，不问共殴与否，拟绞立决。为从下手伤重至死者，拟绞监候。若斗杀之案，殴死一家三命及三命以上者，拟斩立决。殴死一家二命或三命而非一家者，拟绞立决。	乾隆二十年，刑部议覆山西巡抚恒文题，石继昌札死石如玉一家二命一案，附请定例。
125	杀一家三人	谋杀人而误杀其人之祖父母、父母、妻女子孙一家二命及三命以上，除首犯仍照误杀旁人一家二命及三命以上本律，分别问拟斩决斩枭外，其为从下手伤重致死，及知情买药者，如误杀一家二命及三命而非一家者，发往新疆当差。三命以上，发往新疆，给官兵为奴。	嘉庆二十年，河南巡抚方受畴咨王庭臣谋毒王不济，以致误毙王不济之妻李氏及子女一家三命一案，纂辑为例。
126	杀一家三人	杀一家非死罪三四命以上者，凶犯依律凌迟处死、凶犯之子，除同谋加功及有别项情罪者，仍照本律定拟外，其实无同谋加功，查明被杀之家未至绝嗣者，凶犯之子，年在十六岁以上，改发极边足四千里安置，年在十五岁以下，与凶犯之妻女，俱改发附近充军地方安置。若被杀之家实系绝嗣，将凶犯之子，年未及岁者，送交内务府阉割。奏明，请旨分赏。十六岁以上者，仍照前例，发极边足四千里安置。（如未至绝嗣案内，凶犯之妻已故，其年在十五岁以下之子，暂行监禁，俟成丁时再行发配。女已许嫁者，照律归其夫家，不必缘坐。若凶犯之妻已故，其女年在十五以下者，给其亲属领回，不必发配。）	乾隆四十一年，山东巡抚杨景素审奏高唐州民王之彬挟嫌杀死童长海，及王三麻子等一家六命，致令绝嗣一案，钦奉谕旨，酌定条例。

· 214 ·

续表

编号	所属律文	条例内容	来源案件
127	造畜蛊毒杀人	凡以毒药毒鼠毒兽误毙人命之案，如置药饵之处，人所罕到，或置放喂食牲畜处所，不期杀人，实系耳目思虑所不及者，依过失杀人律收赎。若在人常经过处放，因而杀者，依无故向有人居止宅舍放弹射箭律，杖一百、流三千里，仍追给埋葬银一十两。	嘉庆四年，刑部核覆陕西巡抚永保审拟刘述盛毒猪，误毒邓添宜身死案内，纂辑为例。
128	斗殴及故杀人	凡犯死罪监候人犯，在监复行凶致死人命者，照前后所犯斩绞罪名，从重拟以立决。	乾隆十八年，刑部议覆福建巡抚陈宏谋题许皆图奸族婶洪氏，殴伤许巧身死，在监殴死廖玉爽一案，钦奉谕旨，恭纂为例。
129	斗殴及故杀人	凡两家互殴，致毙人命，除尊卑服制及死者多寡不同，或故杀、斗杀，情罪不等，仍照本律定拟外，其两家各毙一命，果各系凶手本宗有服亲属，将应拟抵人犯，均免死减等，发近边充军。若原殴伤轻不至于死，越十日后因风身死，及保辜正限外，余限内身死者，于军罪上再减一等，杖一百、徒三年。如有服亲属内，有一不同居共财者，各于犯人名下，追银二十两，给付死者之家。若两家凶手与死者，均系同居亲属，毋庸追埋。	乾隆五年，安徽巡抚陈大受题蒋凡、卢秀两家互殴，各毙一命案内，附请定例。
130	斗殴及故杀人	凡两家互殴致死一命，其律应拟抵之正凶，当时被殴者无服亲属殴死，将殴死凶手之人，杖一百、流三千里。如被殴者有服亲属殴死，再减一等，杖一百、徒三年。仍各追埋葬银二十两，给付被杀凶手之家。	乾隆二十五年，江西巡抚阿思哈审拟郭定宙案内，附疏声请，并二十六年，议覆湖北布政使亢保条奏，及湖南巡抚冯钤审拟杨启容一案，汇纂为例。
131	斗殴及故杀人	凡同谋共殴人致死，如被纠之人殴死其所欲谋殴之父母、兄弟、妻女、子孙及有服亲属者，除下手致死之犯，各按本律例拟抵外，其起意纠殴之犯，不问共殴与否，仍照原谋律杖一百、流三千里。如殴死非其所欲谋殴之人，亦非所欲谋之父母、兄弟、妻女、子孙及有服亲属，将起意纠殴之犯，不问共殴与否，照原谋律减一等、杖一百、徒三年。	嘉庆五年，陕甘总督松筠题李二娃挟李黎儿詈骂微嫌，纠约李匣儿谋殴泄忿，致李匣儿与李黎儿之父李万忠争殴扎伤，李万忠身死，纂辑为例。

· 215 ·

续表

编号	所属律文	条例内容	来源案件
132	斗殴及故杀人	共殴之案除致毙一二命,遇有原谋,及助殴伤重之余人,监毙在狱,与解审中途病故,或因本案畏罪自尽,仍照例准其抵命,将下手应绞之犯减等拟流外,其余谋故杀人、火器杀人、威力主使制缚,并有关尊长尊属服制之案,悉照本律本例拟抵,不得率请减等。	嘉庆二十二年,刑部议覆河南巡抚文翰题刘大兴等,被鸟枪打伤身死,获犯杜殿选一案,题准定例。
133	斗殴及故杀人	凡斗殴之案,除追殴致被迫之人失跌身死,并先殴伤人,致被殴之人回扑失跌身死,及虽未殴伤人,因被揪扭挣脱,致令跌毙者,均仍照律拟绞外,如殴伤人后跑走,被殴之人追赶,自行失跌身死,及彼此揪扭于松放之后,覆自行向人扑殴,因凶犯闪避失跌身死者,均于斗杀绞监候律上减一等,杖一百、流三千里。若仅止口角骂詈,并无揪扭情事,因向人赶殴,自行失跌身死,及被死者扑殴闪避,致令自行失跌身死者,均照不应重律,拟杖八十。	咸丰五年,四川省题汪泷咬伤周芳祖跑走,致令追赶失跌身死,并十年,山东省孙小讨劳与高于氏争殴,致令失跌身死二案,奏准定例。
134	戏杀误杀过失杀伤人	凡民人于深山旷野捕猎,施放枪箭,打射禽兽,不期杀人者,比照捕户于深山旷野安置窝弓,不立望竿,因而伤人致死律,杖一百、徒三年。若向城市及有人居止宅舍,施放枪箭,打射禽兽,不期杀伤人者,仍依弓箭杀伤人本律科断。各追埋葬银一十两,给与死者之家。	乾隆三十九年,江西巡抚海成咨兴国县民黄昌怀放枪打麂,误伤姚文贵身死一案,奏准定例。
135	戏杀误杀过失杀伤人	谋杀人,以致下手之犯误杀旁人,将造意之犯,拟斩监候。下手伤重致死,及知情买药者,杖一百、流三千里。余人杖一百。若执持凶器,伤罪重于满流者,从其重者论。如下手之犯,另挟他嫌,乘机杀害,并非失误者,审实,将下手之犯照谋杀人本律,拟斩监候。其造意之犯,照谋杀人未伤律拟徒。	嘉庆五年,陕西巡抚台布审题陈居英纠同何成,谋杀徐有才,误杀赵学仓一案,议准定例。

续表

编号	所属律文	条例内容	来源案件
136	戏杀误杀过失杀伤人	子孙过失杀祖父母、父母及子孙之妇过失杀夫之祖父母、父母，定案时，仍照本例问拟绞决。法司核其情节，实系耳目所不及，思虑所不到，与律注相符者，准将可原情节，照服制情轻之例，夹签声明，恭候钦定，改为拟绞监候。至妻妾过失杀夫，奴婢过失杀家长，亦照此例办理。	乾隆二十八年，山西省郑凌放枪，误伤继母身死一案，钦奉谕旨，定拟绞决。嘉庆四年，直隶民妇张周氏误毒伊夫身死一案，刑部以该氏究系出于无心，现奉有谕旨，一切案件无庸律外加重，将该氏改为满流，并将子孙奴婢均照本律，改为满流，通行在案。嘉庆五年，审办崔三过失杀伊父身死一案，刑部以所犯较郑凌情节为轻，而又未便遽行拟流，仍照例拟以绞决，夹签声请减等，并提出弹射禽兽，投掷砖瓦二项，以是否耳目所可及，分别定拟，纂为专条，亦在案。道光二十三年，又因广西省民妇乃陈氏用药毒鼠，误毙伊姑一案，添入子孙之妇过失杀夫之祖父母、父母一层。
137	戏杀误杀过失杀伤人	凡谋故斗殴而误杀其人之祖父母、父母、妻女、子孙一命，均依谋故斗杀各本律科罪。其因谋杀人而误杀一命案内，从犯杖一百、流三千里。	乾隆二十七年，贵州巡抚周人骥审题苏光子与吴绍先扭结，误伤其子吴长生身死，附纂为例。
138	戏杀误杀过失杀伤人	凡因殴子而误伤旁人致死者，杖一百、流三千里。因谋杀子而误杀旁人，发近边充军。其因殴子及谋杀子而误杀有服卑幼者，各于殴故杀卑幼本律上减一等。若误杀有服尊长者，仍依殴故杀尊长，及误杀尊长各本律本例问拟。	道光四年，陕西巡抚卢坤题钟世祥，因掷打伊子，误伤孙泳幅子身死一案，纂定为例。
139	戏杀误杀过失杀伤人	因疯致毙期功尊长尊属一命，或尊长尊属一家二命，内一命系凶犯有服卑幼，律不应抵。或于致毙尊长尊属之外，覆另毙平人一命，俱仍按致死期功尊长尊属本律问拟，准其比引情轻之例，夹签声请，候旨定夺。若致毙期功尊长尊属一家二命，或二命非一家，但均属期功尊长尊属。或一家二命内，一命分属卑幼而罪应绞抵。或于致毙尊长尊属之外，复另毙平人二命，无论是否一家，俱按律拟斩立决，不准夹签声请。	道光二十五年，刑部议覆陕甘总督富呢杨阿题，奏安县民李进朱因疯殴死胞兄李朱粪儿等一案，奏准定例。

· 217 ·

续表

编号	所属律文	条例内容	来源案件
140	杀子孙及奴婢图赖人	凡兄及伯叔谋夺族人财产，故杀弟侄，图赖被致诈之家，复有殴故杀尊长，酿成立决重案者，除罪犯应死，悉照各本例定拟外，其罪应军流者，既照兄及伯叔因争夺弟侄财产故行杀害例，拟绞监候。至被诈之家财产或无人承管，不得以争夺之后继嗣承受。	乾隆五十年，湖南巡抚陆题干川厅苗民张应琳商同张田氏，谋死侄女孙女，图赖张学能，致张学能谋杀堂伯母张章氏，互相图赖一案，钦奉谕旨，纂辑为例。
141	威逼人致死	因奸威逼人，致死一家三命者，拟斩立决。	嘉庆二十年，刑部议覆山西巡抚陈预题郑源调奸，逼毙一家三命一案，遵旨恭纂为例。
142	威逼人致死	强奸已成，将本妇杀死者，斩决枭示。强奸未成，将本妇立时杀死者，拟斩立决。将本妇殴伤，越数日后，因本伤身死者，照因奸威逼致死律，拟斩监候。若强奸人妻女，其夫与父母亲属闻声赴救，奸夫逞凶拒捕，立时杀死者，俱拟斩立决。若殴伤越数日后，因本伤身死者，亦照因奸威逼致死律，拟斩监候。至强奸已成，其夫与父母亲属及本妇羞忿自尽者，拟斩监候。如强奸未成，或但经调戏，其夫与父母亲属及本妇羞忿自尽者，俱拟绞监候。	乾隆三年，刑部审议萨哈图因调奸，殴伤张氏，越十六日身死一案，附请定例。
143	威逼人致死	强奸本宗缌麻以上亲及缌麻以上亲之妻未成，将本妇杀死者，分别服制拟以凌迟、斩决，仍枭示。系外姻亲属，免其枭示。	嘉庆六年，四川总督勒保题，长寿县民杨文仲，强奸缌麻弟妻杨黄氏，不从，戳伤黄氏身死。又七年，山东巡抚和宁题，黄县民刘发，图奸甥媳陈刘氏，不从，将陈刘氏掐死各案，九年并纂为例。
144	威逼人致死	强奸犯奸妇女已成，将本妇立时杀死者，拟斩立决。致本妇羞愧自尽者，发黑龙江给披甲人为奴。如强奸犯奸妇女未成，将本妇立时杀死者，拟斩监候，秋审时入于情实。致本妇羞愧自尽者，杖一百、流三千里。若奸女犯奸后，已经悔过自新，确有证据者，仍以良人妇女论。	嘉庆十二年，直隶总督温承惠题，曲周县民人李嘉贵，强奸族姊杨李氏，不从，立时杀死杨李氏一案，纂辑为例。

续表

编号	所属律文	条例内容	来源案件
145	威逼人致死	因事与妇人角口秽语村辱，以致本妇气忿轻生，又致其夫痛妻自尽者，拟绞监候，入于秋审缓决。	嘉庆二十年，刑部议覆四川总督常明审题李潮敦，因与章王氏口角秽语村辱，致氏与夫章有富先后自缢身死一案，钦奉谕旨，恭纂为例。
146	斗殴	护军兵丁及食粮当差人役，若执持金刃伤人或自伤者，除革役照律问拟外，永不准食粮。闲散人有犯立案，永不准食粮充役。	康熙四十七年正月，刑部议覆两江总督邵穆布审题旗人洪文焕，戳死满自新一案，附请定例。
147	斗殴	凡回民结伙三人以上，执持器械殴人之案，除至毙人命罪应拟抵之犯，仍照民人定拟外，其余纠伙共殴之犯，但有一人执持器械者，不分首从，发云、贵、两广极边烟瘴充军。如结伙虽在三人以上，而俱徒手争殴，并无执持器械者，均各于军罪上减一等，杖一百、徒三年。结伙在十人以上，虽无执持器械，而但殴伤人者，仍照三人以上执持器械之例定拟。	乾隆四十二年，刑部议覆山东巡抚国泰题，回民张四等，听从沙振方谋殴赵君用，至途中札死葛有先一案，附请定例。
148	斗殴	夺获凶器伤人之犯，照执持凶器伤人军罪上，量减一等，杖一百、徒三年。	嘉庆二十二年，刑部议覆山西巡抚衡龄题，张学三等共殴李梦龄身死一案，纂辑为例。
149	斗殴	凡在逃太监在外滋事，除犯谋故斗杀等案，仍照各本律例分别问拟外，但有执持金刃伤人确有实据者，发黑龙江，给官兵为奴，遇赦不赦。	道光二十八年，刑部审办在逃太监郭洪鹏刃伤葛大平复案内，钦奉谕旨，恭纂为例。
150	保辜限期	凡僧人逞凶毙命，死由致命重伤者，虽在保辜限外十日之内，不得轻议宽减。	乾隆四十年，刑部核覆山西巡抚觉罗巴延三题，僧人悟明札伤行济，保辜限外四日身死，照例声请减流，钦奉谕旨，恭纂为例。

续表

编号	所属律文	条例内容	来源案件
151	宫内忿争	除太监在紫禁城内、外,持金刃自伤,分别斩决、监候,仍照旧例办理外,如常人在各处当差,及各官跟役,并内务府各项人役苑户、钦工匠役等,在紫禁城内暨圆明园大宫门、大东、大西、大北等门,及西厂等处地方并各处内围墙以内,谋故杀人,及斗殴金刃杀人者,拟斩立决。谋杀人伤而不死,及斗殴手足他物杀人者,拟绞立决。金刃伤人者,发伊犁,给驻防官兵为奴。金刃自伤及手足他物伤人者,杖一百、流三千里。若在紫禁城午门以外、大清门以内,暨圆明园大宫门、大东、大西、大北等门以外,鹿角木以内,谋故杀人,及斗殴金刃杀人者,拟斩立决。谋杀人伤而不死及斗殴手足他物杀人者,拟绞监候,入于情实。金刃伤人者,杖一百、流三千里。金刃自伤及手足他物伤人者,杖一百、徒三年。以上除死罪外,犯该遣罪以下者,俱枷号三个月,再行发配。其东安、西安、地安等门以内,及圆明园鹿角木并各内围墙以外,谋故斗殴杀伤人及自伤者,均照常律办理,不得滥引此例。	乾隆四十六年,刑部审奏,马甲、王裕明用斧砍伤善德一案,钦奉上谕,恭纂为例。
152	宗室觉罗以上亲被殴	凡宗室觉罗在家安分,或有不法之徒借端寻衅者,仍照律治罪外,若甘自菲薄,在街市与人争殴,如宗室觉罗,罪止折罚钱粮,其相殴者,亦系现食钱粮之人,一体折罚定拟,毋庸加等。若无钱粮可罚,即照凡斗办理。	乾隆四十二年,刑部审拟护军蓝翎长博尔洪阿与间散觉罗德丰,互相斗殴一案,钦奉谕旨,恭纂为例。
153	宗室觉罗以上亲被殴	凡宗室觉罗与人争殴之案,除审明宗室觉罗并未与人争较,而常人寻衅擅殴者,仍照例治罪外,如轻人茶坊酒肆,滋事召侮。或与人斗殴,先行动手殴人者,不论曾否腰系黄、红带子,其相殴之人,即照寻常斗殴一体定拟。其宗室觉罗应得罪名,刑部按例定拟,犯该军流徒罪者,照例锁禁拘禁。犯该笞杖,应否折罚钱粮之处,交宗人府酌量犯案情节,如情罪可恶者,在宗人府实行责打,不准折罚。	乾隆四十三年,刑部会同宗人府审奏宝通高二与觉罗赫兰泰宝兴,在茶馆斗殴一案,钦奉上谕,纂辑为例。

附 录

续表

编号	所属律文	条例内容	来源案件
154	殴制使及本管长官	军民人等殴伤本管官及非本管官,如系邂逅干犯,照律问拟流徒,或本管官与军民人等饮酒、赌博、宿娼,自取凌辱者,俱照凡斗定拟。其有衅起索欠等事,本非理曲,因而有犯者,各照殴伤应得流徒原律,酌减二等问罪。其自行取辱及负欠之职官,交部议处。	乾隆二十八年,刑部汇题谢保儿向骑都尉哈福索欠殴伤一案,钦奉上谕,议准定例。
155	殴制使及本管长官	凡兵丁谋故杀本管官之案,若兵丁系犯罪之人,而本管官亦系同犯罪者,将该兵丁照例拟斩监候,请旨即行正法。斗殴杀者,仍拟绞监候。如本管官与兵丁一同犯罪,致将兵丁杀死者,仍按凡人谋故、斗杀各本律科断。	嘉庆十六年,护理贵州巡抚布政使齐布森题,兵丁杨帼俊妨奸,故杀本管把总李定祥身死一案,奉旨纂为定例。
156	殴受业师	凡谋故殴杀及殴伤受业师者,业儒弟子照谋故殴杀及殴伤期亲尊长律,僧、尼、道士、喇嘛、女冠及匠役人等,照谋故殴杀及殴伤大功尊长律,分别治罪。如因弟子违犯教令,以理殴责致死者,儒师照殴死期亲卑幼律,杖一百、徒三年。僧、尼、道士、喇嘛、女冠及匠役人等,照尊长殴死大功卑幼律,拟绞监候。如殴伤弟子,各按殴伤期亲卑幼、大功卑幼本律问拟。若因奸盗别情谋杀弟子者,无论已伤、未伤、已杀、未杀,悉照凡人分别定拟。其有挟嫌逞凶,故杀弟子及殴杀内执持金刃凶器、非理札殴至死者,亦同凡论。	乾隆十三年,刑部议覆湖北巡抚彭树葵题结道人高付祥等,捆烧伊徒曾本立一案,附请定例。
157	奴婢殴家长	奴婢殴家长之期亲、及外祖父母至死者,皆拟斩立决。	乾隆三十年,河南巡抚阿思哈审题蔡勤札伤家主之子阎松身死一案,附请定例。
158	奴婢殴家长	契卖婢女,务照价买家人例,旗人将文契呈明该管佐领,先用图记,自赴税课司验印。民人将文契报明本地方官,铃盖印信。至旗人契买民间婢女,在京具报五城、大宛两县,在外具报该地方官,用印立案。倘有情愿用白契价买者,仍从其便。但遇殴杀故杀,问刑衙门须验红契白契,分别科断。再旗民所买婢女,已经配给红契家奴者,准照红契办理。	乾隆七年,侍郎张照、周学健因审理安氏致死使女金玉一案,条奏遵旨会议定例。

· 221 ·

续表

编号	所属律文	条例内容	来源案件
159	奴婢殴家长	凡民人家生奴仆、印契所买奴仆,并雍正十三年以前白契所买,及投靠养育年久,或婢女招配生有子息者,俱系家奴,世世子孙永远服役,婚配俱由家主,仍造册报官存案。其婢女招配,并投靠、及所买奴仆,俱写立文契,报明本地方官钤盖印信。如有干犯家长,及家长杀伤奴仆,验明官册印契,照奴仆本律治罪。至奴仆不遵约束,傲慢顽梗,酗酒生事者,照满洲家人吃酒行凶例,面上刺字、流二千里,交与该地方官,令其永远当苦差。有背主逃匿者,照满洲家人逃走例,折责四十板,面上刺字,交与本主,仍行存案。容留窝藏者,照窝藏逃人例治罪。	雍正四年,山东巡抚题莒州州同郑封荣因薄责家人,致被家人戳死,钦奉上谕,纂辑为例。
160	奴婢殴家长	其家长杀伤白契所买、恩养年久、配有室家者,以杀伤奴婢论。若甫经契买未配室家者,以杀伤雇工人论。至典当家人隶身长随,若恩养在三年以上,或未及三年,配有妻室者,如有杀伤,各依奴婢本律论。	康熙四十七年,刑部议覆直隶巡抚赵宏燮审题旗人王四草,毒死仆刘英,附请定例。
161	奴婢殴家长	官员殴死赎身及放出奴婢并该奴婢之子女者,照殴死族中奴婢,降二级调用。例减一等,降一级调用。故杀者,照故杀族中奴婢例,降三级调用。旗人殴死赎身奴婢者,枷号四十日,鞭一百。	乾隆二十八年,刑部汇题笔帖式宝祥打死赎身家人玉明一案,钦奉上谕,议准定例。
162	奴婢殴家长	凡家长及家长之期亲,若外祖父母殴死赎身奴婢,及该奴婢之子女者,杖一百、徒三年,故杀者,拟绞监候。大功亲属殴死赎身奴婢者,杖一百、流二千里。小功缌麻递加一等。(故杀亦绞监候。)殴死赎身奴婢之子女者,以良贱相殴论。若赎身奴婢干犯家长,并家长期服以下亲者,俱依雇工人律科断。赎身奴婢之子女干犯家长及家长期亲外祖父母,亦以雇工人论。干犯家长大功以下亲,以良贱相殴论。如家长或家长期服以下亲殴故杀放出奴婢,及放出奴婢干犯家长并家长期服以下亲者,仍依奴婢本律定拟。殴故杀放出奴婢之子女,或放出奴婢之子女干犯家长及家长期服以下亲者,各依雇工人律科断。其殴杀族中无服亲属之奴婢,及奴婢之子女者,杖一百、流三千里。故杀亦绞监候。若已经赎身放出,如有杀伤干犯,各依良贱相殴本律论。该奴婢之子女,俱以凡论。	乾隆三十八年,刑部议覆江西巡抚海成,题安福县民姚彬古殴死赎身仆人孔正偶一案,奏准定例。

续表

编号	所属律文	条例内容	来源案件
163	奴婢殴家长	凡发遣黑龙江等处为奴人犯，有自行携带之妻子跟随。本犯在主家倚食服役，被主责打身死者，照殴死雇工人例，拟杖一百、徒三年。其妻子自行谋生，不随本犯在主家倚食者，仍以凡论。	乾隆四十年刑部议覆黑龙江将军傅玉咨队长甘三保之妻厄素尔氏，殴死遣犯赵应大随带之妻何氏一案，奏请定例。
164	奴婢殴家长	凡家长之期亲因与人通奸，被白契所买婢女窥破，起意致死灭口之案，除婢女年在十五以上，仍照定例办理外，若将未至十五岁之婢女起意致死者，拟绞立决。若系为从，各依本例科断。	乾隆五十三年，刑部核覆江苏巡抚闵鹗元题徐二姐与陈七通奸、勒死婢女素娟灭口一案，钦奉谕旨，恭纂为例。
165	妻妾殴夫	妾过失杀正妻，比照过失杀期亲尊长律，杖一百、徒三年，决杖一百、余罪收赎。	乾隆九年，刑部议覆苏州巡抚陈大受题丁氏失手，撕伤亲夫殴德润身死一案，附请定例。
166	妻妾殴夫	妻过失杀夫，妾过失杀家长者，俱拟绞立决。	乾隆三十一年，刑部议覆江苏按察使李永书条奏奴婢过失杀家长，改为立决案内，附请定例。
167	殴大功以下尊长	殴死同堂大功弟妹、小功堂侄，及缌麻侄孙，除照律拟流外，仍断给财产一半养赡。其大功以下尊长殴卑幼至笃疾，均照律断给财产。惟殴尊长至笃疾，罪应拟绞者，不在断给财产之内。	乾隆六年，刑部议覆河南巡抚雅尔图题赵二妮，殴伤大功堂弟赵二保身死一案，附请定例。
168	殴大功以下尊长	卑幼殴伤缌麻尊长、尊属，余限内果因本伤身死，仍拟死罪。奏请定夺。如蒙宽减，减为杖一百，发边远充军。若在余限外身死，按其所殴伤罪在徒流以下者，于斩候本罪上减一等，杖一百、流三千里。其原殴伤重至笃疾者，拟绞监候。殴伤功服尊长、尊属，正、余限内身死者，照旧办理。其在余限外身死之案，如殴大功小功尊长、尊属至笃疾者，仍依伤罪本律，问拟绞决。讯非有心干犯，或系误伤，及情有可悯者，俱拟绞监候。若系折伤并手足他物殴伤，本罪止应徒、流者，既在余限之外，因伤毙命，均拟绞监候，秋审时统归服制册内，拟入情实办理。	一系乾隆三十一年，安徽巡抚冯钤题芮天明咬伤缌麻兄芮观受，余限内身死一案，附请定例。一系乾隆五十七年，刑部题覆安徽省李伦魁刃伤胞兄李登魁一案，钦奉上谕，纂辑为例。

续表

编号	所属律文	条例内容	来源案件
169	殴大功以下尊长	凡卑幼图奸亲属起衅，故杀有服尊长之案，按其服属，罪应斩决凌迟，无可复加者，于援引服制本律之上，俱声叙卑幼因奸故杀尊长字样。其有图奸亲属故杀本宗及外姻有服尊长，按律罪止斩候者，均拟斩立决。	乾隆四十九年，刑部题覆安徽巡抚书麟题程尚仪图奸侄妇未成，故杀小功服婶刘氏身死，将该犯依律拟斩立决一案，钦奉谕旨，纂辑为例。
170	殴大功以下尊长	凡于亲母之父母有犯，仍照本律定拟外，其于在堂继母之父母，庶子嫡母在为嫡母之父母，庶子为在堂继母之父母，庶子不为父后者，为己母之父母。（若已母系由奴婢家生女收买为妾，及其父母系属贱族者，不在此例。）为人后者，为所后母之父母，及本生母之父母，嫁母之父母等七项有犯，即照卑幼犯本宗小功尊属律，殴杀、谋故杀，均拟斩立决。谋杀已行、已伤及斗殴伤，亦各照本宗服制本律，分别定拟。至亲母、继母等各项甥舅等有犯，俱照外姻尊卑长幼本律治罪，与嫁母之弟兄有犯，以凡论。如尊长有于非所自出之外孙及甥等，故加凌虐，或至于死，承审官临时权其曲直，按情治罪，不必以服制为限。	乾隆四十二年，刑部议覆直隶总督周元理题王锦毒死所后母王苗氏之母苗赵氏一案，钦奉谕旨增改。
171	殴大功以下尊长	卑幼共殴本宗外姻缌麻以上尊长、尊属，致成笃疾之案，除首犯依律分别绞决、绞候外，其听从帮殴之有服卑幼，如仅止手足他物轻伤，不分服之亲疏，仍依为从减等律，问拟满流。若有折伤及刃伤者，发极边烟瘴充军。	乾隆五十六年，刑部题覆河南省贾希曾等砍伤贾嵩秀，致成笃疾一案，钦奉上谕，纂辑为例。
172	殴大功以下尊长	功服以下尊长杀死卑幼，因其父兄伯叔素无资助及相待刻薄，挟有夙嫌，将其十岁以下幼小子女弟侄迁怒，故行杀害，图泄私忿者，悉照凡人谋故杀本律，拟斩监候，不得复依服制科断。其挟嫌谋杀卑幼年在十一岁以上，并其余谋故杀卑幼之案，仍照律拟绞监候。	乾隆四十一年，刑部核覆江西省郭义焙图财杀死小功侄郭了头仔，审系故杀大功以下卑幼律拟绞一案，钦奉谕旨，奏准定例。
173	殴大功以下尊长	卑幼殴死本宗功服尊长、尊属之案，于叙案后，毋庸添入诘非有心致死句，专用实属有心干犯勘语，以免牵混。其例内载明情轻，如被殴抵格，无心适伤之类，仍于勘语内声明并非有心干犯，以便分别夹签。	咸丰九年，刑部具题甘肃民人杨同居儿等共殴降服胞兄杨梅身死一案，钦奉谕旨，恭纂为例。

· 224 ·

续表

编号	所属律文	条例内容	来源案件
174	殴期亲尊长	凡卑幼误伤尊长至死,罪干斩决,审非逞凶干犯,仍准叙明可原情节,夹签请旨。其有本犯父母因而自戕殒命者,俱改拟绞决,毋庸量请末减。	乾隆十八年,刑部议覆安徽巡抚张师载题斩犯袁大山误扎胞姊一案,钦奉谕旨,恭纂为例。
175	殴期亲尊长	期亲尊长与卑幼争奸互斗,卑幼将尊长刃伤及折肢,罪干立决者,除卑幼依律问拟外,将争奸肇衅之尊长杖一百、流二千里。如非争奸,仍各依律例本条科断。	乾隆五十八年,刑部议覆江西省民人刘乞刃伤胞叔刘兆纶一案,钦奉谕旨,酌议定例。
176	殴期亲尊长	期亲卑幼殴伤伯叔等尊属,审系父母被伯叔父母、姑、外祖父母殴打情切救护者,照律拟以杖一百、流二千里。刑部夹签声明,量减一等,奏请定夺。	乾隆四十一年直隶总督周元理题唐县民于添位等殴死胞兄于添金,于添金之子于瑞救父,殴伤胞叔于添位案内,钦奉谕旨,奏准定例。
177	殴期亲尊长	期亲以下有服尊长杀死有罪卑幼之案,如卑幼罪犯应死者,为首之尊长俱照擅杀应死罪人律,杖一百。听从下手之犯,勿论尊长凡人,各杖九十。其罪不至死之卑幼,果系积惯匪徒,怙恶不悛,人所共知,确有证据尊长因玷辱祖宗起见忿激致毙者,无论谋故,为首之尊长悉按服制于殴杀卑幼各本律本例上,减一等。听从下手之犯,无论尊长、凡人,各依余人律杖一百。若卑幼并无为匪实证,尊长假借公愤,报复私仇,或一时一事尚非怙恶不悛情节,惨忍致死,并本犯有至亲服属,并未起意致死,被疏远亲属起意致死者(如有祖父母、父母者,期亲以下亲属以疏远论。虽无祖父母、父母,尚有期亲服属者,功缌以下以疏远论。余仿此。)均照谋故殴杀卑幼各本律定拟,不得滥引此例。	乾隆五十六年,刑部奏覆四川省郎在志殴伤为匪小功服侄郎朴身死,又五十八年,奏覆安徽省陈玺等听从王立兴,帮同勒死王四孜一案,议准定例。
178	殴期亲尊长	期亲卑幼听从尊长主使,共殴以次尊长、尊属致死之案,凡系迫于尊长威吓,勉从下手,邂逅致死等,仍照本律问拟斩决。法司核议时,夹签声请,恭候钦定,不得将下手伤轻之殴止科伤罪。如尊长仅令殴打辄行叠殴多伤至死者,即照本律问拟,不准声请。	道光四年,御史万方雍奏参刑部审拟文元殴死胞侄伊克唐阿一案,经刑部奏请定例。

· 225 ·

续表

编号	所属律文	条例内容	来源案件
179	殴祖父母父母	凡本宗为人后者之子孙,于本生亲属孝服,只论所后宗支亲属服制,如于本生亲属有犯,俱照所后服制定拟。其异姓义子与伊所生子孙,为本生,父母亲属孝服,亦俱不准降等。各项有犯,仍照本宗服制科罪。	乾隆二年,湖南巡抚题唐四的殴死何氏一案,经九卿议准定例。
180	殴祖父母父母	凡子孙殴祖父母、父母案件,审无别情,无论伤之轻重,即行奏请斩决。如其祖父母、父母因伤身死,将该犯剉尸示众。	乾隆四十八年,刑部审奏张朝元殴伤伊母张徐氏一案,钦奉上谕,恭纂为例。
181	殴祖父母父母	子妇殴毙翁姑之案,如犯夫有匿报贿和情事,拟绞立决。其仅止不能管教其妻,实无别情者,将犯夫于犯妇凌迟处所,先重责四十板,看视伊妻受刑后,于犯事地方枷号一个月,满日,仍重责四十板发落。	嘉庆十五年,刑部议覆江西巡抚先福奏张杨氏殴伤伊翁张昆宇身死一案,钦奉谕旨,奏准定例。
182	殴祖父母父母	子孙过失杀祖父母、父母,及子孙之妇过失杀夫之祖父母、父母者,俱拟绞立决。	乾隆二十八年,山西巡抚明德审题郑凌放枪捕贼,误伤继母身死一案,刑部钦奉谕旨,议准定例。
183	越诉	已革兵丁挟嫌蓦越赴京,控告本管官,审系全虚者,枷号三个月,杖一百,发烟瘴充军。仍依名例,以足四千里为限。	嘉庆十九年,四川总督常明奏,已革兵丁刘觐朝赴京捏控都司沈文同克扣兵饷折内,钦奉谕旨,恭纂为例。
184	诬告	凡捕役诬窃为盗,拿到案日,该地方官验明并无拷逼情事,或该犯自行诬服,并有别故,例应收禁,因而监毙者,将诬拿之捕役杖一百,流三千里。其吓诈逼认因而致死及致死二命者,俱照诬告致死律,拟绞监候。拷打致死者,照故杀律拟斩监候。	乾隆元年,刑部议覆安徽巡抚赵国麟,以捕役诬窃为强监毙人命案内,奏准定例。
185	子孙违犯教令	凡呈告忤逆之案,除子孙实犯殴詈罪干重辟,及仅止违犯教令者,仍各依律例分别办理外,其有祖父母、父母呈首子孙恳求发遣,及屡次违犯触犯者,即将被呈之子孙,实发烟瘴地方充军。旗人发黑龙江当差。如有祖父母、父母将子及子孙之妇一并呈者,将被呈之妇与其夫一并佥发安置。	乾隆四十一年,镶白旗满洲都统福康安等奏西蒙额呈送伊子阿尔台忤逆案内,及四十二年,江苏巡抚杨魁题桃源县民孙谋忤逆案内,钦奉谕旨,并纂为例。

续表

编号	所属律文	条例内容	来源案件
186	子孙违犯教令	凡子孙有犯奸盗，祖父母、父母并未纵容，因伊子孙身犯邪淫，忧忿戕生，或被人殴死，及谋故杀害者，均拟绞立决。如祖父母、父母纵容袒护，后经发觉，畏罪自尽者，将犯奸盗之子孙，改发云、贵、两广极边烟瘴充军。被人殴死或谋故杀害者，将犯奸盗之子孙，拟绞监候。如祖父母、父母教令子孙奸犯盗，后因发觉，畏罪自尽者，将犯奸盗之子孙，杖一百，徒三年。被人殴死或谋故杀害者，将犯奸盗之子孙，杖一百，流三千里。若子孙罪犯应死，及谋故杀人，事情败露，致祖父母、父母自尽者，即照各本犯罪名，拟以立决。子孙之妇有犯，悉与子孙同科。	乾隆三十四年，刑部核拟广东省何长子诱奸幼女何大妹，致伊母廖氏服毒身死一案，议准定例。（后于乾隆五十六年，陈张氏案内，钦奉谕旨，始将因奸致父母自尽之案，改为立决。纵容者，仍止科奸罪。）
187	家人求索	执事大臣不行约束家人，致令私向所管人等，往来交结借贷者，一经发觉，将伊主一并治罪。	乾隆二十二年，承办陵寝事务大员佛伦之家人王洪，向树户索讨借贷钱文，被事主赶福打死，遵旨纂定。
188	私铸铜钱	凡各省拿获销毁制钱，及将制钱剪边图利之犯，审实，将为首者，拟以斩决，家产入官。为从者绞决。仍令地方官设法密拿，有能拿获者，地方官交部议叙。失察者，地方官及该管上司交部分别议处。其房主、邻佑、总甲、十家长等知情受贿，代为隐匿者，依为从例治罪。但知情不首告，并未分赃者，照为从例减一等，杖一百，流三千里。并未知情止于失察者，俱杖一百。旁人首捕审实者，官给赏银五十两。至私铸之犯，容有即系私销私剪之人，承审官拿获案犯，必先严究有无销毁、剪边情事，倘有确据，即以私销私剪例从重治罪。	一系雍正元年，刑部议准太保、吏部尚书、提督公舅隆科多咨送山西民牛大等，将小制钱毁化一案，纂定为例。一系乾隆十八年，江西巡抚王与吾题邓集凤等私铸一案，经九卿议准定例。
189	诈教诱人犯法	凡地方官有被参降革治罪之案，严究幕友、长随、书役等。除犯诈赃诬拿等项罪有正条者，仍照例办理外，其但系倚官滋事，怂令妄为，累及本官者，各按本官降革处分上加一等。如本官应降一级者，将该犯杖七十，降二级、三级者，以次递加至革职者，杖六十，徒一年。本官罪应拟徒者，亦各以次递加一等，加至徒三年而止。至总徒准徒军流以上者，均与同罪。徒罪以下，将该犯递回各原籍，分别充、徒管束，永远不准复充。如有犯罪之后，仍潜身异地，欺瞒后任，改易姓名复充者，察实严加治罪。	乾隆五十五年，福建省嘉义县知县唐时勋，听从幕友潘鸿绪将械斗顶凶重案，改作斗殴具报。又五十七年，山东巡抚觉罗吉庆，奏参博山县知县武亿，任听衙役，妄拿平人，滥行重责，拖累无辜一折，钦奉上谕，恭纂为例。

续表

编号	所属律文	条例内容	来源案件
190	犯奸	强奸妇女，除并未伤人者，已成未成仍照本律定拟外，其因强奸执持金刃凶器戳伤本妇，及拒捕致伤其夫与父母，并有服亲属，已成奸者，拟斩监候。未成奸者，拟绞监候。如伤非金刃凶器，已成奸者，拟绞监候。未成奸者，发边远充军，年在五十岁以上，发近边充军。其图奸、调奸妇女未成，罪人拒伤本妇，并其夫与父母，及有服亲属。如至残废笃疾，罪在满徒以上者，无论金刃、手足、他物俱照殴所捕人至折伤以上律，拟绞监候。但系刃伤者，发极边足四千里安置。若伤非金刃，仍依罪人拒捕律，于本罪上加二等问拟。	雍正十二年，刑部议覆四川巡抚鄂昌题徐良强奸趋氏未成，用菜刀砍伤本妇及其子平复一案，纂定条例。
191	犯奸	凡强奸十二岁以下幼女幼童未成，审有确据者，发黑龙江给披甲人为奴。	乾隆十四年，刑部审拟廖以仪强奸十一岁幼女未成一案，附请定例。
192	奴及雇工人奸家长妻	家长之有服亲属，强奸奴仆雇工人妻女未成，致令羞忿自尽者，杖一百，发近边充军。	乾隆二十年，刑部议覆河南巡抚蒋炳题，杨有图奸期亲服属雇工人曹三之妻赤氏未成，致氏自缢一案，纂为定例。
193	奴及雇工人奸家长妻	凡奴及雇工人强奸家长之母与妻女，审有损伤肤体，毁裂衣服，及邻证见闻确据者，无论已未成奸，将奴及雇工人，拟斩立决。若调奸未成，发黑龙江给披甲人为奴。	乾隆五十三年，刑部议覆山西巡抚明兴咨，祁闻月子持刀强奸雇主贾伯衡之母梁氏未成一案，纂辑为例。
194	赌博	八旗直省拿获赌博，务必穷究牌骰之所由来，如不能究出，或被他处查出，将承审官交部处处分。倘将无辜之人混行入罪，照不能查出造卖牌骰例，加一等治罪。其究出造卖之地方官，交部议叙，或所属地方有造卖之家，未经发觉，能缉拿惩治，亦交部议叙。	此条系雍正六年，刑部议覆庄亲王等拿送董五等，造卖纸牌骰子等案内，奉旨定例，乾隆五年改定。
195	赌博	凡现任职官有犯屡次聚赌，经旬累月开场者，发往乌鲁木齐等处効力赎罪。（若偶然犯罪，及聚赌一二次者，仍革职，照例枷责，不准折赎。）	乾隆四十年，刑部审拟中书六十七等两次聚赌一案，钦奉谕旨，恭纂为例。

附录

续表

编号	所属律文	条例内容	来源案件
196	赌博	凡旗人有邀集抓金钱会者,将起意邀约之人,照违制律,杖一百,随同入会者,照为从律减一等,杖九十。失察之该管官,交部查议。	乾隆四十年,步军统领衙门奏送骁骑校海文,因争讨会钱斗殴案内,奏准定例。
197	放火故烧人房屋	挟仇放火,除有心烧死一家三命,或一家二命者,仍各按律例拟斩决,凌迟外,其止欲烧毁房屋、柴草泄忿,并非有心杀人者,如致死一二命,应照挟仇放火因而杀人,及焚压人死例,首犯拟斩立决。为从商谋下手燃火者,拟绞监候。若致死一家三命以上,首犯斩决枭示。从犯拟绞立决。	嘉庆十三年,直隶总督温承惠奏,民人刘五挟嫌放火烧毙史大一家四命一案,钦奉谕旨,恭纂为例。
198	搬做杂剧	凡旗员赴戏园看戏者,照违制律,杖一百。失察之该管上司,交部议处。如系闲散世职,将该管都统等,交部议处。	乾隆四十一年,因员外郎德泰等,往赴戏园观看演剧,参革送部,将德泰等拟照违制律,杖一百,奏准在案。所有该管上司。应行议处。钦奉谕旨,交军机大臣会同都察院,议奏定例。
199	应捕人追捕罪人	官役奉公缉捕罪人,除受财故纵,照律与囚同罪外,其未经得贿,潜通信息,致罪人逃避者,如所纵之囚,罪在军流以下者,亦与囚同科,不准减等。若系斩绞外遣等罪,将该犯减发极边烟瘴充军。	乾隆五十八年,刑部议覆两广总督郭世勋,审奏差役梁姜潜通信息,致逃军黄汉章复逃一案,遵旨恭纂为例。
200	应捕人追捕罪人	各省团练,除奸细、土匪并盗贼,及遇有要犯,经官札令协缉者,准其拿解外,其余逃军、逃流,并一切寻常案犯,仍责成地方官拿解。倘该团练私拿酿命,即照谋故斗杀各本律定拟。	同治四年,湖南巡抚李瀚章咨称浏阳县逃流周三伢,即周代鳌潜回原籍,被邻村团总陈沅吉捕拿殴伤后,被迫失足落塘身死一案,纂辑为例。
201	罪人拒捕	凡一切犯罪事发,官司差人持票拘捕,及拘获后佥派看守押解之犯,如有逞凶拒捕,杀死差役者,为首无论谋故殴杀,俱拟斩立决。为从谋杀加功,及殴杀下手伤重致死者俱拟绞立决,其但系殴杀帮同下手者,不论手足、他物、金刃拟绞监候。在场助势未经帮殴成伤者,改发极边足四千里充军。若案内因事牵连,奉票传唤之人,被迫情急,拒毙差役,以及别项罪人拒捕,并聚众中途打夺,均仍照拒捕、追摄打夺各本律本例科断。如差役非奉官票,或虽经奉票,而有藉差吓诈陵虐罪犯情事,致被殴死者,各照平人谋故斗杀本律定拟,均不得以拒捕杀人论。	乾隆五十七年,刑部覆山东省民人刘书图脱拒捕扎伤捕役乔振绪身死案内,钦奉谕旨,议准定例。

· 229 ·

续表

编号	所属律文	条例内容	来源案件
202	罪人拒捕	凡卑幼因奸因盗图脱,拒杀缌麻尊长尊属者,按律问拟斩候,仍请旨即行正法。	嘉庆八年,河南巡抚马慧裕题杜老刁行窃图脱,拒伤缌麻服兄杜景华身死一案,钦奉谕旨,并九年江西巡抚秦承恩题曹炳然,与缌麻服兄曹健纯弟妇何氏通奸,拒捕杀死曹健纯一案,刑部议准,并纂为例。
203	罪人拒捕	强奸未成罪人,被本妇之子登时杀死者,勿论。若奸非登时,杖一百,徒三年。图奸未成罪人,被本妇之子登时杀死者,杖一百,徒三年。非登时杀死者,杖一百,流三千里。	嘉庆七年,刑部议覆直隶总督颜检咨平泉州民田雪子,因石勇强奸伊母李氏未成,登时殴伤石勇身死一案,纂辑为例。
204	罪人拒捕	本夫及本夫、本妇有服亲属捉奸,殴伤奸夫,或本妇及本夫、本妇有服亲属,殴伤图奸、强奸未成罪人,或男子拒殴伤奸匪,或事主殴伤贼犯,或被害人殴伤挟仇放火凶徒及实在凶恶棍徒,至折伤以上者,无论登时、事后、概予勿论。(期服以下尊长卑幼,因捉奸、拒奸、或因尊长卑幼强奸、图奸、殴伤尊长卑幼者,悉照此例勿论。此外,不得滥引,仍按殴伤尊长卑幼,各本律例问拟。其旷野白日盗田野谷麦者,以别项罪人论。)其余擅伤别项罪人,除殴非折伤勿论外,如殴至折伤以上,按其擅杀之罪,应以斗杀拟绞者,仍以斗伤定拟。若擅杀之罪,止应拟满徒者,亦减二等科断。	嘉庆十一年,刑部议覆陕西巡抚方维甸,咨富平县民韦孝割伤调奸罪人韦秉清脚筋成废一案,纂为定例。
205	罪人拒捕	窃盗被追拒捕,刃伤事主者,窃盗拒捕杀人案内,为从帮殴刃伤者,窃盗临时拒捕杀人案内,为从帮殴刃伤者,窃盗临时拒捕伤人未死,为首刃伤者,奸夫拒捕刃伤应捉奸之人者,罪人事发在逃,被获时拒捕,本罪已至满流,而拒捕在折伤以上者,抢夺杀人案内,为从帮殴刃伤者,抢夺伤人未死,刃伤为首者,以上各项,除审系有心逞凶拒捕刃伤,仍各照本例,分别问拟斩绞监候外,如实系被事主及应捕之人扭获,情急图脱,用刀自割辫、襟带,以致误伤事主、捕人者,各于死罪上减一等。应绞候者,减为实发云、贵、两广极边烟瘴充军。应斩候者,减发新疆给官兵为奴。	道光二年,刑部议覆湖南巡抚左辅具题赃犯曾三行窃被获脱逃,拔刀割辫,划伤事主一案,纂为定例。

续表

编号	所属律文	条例内容	来源案件
206	罪人拒捕	奸匪抢窃,并罪人事发在逃,犯该满流等犯,如拒捕时,有施放鸟枪、竹铳,拒伤捕人,按刃伤及折伤本例,应拟死罪者,悉照刃伤及折伤以上例,分别问拟斩绞监候。若犯非奸匪抢窃,并本罪未至满流,或执持系别项凶器者,仍各照本例办理。	道光二十五年,议覆江苏巡抚孙宝善奏,抢夺拒捕火器伤人之案,例无明文,请定专条一折,纂辑为例。
207	狱囚脱监及反狱在逃	罪囚由监内结伙反狱,如有持械杀伤官弁役卒,及并未伤人首从各犯,不论原犯罪名轻重,悉照劫囚分别杀伤一例科罪。	乾隆五十三年,广西巡抚孙永清奏,拿获越狱监犯梁焕美等一案,钦奉上谕,恭纂为例。
208	狱囚脱监及反狱在逃	犯罪囚禁在狱,私纠伙党三人以上,穿穴逾墙,乘禁卒人等一时疏懈,潜行越狱脱逃者,除原犯斩绞立决应即正法外,其原犯斩绞监候人犯,无论首伙,俱改为立决。原犯军流律应加二等调发者,俱改为拟绞监候,秋审时,为首入于情实,为从入于缓决。原犯徒罪律应加二等问拟者,为首改为拟绞监候,秋审时,入于缓决。为从发往伊犁给兵丁为奴。原犯杖笞律应加二等问拟者,为首发往伊犁为奴。为从实发烟瘴充军。若仅止一二人犯,乘间穿穴逾墙,因而脱逃,并无预谋纠伙情事者,原犯斩绞立决,即行正法。其原犯斩绞监候,应人情实人犯,毋论首伙,俱改为立决。应人缓决者,人于秋审情实,原犯军流律应加等改发者,为首改为拟绞监候,人于缓决,为从发往伊犁给兵丁为奴。原犯徒罪律应加等问拟者,为首发往伊犁给兵丁为奴,为从实发烟瘴充军。原犯杖笞律应加等问拟者,为首改为实发烟瘴充军,为从问拟满流。其盗犯潜行越狱脱逃,仍各按本例定拟。如有劫狱、反狱者,即照劫囚反狱定例办理。	乾隆五十三年,广西巡抚孙永清奏,拿获越狱监犯梁美焕等一案,钦奉上谕,恭纂为例。
209	狱囚脱监及反狱在逃	羁禁罪应凌迟、斩绞立决、监候重犯、越狱脱逃,将有狱、管狱各官革职,留于地方照例限五年协缉,如于限内拿获他处案犯,并非本案正犯,仍按限协缉,限满无获,照例分别治罪。	乾隆六十年,两江总督苏凌阿奏,已革铜山县知县佟大有先后拿获他案首伙各盗,请行宽免案内,钦奉上谕,纂为定例。

续表

编号	所属律文	条例内容	来源案件
210	徒流人逃	军流徒犯在配，及中途脱逃，主守押解人等，审无知情贿纵情弊，照律给限追捕，限内能自捕得，准其依律免罪。如系他人捕获，或囚已死及自首，均依失囚律治罪，不准宽免。	乾隆三十五年，浙江巡抚奏军犯陆贵泷越狱脱逃，旋被拿获，将禁卒等拟杖加枷，奉旨纂为定例。
211	徒流人逃	回民因行窃窝窃发遣脱逃被获，并无行凶为匪，及拒捕情事者，初次递回配所，用重枷号六个月。二次枷号九个月。三次及三次以外枷号一年。如逃走后复行凶为匪，并拿获时有拒捕者，除犯该斩绞监候，改为立决，犯该军流发遣，改为绞候，仍照原例办理外，如犯该徒罪，递回配所，枷号一年。犯该笞杖，递回配所，枷号九个月。满日，俱鞭一百。遇赦俱不准援减。	嘉庆二十年，顺天府府尹审奏窝窃回民大李三等拟遣一折，奉旨纂为定例。
212	主守不觉失囚	押解发遣新疆人犯，中途脱逃，系免死减等，例应正法之盗犯，除有心贿纵，仍照与囚同罪律定拟外，如审有违例雇替，托故潜回，或在途开放锁镣，止图便于行走，以致脱逃，并无故纵情弊者，将押解兵役暂行监禁。另选干役，押同该兵役亲属蹑缉，百日限内捕得，将起意违例雇替，托故潜回，及开放锁镣之犯，减逃犯本罪一等拟徒。限满无获，杖一百，流二千里。其余兵役，及代替之人，限内拿获各减逃犯本罪二等。限满无获，各减一等发落。如系依法管解，偶致疏脱，亦将该兵役等暂行监禁一年。限满捕得者，各减逃犯本罪二等。限满无获，各减一等发落，如来寻常遣犯脱逃，将押解人等杖八十，再加枷号一个月。故纵贿纵者，仍照律与囚同罪，其由新疆改发烟瘴，及黑龙江等处人犯，中途脱逃者，亦照此分别办理。	乾隆二十七年，库车办事大臣鄂宝审奏，解往回城罪犯六十七，中途脱逃一案，钦奉谕旨。及三十二年，刑部具奏江西省解役杨铭，福建省兵丁张金万疏脱新疆人犯，一年限满无获，请旨正法案内，钦奉谕旨，并纂为例。
213	主守不觉失囚	凡监犯越狱，如狱卒果系依法看守，一时疏忽，偶致脱逃，并无贿纵情弊，审有确据者，依律减囚罪二等治罪。仍给限一百日，限内能自捕得，准其依律免罪，如他人捕获，或囚已死及自首，概不准免罪，其将枷在监斩绞重犯松放狱具，以致脱逃，将松放之该禁卒，严行监禁，俟拿获逃犯之日，究明贿纵属实，即照所纵囚犯全科。本犯应入秋审情实者，亦入情实。应绞决者，亦拟绞决。应斩决以上者，亦即拟以斩决。如系徇情松放狱具，或托故擅离，或倩人代守，防范疏懈，乘间潜逃者，亦照故纵律与囚同罪。至死减一等，不准照旧例减囚罪二等问拟。	乾隆十八年，刑部议覆河南巡抚蒋炳题禁卒陈得魁贿纵申玢等越狱一案，奉旨恭纂为例。

· 232 ·

续表

编号	所属律文	条例内容	来源案件
214	主守不觉失囚	解役疏脱应拟斩绞重犯，审有违例雇替，托故潜回情事，应照故纵律与囚同罪论。如疏脱之犯，案情未定，将解役牢固监候，俟逃犯拿获定罪，再行照例办理。	乾隆三十五年，刑部审拟河南省解役薛法唐、李奉举递解重犯周四，中途脱逃一案，奉旨恭纂为例。
215	主守不觉失囚	解审斩绞重犯，中途脱逃，除原犯斩绞立决者，即行正法外，其原犯斩绞监候之犯，核其情节，如秋审时，应入情实者，即改为立决，应入缓决者，即改入情实。	乾隆五十四年，刑部议覆湖广总督毕沅奏绞犯杨得茂，秋审发回，中途脱逃案内，附请定例。
216	囚应禁而不禁	直省并无监狱地方，该管官遇有解犯到境，即行接收，多拨兵役于店房内严加看守，毋致疏虞，如有藉词推诿不收人犯，仅令原解兵役看守，致犯逃脱者，该督抚即行严参，交部从重议处。	乾隆二十九年，安徽巡抚托庸审题解役魏荣等，递解遣犯崔国泰，在途疏脱一案，附请定例。
217	官司出入人罪	州县承审逆伦罪关凌迟重案，如有故入、失入，除业经定罪招解者，分别已决、未决，按律拟外，其虽未招解，业已定供通详，经上司提审平反，究明故入、失入，各照本律减一等问拟。其余若寻常审案，仍照旧办理。	乾隆四十一年，刑部议覆御史李廷钦奏安徽省英山县知县倪存谟，故入凌迟罪名一折，钦奉上谕，纂为定例。
218	官司出入人罪	知府直隶州，有将各州县审拟错误，关系生死出入大案，虚公研鞠，究出实情，改拟得当，经上司核定题达，部议准行者，交与吏部查明，奏请送部引见。	乾隆四十一年，安徽巡抚闵鹗元审奏英山县知县倪存谟，于僧广明因奸致死杜得正，不能审出实情，转将尸子杜如意，严刑枉断，诬拟凌迟，经六安州知州倪廷谟讯出实情，钦奉上谕，恭纂为例。
219	有司决囚等第	各省驻防旗人犯该斩绞者，毋庸解部，即在理事同知衙门收禁。如有应入秋审人犯，令将军、都统等悉心确核，分别情实、缓决、可矜造册题达，刑部、九卿会核具题。至句到时，某省驻防，即另册同各省应句人犯，一体办理。	乾隆四十二年，刑部议覆广州将军宗室永玮等，审拟驻防旗人克什布之妻杨氏违犯教令，致令伊姑王氏自尽身死一案，奉旨恭纂为例。
220	有司决囚等第	凡斩绞罪犯内，如一人连毙二命，妖言惑众，传习符咒，并官员侵渔帑项，勒敛民财，非残忍已极，即有关民俗，如定谳在该省热审之后，刑部即补入本年秋审情实册内具题。如遇停句之年，俱照情罪重大之例，另奏请旨正法。	乾隆十九年，经福建巡抚陈宏谋奏准吴典等纠众抢劫，拟绞监候案内，声明赶入本年秋审情实。嗣遇有情重之案，如一人连毙二命，匿名揭帖等项，节次奏明赶入本年秋审情实办理，并酌定条款，纂入例册遵行。

·233·

续表

编号	所属律文	条例内容	来源案件
221	有司决囚等第	五城及步军统领衙门审理案件，如户婚、田土、钱债细事，并拿获窃盗、斗殴、赌博，以及一切寻常讼案，审明罪止枷、杖、笞责者，照例自行完结。其旗民词讼，各该衙门均先详审确情，如应得罪名，在徒流以上者，方准送部审办，不得以情节介在疑似，滥送送部。若将不应送部之案，率意送部者，刑部将原案驳回，仍据实奏参。如例应送部之案，而自行审结，亦即查参核办。至查拿要犯，必须赃证确凿，方可分别奏咨交部审鞠。若将案外无辜之人，率行拿送，一经刑部审明，并非正犯，即将该管官员参奏，番捕人等照例治罪。其斗殴养伤者，务当依限报痊，验明传讯，毋许藉伤延宕。饬坊查拘人证要犯，限一两日送部，若逾限，催至三次不到者，即将司坊官参处。	乾隆三十九年，军机大臣会同刑部议奏，因查审王子范控告谢大忠一案，恭纂为例。
222	有司决囚等第	凡五城提督、顺天府各衙门，遇有应行递解之下贱匪类，并凶顽生事及实患疯病等项人犯，除籍系直隶，就近递回者，听各该衙门照旧办理外，其应解回别省人犯，均叙明案由，交送刑部核明应解与否，分别办理，三月汇奏一次。	乾隆三十九年，钦奉上谕，恭纂为例，此谕旨即系王子范控告谢大忠案内所奉着为令。
223	有司决囚等第	凡应拟斩绞人犯，染患重病，该督抚接到州县通详，即先具文报部，仍责成该督抚详加查核，如有假捏情事，立将承审及核转各员，严行参处。倘督抚不行详察，经部核对原咨，查出弊窦，将该督抚一并严参。其前项人犯，遇有在监病故，无论曾否结案，及已未入秋审情实缓决，该州县立时详报，该督抚详派员前往相验。若时逢盛暑，或离省穷远之各厅州县，该管道府据报，即派邻近之员往验。如病故系新旧事情实人犯，该督抚于接到详文之日，先行题报，总不得过十日之限。其派员相验，及研讯刑禁人等，有无凌虐情弊，除去程限日期，以一月为限，具文报部。若系缓决及应入次年秋审情实人犯，仍照向例办理。如验报迟逾，分别交部议处。	乾隆四十四年，四川省秋审情实绞犯刘经柱在监病故，该督文绶题报迟延一案，钦奉上谕，纂辑为例。

· 234 ·

续表

编号	所属律文	条例内容	来源案件
224	妇人犯罪	犯妇怀孕，律应凌迟斩决者，除初审证据未确，案涉疑似，必须拷讯者，仍俟产后百日限满审鞫。若初审证据已明，供认确凿者，于产后一月起限审解。其罪应凌迟处死者，产后一月期满，即按律正法。	乾隆二十三年，刑部议覆广西按察使梁甍鸿条奏，并直隶总督方观承审题犯妇程氏毒死本夫朱来玉案内，声请定例。
225	断罪不当	凡斩绞案件，如督抚拟罪过轻，而部议从重者，应驳令再审。如拟罪过重，而部议从轻，其中尚有疑窦者，亦当驳令妥拟。倘刑部所见既确，改拟题覆，不必展转驳审，致滋拖累。	乾隆三年，刑部议覆福建巡抚题，叶报等殴伤吕廷身死一案，钦奉谕旨，补纂为例。

参考文献

一 著作类

（一）专著

柏桦主编：《清代律例汇编通考》，人民出版社2018年版。
蔡墩铭：《唐律与近世刑事立法之比较研究》，台北五洲出版社1968年版。
陈光中主编：《中华法学大辞典·诉讼法学卷》，中国检察出版社1995年版。
陈金钊：《法治与法律方法》，山东人民出版社2003年版。
陈晓枫：《中国法律文化研究》，河南人民出版社1993年版。
陈晓枫、柳正权：《中国法制史》，武汉大学出版社2012年版。
冯天瑜主编：《中华文化辞典》，武汉大学出版社2001年版。
高铭暄、王作富、曹子丹主编：《中华法学大辞典：刑法学卷》，中国检察出版社1996年版。
郭卫：《大理院解释例全书》，上海会文堂新记书局1931年版。
郭卫：《大理院判决例全书》，中国政法大学出版社2013年版。
胡长清：《中国民法总论》，中国政法大学出版社1997年版。
黄源盛：《民初大理院与裁判》，台北元照出版有限公司2011年版。
瞿同祖：《瞿同祖法学文集》，中国政法大学出版社1998年版。
瞿同祖：《中国法律与中国社会》，商务印书馆2010年版。
梁治平：《明清时期的民事审判与民间契约》，法律出版社1998年版。
梁治平：《寻求自然秩序中的和谐：中国传统法律文化研究》，商务印书馆2013年版。
刘建明主编：《宣传舆论学大辞典》，经济日报出版社1993年版。
刘作翔：《法律文化理论》，商务印书馆2013年版。

罗传贤：《立法程序与技术》，台北五南图书出版公司2002年版。
马作武：《中国传统法律文化研究》，广东人民出版社2004年版。
钱穆：《文化学大义》，台北中正书局1981年版。
邱汉平：《历代刑法志》，商务印书馆2017年版。
沈颂金：《20世纪简帛学研究》，学苑出版社2003年版。
睡虎地秦墓竹简整理小组整理：《睡虎地秦墓竹简》，文物出版社1978年版。
苏亦工：《明清律典与条例》，商务印书馆2020年版。
孙国华主编：《法理学教程》，中国人民大学出版社1994年版。
汪世荣：《中国古代判词研究》，中国政法大学出版社1997年版。
王玉哲：《中华远古史》，上海人民出版社2000年版。
吴宝康、冯子直主编：《档案学词典》，上海辞书出版社1994年版。
武树臣：《中国法律文化大写意》，北京大学出版社2011年版。
谢晖：《法的思辨与实证》，法律出版社2016年版。
杨斐：《法律修改研究：原则·模式·技术》，法律出版社2008年版。
杨仁寿：《法学方法论》，中国政法大学出版社2013年版。
杨一凡、刘笃才：《历代例考》，社会科学文献出版社2012年版。
杨一凡、徐立志主编：《历代判例判牍：第六册》，中国社会科学出版社2005年版。
俞荣根：《儒家法思想通论》，广西人民出版社1998年版。
张晋藩：《中国法律的传统与近代转型》，法律出版社1999年版。
张晋藩主编：《中国法制通史》，法律出版社1999年版。
张晋藩主编：《中华法学大辞典：法律史学卷》，中国检察出版社1999年版。
张明楷：《刑法学》，法律出版社2014年版。
张明楷：《罪刑法定与刑法解释》，北京大学出版社2009年版。
郑秦：《清代法律制度研究》，中国政法大学出版社2000年版。
庄锡昌等编：《多维视野中的文化理论》，浙江人民出版社1987年版。
邹瑜、顾明主编：《法学大辞典》，中国政法大学出版社1991年版。

（二）译著

[日]织田万：《清国行政法》，李秀清、王沛点校，中国政法大学出版社2003年版。

［英］马丁·洛克林：《公法与政治理论》，郑戈译，商务印书馆2002年版。

［英］罗杰·科特威尔：《法律社会学导论》，潘大松、刘丽君等译，华夏出版社1989年版。

［美］弗里德曼：《法律制度》，李琼英等译，中国政法大学出版社1994年版。

［美］布迪、莫里斯：《中华帝国的法律》，朱勇译，江苏人民出版社1995年版。

［美］E.博登海默：《法理学：法律哲学与法律方法》，邓正来译，中国政法大学出版社2004年版。

［美］罗斯科·庞德：《法律史解释》，邓正来译，商务印书馆2013年版。

［美］塞缪尔·亨廷顿、劳伦斯·哈里森：《文化的重要作用：价值观如何影响人类进步》，程克雄译，新华出版社2010年版。

［美］威廉·A.哈维兰等：《文化人类学：人类的挑战》，陈相超、冯然译，机械工业出版社2014年版。

［苏］C.C.阿列克谢耶夫：《法的一般理论》，黄良平等译，法律出版社1991年版。

［德］卡尔·拉伦茨：《法学方法论》，陈爱娥译，商务印书馆2003年版。

［德］韦伯：《经济与社会》，林荣远译，商务印书馆1997年版。

二 论文类

（一）期刊论文

柏桦、于雁：《清代律例成案的适用——以"强盗"律例为中心》，《政治与法律》2009年第8期。

陈洪杰：《论法律续造的方法》，《法律科学》（《西北政法大学学报》）2010年第6期。

陈锐：《清代的法律歌诀探究》，《现代法学》2017年第1期。

陈玺：《清代惩治匿名告人立法的嬗变与省思——清代律典、附例、成案三者关系的个案考察》，《求索》2009年第1期。

陈晓枫：《法律文化的概念：成果观与规则观辨》，《江苏行政学院学报》2006年第1期。

陈新宇：《〈大清新刑律〉编纂过程中的立法权之争》，《法学研究》2017年第2期。

陈新宇：《帝制中国的法源与适用论纲——以比（附）为中心的展开》，《中外法学》2014年第3期。

陈兴良：《案例指导制度的规范考察》，《法学评论》2012年第3期。

陈兴良：《我国案例指导制度功能之考察》，《法商研究》2012年第2期。

陈兴良：《案例指导制度的法理考察》，《法制与社会发展》2012年第3期。

陈一容：《清"例"简论》，《福建论坛》（人文社会科学版）2007年第7期。

戴建国：《唐宋时期判例的适用及其历史意义》，《江西社会科学》2009年第2期。

杜金、徐忠明：《读律生涯：清代刑部官员的职业素养》，《法制与社会发展》2012年第3期。

范思深、郭宝平：《苏联的法律文化观点》，《中外法学》1989年第2期。

风笑天：《论社会研究中的文献回顾》，《华中师范大学学报》（人文社会科学版）2010年第4期。

冯元魁、程翌康：《略论清朝内阁的职掌与机制》，《上海师范大学学报》（哲学社会科学版）1989年第2期。

冯卓慧、胡留元：《西周军法判例——〈师旅鼎〉评述》，《人文杂志》1986年第5期。

高鸿钧：《法律文化的语义、语境及其中国问题》，《中国法学》2007年第4期。

管伟：《中国古代非正式法律渊源论：基于司法立场的解读》，《法律方法》2010年第00期。

郭燕：《法的续造——法官的权力——从考察成文法局限性的角度出发》，《法律方法》2006年第5卷。

何勤华：《历代刑法志与中国传统法律文化》，《河南省政法管理干部学院学报》2003年第2期。

何勤华：《清代法律渊源考》，《中国社会科学》2001年第2期。

何勤华：《日本法律文化研究的历史与现状》，《中外法学》1989年第6期。

侯玉波、朱滢：《文化对中国人思维方式的影响》，《心理学报》2002 年第 1 期。

胡兴东：《判例法传统与中华法系》，《法学杂志》2012 年第 5 期。

胡兴东：《宋代判例问题考辨》，《云南师范大学学报》（哲学社会科学版）2016 年第 1 期。

胡兴东：《宋元断例新考》，《思想战线》2018 年第 1 期。

胡旭晟、肖洪泳：《作为一种立场和方法的法律文化》，《法学家》2004 年第 6 期。

胡云腾：《〈关于案例指导工作的规定〉的理解和适用》，《人民司法》2013 年第 3 期。

胡震：《清代"通行"考论》，《比较法研究》2010 年第 5 期。

霍存福：《中国传统法文化的文化性状与文化追寻——情理法的发生、发展及其命运》，《法制与社会发展》2001 年第 3 期。

霍存福、张靖翊、冯学伟：《以〈大明令〉为枢纽看中国古代律令制体系》，《法制与社会发展》2011 年第 5 期。

季卫东：《法律程序的意义——对中国法制建设的另一种思考》，《中国社会科学》1993 年第 1 期。

李明：《清代律例馆考述》，《清史研究》2016 年第 2 期。

李相森：《异化与回归：近代中国判例发展演变的轨迹》，《苏州大学学报》（法学版）2016 年第 1 期。

李在全：《制度变革与身份转型——清末新式司法官群体的组合、结构及问题》，《近代史研究》2015 年第 5 期。

林巍：《比较法律文化与法律翻译》，《中国翻译》2006 年第 3 期。

刘笃才：《中国古代判例考论》，《中国社会科学》2007 年第 4 期。

刘武俊：《立法程序的法理分析》，《渝州大学学报》（社会科学版）2002 年第 1 期。

刘昕杰、杨晓蓉：《民国学者对民初大理院判例制度的研究》，《东方法学》2011 年第 5 期。

刘宇：《满族法文化活态调查研究——一种民族嘉年华法文化的兴起》，《黑龙江民族丛刊》2016 年第 1 期。

柳正权、黄雄义：《农村土地产权制度的传承与借鉴——古今视野下的"一田二主"与"三权分置"》，《湖北社会科学》2018 年第 5 期。

柳正权、黄雄义：《"形"与"实"的结合：论案例指导制度对传统判例文化的传袭》，《湖北大学学报》（哲学社会科学版）2017年第6期。

吕丽：《例与清代的法源体系》，《当代法学》2011年第6期。

米健：《司法创制对欧洲一体化的推动》，《比较法研究》2008年第1期。

庆明：《"铸刑鼎"辨正》，《法学研究》1985年第3期。

苏亦工：《论清代律例的地位及其相互关系（下）》，《中国法学》1988年第6期。

苏亦工：《清律"光棍例"之由来及其立法瑕疵》，《法制史研究：中国法制史学会会刊》2009年第16期。

孙斌：《因案生例：从〈驳案汇编〉看清代条例的生成》，《苏州大学学报》（哲学社会科学版）2017年第2期。

王立民：《〈大清律例〉条标的运用与启示》，《中国法学》2019年第1期。

王沛：《刑鼎、宗族法令与成文法公布——以两周铭文为基础的研究》，《中国社会科学》2019年第3期。

王帅：《最高人民法院刑法解释权的功能扩张与复归》，《政治与法律》2018年第6期。

王夏昊：《论法律解释方法的规范性质及功能》，《现代法学》2017年第6期。

王志强：《南宋司法裁判中的价值取向——南宋书判初探》，《中国社会科学》1998年第6期。

王志强：《清代成案的效力和其运用中的论证方式——以〈刑案汇览〉为中心》，《法学研究》2003年第3期。

武树臣：《中国古代法律样式的理论诠释》，《中国社会科学》1997年第1期。

武树臣：《走向东方走向"混合法"——从中国法律传统的角度看判例法》，《判例与研究》1995年第2期。

徐忠明：《清代中国司法裁判的形式化与实质化——以〈病榻梦痕录〉所载案件为中心的考察》，《政法论坛》2007年第2期。

姚旸：《"例"之辨——略论清代刑案律例的继承与创新》，《故宫博物院院刊》2010年第1期。

姚旸：《清代刑案审理法源探究》，《南京大学法律评论》2010年第1期。

俞江：《论清代九卿定议——以光绪十二年崔霍氏因疯砍死本夫案为例》，

《法学》2009年第1期。

曾坚：《中国古代法律注释与当代法律解释学的差异》，《贵州社会科学》2008年第12期。

张斌峰：《荀子的"类推思维"论》，《中国哲学史》2003年第2期。

张帆：《重现于世的元代法律典籍——残本〈至正条格〉》，《文史知识》2008年第2期。

张谨：《文化普遍主义与文化相对主义及其现实张力》，《湖南社会科学》2013年第4期。

张晋藩：《清代律学兴起缘由探析》，《中国法学》2011年第4期。

张晋藩、林乾：《〈户部则例〉与清代民事法律探源》，《比较法研究》2001年第1期。

张晓芒：《中国古代的类推思想与中国古代宗族社会》，《中国哲学史》2003年第2期。

张中秋：《法律文化与政治文明和社会发展——概念、经验、原理和意义的探讨》，《法学》2004年第3期。

赵世超：《中国古代引礼入法的得与失》，《陕西师范大学学报》（哲学社会科学版）2011年第1期。

郑成良：《论法律文化的要素与结构》，《社会学研究》1989年第2期。

郑秦：《皇权与清代司法》，《中国法学》1988年第4期。

郑秦：《康熙〈现行则例〉：从判例法到法典法的回归》，《现代法学》1995年第2期。

郑小悠：《清代刑部之堂司关系》，《史学月刊》2017年第1期。

朱琳：《明清徽州女子婚龄浅探——以地方志资料为中心的考察》，《安徽史学》2005年第6期。

纵博：《刑事诉讼法漏洞填补中的目的性限缩与扩张》，《国家检察官学院学报》2011年第4期。

［日］滋贺秀三：《中国法文化的考察——以诉讼的形态为素材》，《比较法研究》1988年第3期。

［瑞士］E. 霍伦斯坦、张敦敏：《人类同等性和文化多样性》，《哲学译丛》1999年第3期。

［美］Susan Finder、郭宝平：《美国的法律文化观点》，《中外法学》1989年第1期。

（二）报刊文献

陈兴良：《从规则体系视角考察中国案例指导制度》，《检察日报》2012年4月19日第3版。

胡云腾：《关于参照指导性案例的几个问题》，《人民法院报》2018年8月1日第5版。

罗书臻：《〈最高人民法院公报〉走过30年》，《人民法院报》2015年11月19日第1版。

米健、王富博：《现代社会的法律创制及其对我国的借鉴》，《人民法院报》2004年5月21日第5版。

沈玮玮：《古今中国判例的演变之道》，《人民法院报》2018年2月23日第5版。

张田田：《清代法制中的"事出有因"》，《人民法院报》2019年1月18日第5版。

（三）论文集

梁启超：《中国法理学发达史论（1904）》，李雪梅主编：《法律文化研究》（第七辑），中国人民大学出版社2014年版。

王巨新：《乾隆九年定例研究》，邱少晖主编：《法律文化研究》（第八辑），中国人民大学出版社2015年版。

武树臣：《从"阶级本位·政策法"时代到"国、民本位·混合法"时代——中国法律文化六十年》，曾宪义主编：《法律文化研究》（第五辑），中国人民大学出版社2009年版。

周子良、张朝晖：《论清代的比附生例》，曾宪义主编：《法律文化研究》（第三辑），中国人民大学出版社2007年版。

［日］岛田正郎：《清律之成立》，刘俊文主编，姚荣涛、徐世虹译：《日本学者研究中国史论著选译》，中华书局1992年版。

［日］寺田浩明：《日本的清代司法制度研究与对"法"的理解》，王亚新、梁治平编：《明清时期的民事审判与民间契约》，法律出版社1998年版。

［英］罗杰·科特雷尔：《法律文化的概念》，［意］D.奈尔肯编，高鸿钧、沈明等译：《比较法律文化论》，清华大学出版社2003年版。

三 电子文献

《最高人民法院指导性案例司法应用报告（2018）》，北大法律信息网（http://dy.163.com/v2/article/detail/EBCJ8QER0530W1MT.html）。

高旭晨：《清代法制史考证综述》（http://www.iolaw.org.cn/showarticle.asp?id=2020），2018年11月29日。

最高人民法院：《指导案例105号：洪小强、洪礼沃、洪清泉、李志荣开设赌场案》（http://www.court.gov.cn/shenpan-xiangqing-137101.html），2019年2月28日。

四 古籍文献

《周礼》《周易》《礼记》《左传》《春秋左传正义》《资治通鉴》《续资治通鉴长编》《史记》《汉书》《三国志》《晋书》《隋书》《旧唐书》《唐律疏议》《唐六典》《宋史》《宋会要辑稿》《元史》《新元史》《元史纪事本末》《元典章》《明史》《皇明祖训》《大明会典》《明太祖实录》《明孝宗实录》《明世宗实录》《明刑管见录》《清史稿》《清圣祖实录》《清世祖实录》《清高宗实录》《清宣宗实录》《清仁宗实录》《清世宗实录》《清文献通考》《清续文献通考》《清通典》《皇朝通志》《说帖》《说帖类编》《说帖辨例新编》《刑部说帖揭要》《刑部说帖抄存》《大清律例》《大清律例通考》《乾隆朝钦定大清会典》《乾隆朝钦定大清会典则例》《嘉庆朝钦定大清会典》《嘉庆朝钦定大清会典事例》《光绪朝钦定大清会典》《光绪朝钦定大清会典事例》《驳案汇编》《刑案汇览》《新增刑案汇览》《刑部比照加减成案》《秋审实缓比较成案》《新纂驳改比照成案所见集总编》《定例成案合镌》《读例存疑》《读律佩觽》《历代刑法考》《刑部通行条例》《则例便览》《新例要览》《军需则例》《皇朝经世文统编》《清经世文三编》《清经世文续编》《钦定历代职官表》《梦林玄解》《清白堂稿》《宾退随笔》《刑幕要略》《入幕须知》《小仓山房文集》《古今钱略》《东华录》《翠岩杂稿》《斐然集》《钦定八旗通志》《国朝御史题名》《北游录》。

索 引

A

案例指导制度　6,8,12,13,64,99,122,160,165—168,170—172,178—180,182,185

B

比附生例　8,67
比附　6,17,20,62,65,66,86,112,126,127,131
驳案汇编　5,9,10,18,23,29—31,34,35,67,104

C

参照型案例　176,177
臣工建言　68
成案　6—11,15—20,35—37,43,46,54,56,57,60—68,86,96,98—100,123,124,148,149,172,177,178,180
成果观　142—145
成宪　49,53,55,66,74,82,151—153,182

创造性补充　8,11,104,112,118—120,123,129,130

D

大法虚置,小法实用　150,152,154,156
大清律例通考　4,5,10,15,26,27,29,30,35,83,126
大清律例　3—6,8—12,15—18,21,23,25—29,31,35,50—55,58,60,62,64,71,74,79,82,83,89,91,94—98,101,102,104—109,112—121,123,125—128,130,132—138,148,152,153,158,163,172—174,180
单一化适用规则　37
地方督抚或将军附请　70
定例　7,8,15,16,18,21,23,24,26,29,34,52,53,58,60,64,69,71,72,79,81,84,86,88,91,93,99,101,104,108,114,117,133—135,137,148,154,172,180
定期修例　58,94,96,101,102
读例存疑　4,5,8,10,12,21,22,27—30,35,52,57,58,62,67,70,71,76,79,83,89,91,93,112,117,121—123,

129—131,133—135,154,180

F

法律创制　　1,2,5,10,11,13,15,37,
　　67,80,82,110,158,163,172,174
法律漏洞　　2,8,11,14,112,122,123,
　　138,149,153,164,179,182,183
法文化　　9,139—147,150,157,160,
　　162,170,171,179
法源　　8,10—12,17,18,23,36—38,
　　41,42,49,50,60,62—68,83,104,139,
　　150,154—156,158,169,174,177,182
法治构造模式　　168
犯罪情境　　55,60,136,146
父权家长制　　82

G

规则观　　142—145

H

画一法　　126
皇帝终核　　88,89,91,93

J

解释性条例　　11,104—107,109—112,
　　121,138,158
经验主义　　2,174

L

"律—例—案"三位一体　　37

类似案件　　66,109,113,166,169,177,
　　179,180
类推适用　　104,112—114,116,118,
　　121,123,124,126,127
理性主义　　174
立法创制　　1,2,172
律例馆　　9,19,20,25,30,52,53,75,
　　77,78,82—84,94—103,105,126,134,
　　137,138
律例一体　　50
律文后附之例　　21
律意　　21,35,36,55,105,127—129,
　　131,141
律主例辅　　53—55,57
伦理性　　92,121,122,170,179
论理解释　　107

M

目的解释　　11,104,107—109,128,131
目的性扩张　　112,116—118,121,123,
　　128,168
目的性限缩　　104,112,114—116,118,
　　124,128

N

内部辅助程序　　89

P

判例要旨　　4,161—165
判例　　1,2,4,6—8,12,30,37—43,45,
　　47—49,64—66,106,107,122,134,

139,149,155,160—166,171,173—178,182

普通型案例　　176,177

S

审转制度　　11,68,149,179
说　帖　　6,16,18—20,34,65,77,99,100,123
司法案例代表成文法　　38
司法案例辅助成文法　　38,41
司法案例融入成文法　　38,46—48
司法案例运用模式　　174,175
司法案例转化为成文法　　45
司法创制　　1—5,12,13,146,160,163,167,170—174
司法续造　　139
随案声请　　135,157

T

条标　　55,132,133
条奏　　8,18,26,34,71—74,84,89,93,98,100,101,103,104
通行　　4,6—9,16—21,30,34,49,51,62,64,67,95,99,100,102,123,124,130,132,173,177,180

W

惟齐非齐,有伦有要　　154—159,164
文义解释　　11,104—107,124,125,131

X

刑案汇览　　5,10,16—20,23,30,33—36,56,57,61,65,85,92,100,101,106,132
刑部议覆　　71,75,81,114,116,118,128,154
修补性条例　　11,104,111,112,120—124,138,158

Y

一元和合　　146—148
以例代律　　54
因案生例　　6—9,67,104
因案修法建议机制　　181—185
因案修例机制　　1,5—7,9—17,21,24—26,28,30,35—37,57,60,64,66—69,72,75,76,78—82,101,103—105,109,111,124,133,139,140,144—149,152—154,157,160,162—165,167,170—172,174,178,179,181,183—185
因事立制　　3,60
隐性因案修例　　26
预设成文法　　3

Z

造法机制　　60,147
正式法源　　11,36,60,61,66,149,177,178
指导性案例　　4,5,12,13,166—170,178—183

中华法系　1,6,13,139,145,146,155, 161,171,183

中华优秀传统法律文化　5,6,167, 170,171,175,184

中央机构提议　74,75

注解　45,105,124,125,131

准立法型案例　176

后　记

　　犹记博士毕业之际，携洋洋洒洒十余万字告成之余势，怀学位授予在即之欣喜，毅然在博士学位论文的"致谢"部分敲出了一句"语毕，就此搁笔，无续集"。当时所说的"无续集"，主要是表达自身对学位论文答辩一次通过的自信和期待，无非不想徒生波折罢了。然而，若就学术研究论，断断不可称之为"无续集"。古语有云："理无专在，而学无止境也。"伴随自身学术之路的不断进步，对于自己的每一部作品，不应自限于"点到即止"或自定为"过眼云烟"，而是应该持续"深耕细作"，择其善者而持之，择其不善者而改之，择其缺漏者而补之，在现有基础上追求新的突破。这大概是一种"行到水穷处，坐看云起时"的决然和坦然。

　　本书即是在我的博士学位论文基础上修改完善而成的。博士毕业之后，一度对于继续完善博士学位论文抱有逃避的心态。个中缘由颇多，究其要者，一是体内懒筋作祟、惰虫侵扰；二是肩负人生的多重使命，须分心以待之；三是研究方向发生重大改变，需要投入更多精力去适应新的学科和熟悉新的话语。尽管如此，在毕业后的数年间，这始终是萦绕心头而挥之不去的一桩心事。多少次午夜梦回，总是喝问自己："为何不改？从何着手？何时能成？"念念不忘，必有回响。怀揣着对梦想的憧憬、对成果的渴望，我当机立断选择遵从内心，重新拾起在电脑里沉寂已久的博士学位论文，给了自己在原先法制史研究的道路上"重整行装再出发"的勇气。功夫不负有心人，很荣幸也很惊喜，修改完成后的书稿入选了第十批《中国社会科学博士后文库》。这对于初出茅庐的我，不可谓不是一剂"强心针"，彼时甚有"此时不出，更待何时"的意气风发之感。此后，又严格根据评审专家及编辑的意见，对书稿继续进行了修改完善，遂成定稿。

　　而今，在拙作即将付梓之际，感慨颇多。过程中的酸甜苦辣，我心自明，无须多言。但感恩之情，当直抒胸臆，故以后记表达之。

特别感谢武汉大学的沈壮海教授！沈老师是我博士后期间的导师，在我跨入全新的学科领域之后，不厌其烦地给予我学业上的指导和点拨，让我得以顺利理解、把握和适应新学科，开拓新的研究沃土。在本书的修改完善过程中，沈老师也多次关心进度、督促学习，所提出的修改意见都切中肯綮，令我在面对很多问题时总有醍醐灌顶之感。

特别感谢武汉大学的柳正权教授！柳老师是我硕士研究生和博士研究生期间的导师，多年来一直给我指导、支持和关怀，既有彷徨无措时的坚定信心，又有困闷疑惑时的指点迷津。在博士学位论文的推进过程中，从选题到定纲到撰写到修改，柳老师悉心指导，鞭辟入里的学术分析总令我茅塞顿开。而柳老师丰富的法律实务经验，也为书稿的古今衔接指明了方向。

特别感谢中国社会科学出版社的田文老师！正是田老师的引导和提醒，我才能一步一步完成书稿的申报和修改。也正是有赖于田老师专业的编辑素养和严谨的工作态度，本书才能得以顺利出版。

陶渊明在《桃花源记》中有云："初极狭，才通人。复行数十步，豁然开朗。"此句蕴含的哲理，同样适用于学术探索。由于个人尚处学术之路的起步阶段，受能力才学所限，本书可能存在疏漏错讹之处或有待推敲之点。然"石以砥焉，化钝为利"，只有经过不断地磨炼才能获得更大的成长。且出之以面世，以期求教于方家，再升华于评判指正之中，不断扩宽自身的学术之路。

黄雄义
2023年3月6日

第十批《中国社会科学博士后文库》专家推荐表 1

《中国社会科学博士后文库》由中国社会科学院与全国博士后管理委员会共同设立，旨在集中推出选题立意高、成果质量高、真正反映当前我国哲学社会科学领域博士后研究最高学术水准的创新成果，充分发挥哲学社会科学优秀博士后科研成果和优秀博士后人才的引领示范作用，让《文库》著作真正成为时代的符号、学术的示范。

推荐专家姓名	柳正权	电话	13307181299
专业技术职务	教授	研究专长	法制史、法文化
工作单位	武汉大学法学院	行政职务	武汉大学法学院党委委员
推荐成果名称	清代因案修例机制研究		
成果作者姓名	黄雄义		

（对书稿的学术创新、理论价值、现实意义、政治理论倾向及是否具有出版价值等方面做出全面评价，并指出其不足之处）

薪了一些的创新作者里面，理论价值高，具有很强的现实意义。政治理论红色与主旋律，具有较高的学术价值和认定价值。

签字：柳正权
2021年3月12日

说明：该推荐表须由具有正高级专业技术职务的同行专家填写，并由推荐人亲自签字，一旦推荐，须承担个人信誉责任。如推荐书稿入选《文库》，推荐专家姓名及推荐意见将印入著作。

第十批《中国社会科学博士后文库》专家推荐表 2

《中国社会科学博士后文库》由中国社会科学院与全国博士后管理委员会共同设立，旨在集中推出选题立意高、成果质量高、真正反映当前我国哲学社会科学领域博士后研究最高学术水准的创新成果，充分发挥哲学社会科学优秀博士后科研成果和优秀博士后人才的引领示范作用，让《文库》著作真正成为时代的符号、学术的示范。

推荐专家姓名	项焱	电话	13986118061
专业技术职务	教授、博士生导师	研究专长	法律史
工作单位	武汉大学法学院	行政职务	武汉大学人权研究院副院长
推荐成果名称	清代因案修例机制研究		
成果作者姓名	黄雄义		

（对书稿的学术创新、理论价值、现实意义、政治理论倾向及是否具有出版价值等方面做出全面评价，并指出其不足之处）

该书稿以清代因案修例机制为研究之标，实质上是对中国古代法律与司法判别机制之探讨，在学术思路和观点上具有较为明显的学术创新性。

在现论价值方面，本书作为对清代这一机制的专论研究，深化了清代律例研究；就现实意义而言，本书的研究为司法律例机制及当代案例指导制度之完善提供了史鉴。

书稿的治倾向正确，具有出版价值，特此推荐！

签字：项焱

2021 年 3 月 12 日

说明：该推荐表须由具有正高级专业技术职务的同行专家填写，并由推荐人亲自签字，一旦推荐，须承担个人信誉责任。如推荐书稿入选《文库》，推荐专家姓名及推荐意见将印入著作。